张鸣鸣 著

农村公共产品效率的
检验与实践

THE TEST AND PRACTICE OF
THE EFFICIENCY OF RURAL PUBLIC GOODS

社会科学文献出版社
SOCIAL SCIENCES ACADEMIC PRESS (CHINA)

序一 用中国实践检验效率

2009 年 12 月，作为答辩委员的我参加了张鸣鸣的博士论文答辩，论文题目是"农村公共产品：效率评估和路径选择"。时隔 5 年，在这本专著里又看到了博士论文的章节，不同的是，本书除了参考答辩委员提出的意见进行了修改外，还增加了以成都市为例的实践检验一章。这是张鸣鸣学术生涯的第一本专著，她十分郑重地请我写序，于公于私，我都应该认真地思考她所研究的课题。

近年，中国的农业、农村、农民发生了巨大的变化。2013 年第一产业增加值达到 56957 亿元，农村居民人均纯收入和消费支出分别达到 8857.9 元和 6625.5 元，农村居民家庭的恩格尔系数为 37.7%，与改革开放之初相比可谓发生了翻天覆地的变化。2012 年粮食人均占有量和劳均粮食产量分别达到 436.50 公斤和 2167.99 公斤，农村居民家庭人均经营耕地面积达到 2.34 亩，农村居民人均住房面积达到 37.1 平方米，农村居民每百户家庭拥有汽车数量为 4.05 辆。尽管从横向比较，这些数字与发达国家和地区甚至城市居民相比还有不小的差距，但是在短短几十年特别是最近十年取得如此大的成就，对于一个农业大国来说实属不易，这在全世界都是绝无仅有的。在数字的背后，固然有工业化、城镇化快速发展带来的经济增长红利，但更多的要归功于农村公共产品供给规模的绝对扩大。2013 年国家财政农林水事务支出达到 13227.91 亿元，是 2007 年的 3.9 倍。医疗卫生支出达到 2588.12 亿元，新型农村合作医疗中央财政补助标准从 2003 年的人均 10 元提高到人均 280 元。2009 年开始试点的新型农村养老保险中央财政人均补助 55 元，2014 年新农保与城市居民养老保险并轨。在教育方面，2013 年开始实施全国 1.2 亿名农村义务教育阶段学生全部享受免学杂费和免费教科书政策，以及中西部地区 1260 万名家庭经济困难寄宿生享受生活费补助政策，农村义务教育阶段学生营养改善计划惠及 3200 万名贫困地区学生。在城市，培训农民工 938.4 万人次，支持 1394 万名农民工随迁子女在城市接受义务教育，农民工参加失业保险的人数达到 3740 万人……公共产品供给的范围扩大和投入增加，既源于直接提高农业综合生产能力和减少灾害损失的基础设施建设，如农田水利建设，也源于改善农村环境的道路、房屋等建设，同时还有大量以提高农民生存发展能力为主要目标的社会事业建设，农民所能享受的卫生、教育、社会保障等公共资源状况得到根本性改变。可以说，农村公共产品的增量供给是我国破解"三农"问题取得重大进展的主要原因，也为城乡关系持续改善、要素交流日益频繁提供了重要支撑。

但是需要正视的是，在我国经济社会发展到新的阶段、城乡关系出现历史性结构变化的今天，城乡关系、农村内部结构已经发生重大变化，走集约化、专业化、组织化、社会化的现代农业道路是必然选择。与此同时，新一轮城镇化的重心在于推进城市和农村协同发展以及提升新市民的能力，依靠扩大公共投入推动农业增产、农民增收的难度有所加大。之前10 余年，农村公共产品供给是补偿性和发展性投入相叠加，产生了较为显著的成效，但正如本书所提出的，无论是从直观感受来看还是根据理性分析，农村公共产品供给都存在不同程度的效率流失，张鸣鸣博士认为这主要是由两方面因素导致的。一方面，公共产品的强社会属性决定了其在供给方式上更强调利益相关者的主体性，传统的政府主导型供给模式建立在社会总体发育水平偏低的基础上，虽然在一些领域效率偏低，但总体上还能发挥较大的作用。伴随着社会整体的成熟，特别是生产力及农民对生产力认知水平的大幅提升，这种在原有利益关系下发挥重大作用的自上而下的供给方式的弊端日益显现。另一方面，作为一种可以衡量价值（或成本）的"产品"，即便是公共的，在外部条件不变的情况下，也同样有着边际效用递减的现象。因此，本书认为应当从调整、优化相关主体之间的利益关系切入，构建一种代表不同集体利益的主体理性协作的公共产品供给格局，政府不再承担"无限责任"，农民也不再"等、靠、要"，这是一种建立在制度化基础上的、有着现代治理体系架构的、以提升供给效率为目标的公共产品供给机制——"政府主导、农民主体、社会参与"的主动参与模式。

值得一提的是，张鸣鸣博士的这本专著有两条主线。一条是明线，即对农村公共产品供给效率进行评估，在经典经济学概念的基础上，谨慎地选择部分领域，采取经济学和社会学的方法进行评估，提出修正假设，然后通过实验和观察成都统筹城乡改革的实践来验证，脉络清晰，逻辑严谨。与此同时，对中国农村和城乡关系的整体发展走向的分析和判断构成本书的另一条主线。无论是对研究对象的界定，研究方法的选择，还是假设及验证，"中国"概念贯穿始终，其中既有马克思主义中国化的经典理论，也有经济学相关理论在中国的适用性估计，甚至运用了中国传统哲学思想，将农村公共产品供给放在整个中国的宏观环境中考虑，对土地、劳动力、治理结构、农村社会关系等相关制度和非制度做了较为充分的独立思考。

13年前，一个大学刚毕业的青涩女生站在四川省社会科学院农业经济管理专业硕士研究生面试的考场上，对中国农村一无所知却无所畏惧地侃侃而谈，那是我和张鸣鸣第一次见面的情形，我有些惊讶她准备得并不充分，但同时也赞赏她的自信和勇气。后来，她成了我的学生，再后来，她因为学习优秀和在研究方面表现出来的出众潜质而留在四川省社会科学院工作，接下来攻读四川大学经济学院的博士学位，后来又进入中国社会科学院农村发展研究所博士后流动站，师从我国泰斗级农业经济专家张晓山教授。一路走来，一路艰辛，无数欣喜，张鸣鸣走得踏实，走得精彩，仅仅数年，她已脱颖而出，成长为四川省社会科学院能够独当一面的学术骨干，成为公认的佼佼者。这固然有她天资聪慧的缘由，但更重要的还在于她的勤奋和坚持，她付出了比别人更多的时间和精力。对张鸣鸣来说，学术之路还很长，还需要有更大的付出，但我深信，只要对学术研究始终抱有虔诚的爱，坚守而不放弃，她就一定会有精彩纷呈的未来，从这本书开始，我们将见证一个青年学者走向未来的学术足迹。

在今天的中国,"三农"依旧是亟待解决的重大问题,张鸣鸣从其中的一个点切入,提出的假设和论证无疑具有重要的现实意义。当然,书中也有不尽完善的地方,比如对中国农村发展改革相关制度框架的分析有待深化,特别是治理结构和乡村格局的变化对农村公共产品供给效率的影响方向和程度可做进一步研究。再比如可以探讨如何在信息时代和后工业化时期处理好传统与现代的关系,继承好的传统制度,使其成为农村公共产品有效供给的宝贵遗产。期待张鸣鸣查漏补缺,取得更令人欣喜的成果。

郭晓鸣

——四川省社会科学院副院长、研究员、博士生导师

2014 年 11 月 5 日

序二　改善供给方式：参与和选择

在经典经济学研究中，公共产品并不是一个被广泛关注的领域，但是因其在现代社会中降低交易成本和提高生产效率方面具有不可或缺性，这个话题又从来都不曾被忽略。经济发展水平持续快速提升，社会结构发生深刻变化，公共选择（社会选择）、政府职能、公共财政、社会保障、社会事业等问题为公众聚焦。与此同时，在全球化背景下，伴随着工业革命和信息革命的叠加推进，公共产品的内涵及外延也发生了一定变化，经济治理、福利经济、机制设计等相关理论取得了突破性进展，并日益从学术走向实践，对经济社会进步具有更加重要的作用。

在中国农村，迥异于西方国家的制度架构和经济社会基础，公共产品的供给方式及效果显得更为特殊。新中国成立后，我国在较长时期内实行计划经济体制和人民公社制度，农村运转靠的是"公私合一"和"社会结构固化"，生产资料甚至部分生活资料"公共地"属于固定群体。因此，虽然这个时期物资十分匮乏，但有赖于强大的组织机制，通过农民的自我供给，我国农村的各项公共产品尤其是农田水利设施仍然有了极大的改善。农村家庭联产承包责任制拉开了改革开放的大幕，中国经济进入了连续30多年的高速增长阶段。市场竞争加上不完善的制度设计，农业精英劳动力、资金、优质土地等生产要素迅速向比较收益较高的部门流动。从粮食产量的数据来看，农业似乎并未受到严重的冲击，与此同时，农民的收入水平节节攀升，农民增收更多地依赖非农部门。就农村发展而言，通过调整财政资金增量部分的投入方向等一系列措施，政府加大了对农村基础设施、公共服务和社会事业的投入，城乡分割的二元经济社会结构正在被打破，农村持续繁荣。

那么，还有什么是缺乏的呢？在经济学中，因为对资源稀缺性的普遍共识，"效率"是最被关注的。在投入和技术给定的条件下，有效使用社会资源以最大限度地满足人类的愿望和需要，是人们孜孜以求的目标。这至少包含两层关系：一是整体与局部的关系，对整体而言有效率是否对局部也同样有效率？二是现期与长远的关系，当前有效率的资源利用方式是否具有长远效益？私人产品具有显著的个体目标性，特别是在工业化社会，产品设计、生产、推广、使用、受益、评价等环节的主体明确，能够通过市场手段进行价值判断并随之做出应对性调整，以提升资源利用效率。相对而言，公共产品则复杂得多。在中国农村，既有以提升农业生产效益为目标的农田水利、农业技术的基础性研究类的公共产品，也有以社会公平正义为目标的养老、教育、医疗等社会事业类公共产品，还有以完善农村功能为目标的道路、给排水等基础设施类公共产品；既有着重于全局发展的公共产品，也有使部分人受益、满足局部公共需求的产品；既有传统概念上的公共产品，也有随着时代发展和社会结构变革而出现的诸如社会养老、文化建设等新的公共产品。

公共产品的有效供给本身是个相对单纯的课题，但是一旦与中国农村的复杂情况以及中国转型期所发生的无穷变化相结合，就成了一个十分复杂的课题。张鸣鸣博士的这本专著从问题出发，以"效率"为核心，系统地梳理了国内外相关理论及前期研究成果，着重于回答变化中的中国农村公共产品供给"是否有效率"、"能否有效率"以及"如何有效率"。在整个问题的讨论中，张鸣鸣博士并未局限于经典经济学理论，而是对社会学、人类学乃至政治学和心理学等相关学科的前期研究成果进行了梳理、归纳和应用，其论据基于大量中外文献以及从各种实地调研中获取的信息。这本专著来源于张鸣鸣博士于 2009 年 12 月通过答辩的博士学位论文。在评审过程中，5 位评审专家从学术角度给予了这篇论文较高的评价，同时也提出了修改建议，张鸣鸣博士在此基础上对论文做了修改，但仍有令人不满意之处：其一，运用经济学方法对农村公共产品效率进行评估时，未能全面覆盖现有的农村公共产品类型，产生这个问题主要是因为缺乏相关的统计数据；其二，对本书的结论——主动参与模式是增进农村公共产品效率的路径选择——的实验检验存在困难，主动参与模式在现实中是否仍然存在制度设计缺陷，以及采取何种措施能够提高主动参与模式的运用效率还有不确定性。应该说，张鸣鸣博士是幸运的。2007 年成都市获批全国统筹城乡改革试验区，在农村改革诸多领域先行先试，其中村级公共服务和社会管理制度改革正是基于构建新型农村治理结构的公共产品供给机制创新，这与张鸣鸣博士提出的主动参与模式不谋而合。2010 年张鸣鸣博士获批国家社会科学基金青年项目"城乡一体化进程中农村公共产品供给机制与政策研究"，使她有了更加系统地观察、审视成都改革试验的平台。通过两余年从不同视角和空间进行的反复观察和讨论，张鸣鸣博士对她在博士论文中提出的农村公共产品供给的"主动参与模式"进行了修正和完善，使博士论文的第二个不足部分地得到弥补。

　　作为张鸣鸣的博士生导师，我认识她十年有余。张鸣鸣性格鲜明，开朗活泼，在朋友中很受欢迎。这种外向型性格使她的思维方式在很长一段时期内都可以用"发散"来形容。让我欣喜的是，现在张鸣鸣正在成长为一个具有潜力的学者，这本《农村公共产品效率的检验与实践》从立题到完稿，历时 7 年、两个阶段，在她的学术成长过程中无疑具有里程碑的意义。尽管著作的主体部分成文较早，而且最近几年中国农村改革不断扩展和深化，但我相信张鸣鸣博士对于具有中国农村特点的公共产品的有效供给做到了实事求是的分析，坚持了自己的观点，她为读者展示的巨变中的中国农村公共产品有效供给的评估方式、路径选择以及成都试验区的经验，尽管是一己之见，但在我国城乡关系发生历史性巨变的今天，确实具有普遍适用的实践价值和理论意义。

　　当然，本研究还存在不足之处，恳请学术同人指导批评，同时请张鸣鸣以此为起点，不断深化研究，得出更多更好的学术成果。

蒋永穆

——四川大学马克思主义学院院长、教授、博士生导师

2014 年 10 月 3 日

目　录

引　言

一　问题的提出

30 多年前，中国农村社会经济制度发生了历史性变革，这次以经济关系为主导的变革是生产力发展到一定阶段的必然产物，是从量变到质变的飞跃。生产关系的变革从来都不是一次性的，在进入新的历史阶段后，新一轮量变开始了。从 1978 年到 2013 年的 36 年间，我国的经济总量翻了近八番，国内生产总值从 3645.2 亿元上升到 568845.21 亿元，全国城镇居民人均可支配收入由 343 元增加到 26955.1 元，农民人均纯收入由 134 元增加到 8895.9 元，农村贫困人口从 2.5 亿人减少到 8249 万人。[①] 城市人均住宅建筑面积不断扩大，农村人均住房质量不断提升，群众家庭财产普遍增多，吃穿住行用水平明显提高，改革开放前的短缺经济状况已经从根本上得到改变。飞速发展的生产力水平引致了有中国特色的社会主义市场经济体制的主动建立和完善，满足人民群众日益增长的物质文化需求的发展目标得到确立。

城市化是缩小城乡社会经济发展差距的有效途径，无论在发达国家还是发展中国家，城市化都是发展过程中的必经阶段。中国城市化的发展速度是惊人的，新中国成立初中国城市人口只有 1000 多万，2013 年城镇常住人口已经超过 7 亿。地级市有 286 个，建制镇有 2 万多个，城镇化率以

[①] 2007 年以前扶贫标准称为低收入标准。按照年人均纯收入 2300 元（2010 年不变价）的农村扶贫标准计算，2013 年农村贫困人口为 8249 万人。参见《2013 年国民经济和社会发展统计公报》，2014 年 2 月 24 日发布。

每年 1 个百分点的速度提高，现在已经达到 53.73%。随着经济快速增长，特别是第二、第三产业的快速发展吸引了更多的农业劳动力投入城市建设，同时农业生产效率不断提高也促使更多劳动力从土地上解放出来，为农村人口大量流入城市创造了更多有利条件。另外，城市建设投入在未来仍将保持一个较高水平，必将带来波澜壮阔的全国城市普遍大发展。综合考虑各种现实因素，可以判断中国城市化率仍将有一个快速发展的阶段，预计 2020 年将达到 60%，至 2050 年可能达到 70%。[①] 与城市的快速发展形成鲜明对比的是，改革开放后农村经济长期缓慢前行，社会事业发展停滞。二元社会经济结构在我国尤其突出，这种结构的形成具有深刻的历史背景。土地改革以后，我国实行严格的户籍制度和土地制度，对农产品实行"统购统销"，从农村和农业中取得大量积累，在特定的历史时期，这种制度大大加速了工业化进程和城市化步伐，取得了积极效果。改革开放后，正是这种城乡不平等的发展策略，以及已经积累起来的城市社会经济财富，吸引了更多的农村优良资本、精英劳动力和土地进入城市，削弱了农村的自我发展能力，加剧了城乡差别。资料显示，改革开放以来我国城乡收入比从 1978 年的 2.5∶1 扩大到 2013 年的 3.03∶1，东部地区的这一比例约为 2.7∶1，西部地区则达到 3.3∶1。[②] 如果加上社会事业、基础设施建设等隐性差距，城乡差距则更加突出。

生产力的进步越来越体现出二元经济社会的不适应性，可以说，分化的城乡经济结构已经成为制约我国发展再上新台阶的重大障碍。随着我国进入以工促农、以城带乡的发展阶段，进入加快改造传统农业、走中国特色农业现代化道路的关键时刻，进入着力破除城乡二元结构、形成城乡经济社会发展一体化新格局的重要时期[③]，统筹城乡发展不仅是可能的，更是必要的。在全球经济一体化的今天，中国的崛起不断影响世界经济政治格局，旧的格局正在被打破，以中国为一极的新的平衡正在建立，在这种

---

① 周干峙：《谈我国城市化的现状和趋势》，《城市规划通讯》2005 年第 19 期。
② 根据《中国统计年鉴》（2013 年）测算。
③ 《中共中央关于推进农村改革发展若干重大问题的决定》，2008 年 10 月 12 日中国共产党第十七届中央委员会第三次全体会议通过。

情况下，内需不足成为当前中国经济发展的瓶颈。一旦 7 亿农民的消费积极性被调动起来，庞大的农村市场得到启动，就能大大提高国内的产出水平，为工业发展打通价值链条，使工业反哺农业的积累效率倍增，为农业增长、农村发展提供坚实的经济基础，中国经济必然迎来第二个黄金 30 年。这一认识的统一使社会层面的自发驱动和决策层的主动调整不谋而合，中国的城乡关系正在经历历史性巨变。由此，与过去任何时期[①]不同，当前的城乡之间呈现"爱恨交织"的复杂关系：一方面是在科学发展的政策理性下，自上而下地推动以城带乡、以工促农的城乡一体化发展战略；另一方面是在市场经济推动下，城乡之间对积极生产要素的激烈竞争使城乡矛盾凸显且日益尖锐。在日益开放、动态、信息化的社会中，将打破城乡壁垒、实现生产要素在城乡之间的优化组合、最终消除城乡差别作为城乡一体化目标，在各个领域已经达成共识。但在"爱恨交织"的微妙形势下，城乡一体化出现了两种截然不同的路径选择：一是将城乡一体化等同于城市化，将农村发展纳入城市轨道；二是通过调整分配方式推动现代农业和新农村建设，使乡村奋起直追。在当前形势下，两种路径都有其合理性和现实适应性，并得到了一定的实践支撑。值得注意的是，无论以哪种方式推动城乡一体化，都会改变城乡之间的资源配置方式，对农村经济基础产生深刻影响，旧有的农村社会结构和利益格局将被打破，农村、农业以及农民的需求将呈现前所未有的复杂性。

需求取决于可支配收入也就是支出水平，以及预期支出的贴现。农民收入主要来源于农业的增长，农业进一步增长取决于农业发展的常规要素，即在物质资本方面的进一步投资、投入品供给的增加和技术变迁。[②] 除历史因素外，导致我国农民收入水平长期偏低的重要原因，是我国农业综合生产能力不强，农业基础设施和技术装备落后制约了农业生产率的提高。以农田水

---

① 《中国城乡一体化发展报告（2011）》将我国的城镇化进程划分为以下几个阶段：城乡分离的城镇化起步阶段（1949~1957 年）、城乡对立的剧烈波动阶段（1958~1965 年）、城乡关系僵化的停滞阶段（1966~1977 年）、城乡关系松动的复苏阶段（1978~1992 年）、城乡关系改善的稳步增长期（1993~2002 年）和城乡矛盾显现的高速发展期（2003 年至今）。见汝信、付崇兰主编《中国城乡一体化发展报告（2011）》，社会科学文献出版社，2011。
② 林毅夫：《制度、技术与中国农业发展》，上海三联书店，1992，第 108 页。

利为例，2013 年我国的耕地为 13538.5 万公顷，其中有效灌溉面积为 6335.1 万公顷①，仅占全国耕地面积的 46.79%，其中还有不少农田的基本水利设施缺乏维护，成为农业生产的隐患。更为显著的是，农业技术投入长期处于较低水平，在我国耕地匮乏、劳动力过剩的情况下，技术缺失导致的农业生产率低下问题更加突出。农民需求能力不强使未来支出的贴现水平长期居高，打击和制约了消费信心。农村社会事业和公共服务水平较低，2003 年估算的中国人类发展指数，城市是 0.81，而农村地区只有 0.67。除了收入差距外，这个指数还反映了农村较低的预期寿命（农村是 69.6 岁，比城市少 5.6 岁）和受教育水平（农村 15~64 岁没有接受过任何正规教育的人口比例是 8.7%，是城市的 3 倍多）。② 虽然近年来我国农村医疗、养老、子女教育等基本社会事业取得重大进展，但较低的保障水平依然难以打消农民"自力更生"的观念，他们更加习惯储蓄以备未来的"不时之需"。

小规模的分散土地持有制——这是大多数人口密集型发展中国家的特征，常常被认为是机械化、灌溉、作物保护、投入等要素有效配置的重大障碍。因而，不仅在中国，而且在其他许多发展中国家，许多政策制定者和学者都认为集体农作是集中土地和提高生产率的一种吸引人的方式。不过有结果表明，家庭农场是发展中国家农业增长的更为适当的制度，中国的未来改革应该加强家庭联产承包制的地位。③ 在这一基本判断下，扩大

---

① 耕地面积数据来源于国土资源部、国家统计局发布的《关于第二次全国土地调查主要数据成果的公报》（2013 年 12 月 30 日发布）。根据国务院决定，自 2007 年 7 月 1 日起，开展第二次全国土地调查（以下简称二次调查），并以 2009 年 12 月 31 日为标准时点汇总二次调查数据。有效灌溉面积数据来自《中国统计年鉴》（2013 年）。

② 世界银行东亚与太平洋地区编著《改善农村公共服务》，中信出版社，2008，第 4 页。

③ 林毅夫：《制度、技术与中国农业发展》，上海三联书店，1992，第 98 页。作者以生产函数法将农业产出增长的来源分为三类：（1）常规投入的变化；（2）改革所致的生产率变化；（3）无法解释的残差。通过对 1978~1984 年我国农业总产出增长的测算发现，有 45.79% 的增长来源于投入的增加，其中化肥施用的增加最为重要。以供给反应函数方法将产出增长的来源分成家庭联产承包责任制的转变、市场价格和国家牌价的变化、时间趋势和残差，表明在各项改革中从生产队体制向家庭联产承包责任制的转变是最重要的，使产出增长了约 46.89%，相当于投入增加的总效应。此外，作者还认为，土地制度改革不仅对农业生产有静态影响，也促进了农民采用新技术以及加速新技术的扩散，对农业生产率的增长具有间接的动态影响。

投资和有效提高农民收入、降低未来支付的贴现值，是从根本上解决农村市场需求不足问题的两把"利剑"。在坚持以农户家庭和农村集体为主体的双层经营体制的基础上，单家独户难以负担具有高外部性和高公平性的农村公共产品的建设，农业生产效率在失去农业基础设施、技术等有效支持的情况下长期在低位徘徊，农业基础设施和技术装备的公共供给是重要的也是必需的。同时，为增加农民的消费信心，降低预期消费贴现额，从事实上增加农民收入、提供必要的公共服务是必由之路。

加强农村基础设施建设和提供公共服务具有重大的理论和现实意义，但不能忽视的是，供给水平受资源条件的制约，如何将稀缺的资源合理有效地进行分配就成为当下需要解决的关键问题。在市场经济条件下，资源稀缺与需求增长是一对不可调和的矛盾，追求效率则是缓解这一矛盾的最佳途径。公共产品作为一类特殊的产品形式由公共部门提供，公众无差别地消费，因而具有显著的外部性。不同于私人产品，任何一种公共产品所提供的效用都不是单一的。例如，增加教育供给提高了人口素质，进而提升了人们获取经济收益的能力；提供生态环境保护产品，不仅会改善这一地区的环境，更会对整个社会产生强大的正效应。公共产品的多元产出，使公共产品的效率显示相对模糊，从而大大增加了对效率进行评价的难度。然而，如果对公共产品的投入产出效率没有一个合理的评估，又怎么能做出正确的资源分配决策呢？因此，能否找到一个可靠的农村公共产品的效率衡量方法成为本研究首先关注的问题，这也是进一步研究更好地分配资源的路径的前提和基础。理论和实践总是密切配合和相互作用的。寻找到一种切实可行的对农村公共产品效率进行衡量的方法并将之运用于实际测评的目的在于，通过对效率测评的结果进行分析，发掘隐藏在农村公共产品背后的"推手"，从而发现将公共资源在公众中进行分配的有效路径。

二　研究视角

农村公共产品是第一产业增长的基础，是"以人为本"的科学发展观在农村的具体实践，关系到我国 60% 国土上半数人口的生产生活。现代农业和社会主义新农村建设的目标要求实现农业基础设施和技术装备的现代化以及农民素质的提高。在我国总体处于社会主义初级阶段的基本国情下，将稀缺的公共资源进行有效配置成为重中之重。在我国城乡关系发生历史性巨变、农村利益关系深刻调整的背景下，农村公共产品的供给机制和组织方式也将发生深远变化。农村社会结构和生产生活方式的变革，使农民对农村公共产品的需求由单一向多元转变，同时，社会流动机制、阶层关系和组织结构的变化，也影响了农村公共产品供给的利益格局。城市化和工业化高速发展，农村和农业依然难以公平分享经济社会高速发展的成果，城乡之间对资源要素的竞争越发激烈，劳动力、资金、土地等优质资源持续外流。无论从社会公平的角度出发，还是从科学发展的视角考虑，通过深化改革理顺利益关系、调整分配结构，推动城乡之间形成稳定互促的发展格局至关重要。这种复杂的格局加上不同的制度架构，使国外成熟的公共产品供给模式在我国难以复制，经典的公共产品理论也存在适应性调整的现实需求。这种模式和理论双缺位的状况，不仅使我国农村公共产品供给缺乏制度保障和理论支持，还会因对新问题、新矛盾的认识不足而产生决策和实施偏差的潜在风险，不利于农村公共产品公平高效地供给，进而对城乡资源配置产生消极影响，甚至威胁城乡共同发展战略的顺利推进。

本书将研究视角定位于我国农村公共产品的效率分析以及实现效率的路径选择两个方面，以改革开放以来尤其是近十多年来的农村公共产品的投入产出变化情况为切入点，对我国农村公共产品的效率进行基本判断。在对制度变迁进行把握的基础上，结合参与主体的行为特征进行分析，试图挖掘决定农村公共产品效率的根源。无论从理论上还是实践上，仅仅对经济现象进行判断和解释都是不完善的，虽然判断和解释常常是理由充分，能够自圆其说，但人们进行判断和解释的目的不是回顾过去，而是"以史为镜"，使历史和现状成为未来行为选择的依据。因此，本书尝试以充分论证的判断及根源性的解释为基础，进一步探讨实现农村公共产品效率的路径，分析和论证路径的理论可行性，并且通过实验的方法将这种理论上的选择推向现实，反过来验证对农村公共产品效率的解释。

三　定义

（一）农村公共产品

1. 经典界定

（1）公共产品

一般认为公共产品的产生源于市场失灵。

公共产品的明确概念可以追溯到 1739 年。苏格兰人、著名哲学家休谟（D. Hume）认为，公共产品不会对任何人产生突出的利益，但对整个社会来讲则是必不可少的，因此公共产品的生产必须通过联合行动（Collective Action）来实现。①

现代经济学对公共产品的主流定义是从消费的经济特征出发的，起点是萨缪尔森于 1954 年提出的。他将公共产品（Public Goods）定义为无论个人是否愿意购买，都能使整个社会每一成员获益的物品，而私人产品（Private Goods）恰恰相反，是指那些可以分割、可以供不同人消费，并且对他人没有外部收益或成本的物品。高效的公共产品通常需要由政府提供，而私人产品则可由市场进行有效的分配。② 在其著作 *The Pure Theory of Public Expenditure* 中，萨缪尔森通过数学公式对公共产品的定义做了更精确的阐述。

$$X_J = \sum x_j \ (j = 0, \cdots, J) \tag{1}$$

$$X_K = x_k \ (k = J+1, \cdots, J+K) \tag{2}$$

X_J 指 J 个人消费品投入总量，x_j 指个人消费品投入量，X_K 指公共产品投入量。上述两个公式很直观地体现了公共产品与私人产品的本质不同，即私人消费品最终投入量等于全体消费者（在既定范围内）的投入量之

---

① D. Hume, *A Treatise of Human Nature* . London：J. Noon, 1739；李军：《中国公共经济初论》，陕西人民出版社，1993，第 25 页。

② 作为补充，萨缪尔森认为还有一种公共"劣品"（Public Bad），是通过消费或生产行为产生的副产品，是一种向一个群体强加成本的公共品，例如某些生产会造成温室效应。

和，而公共产品的最终消费量则等于任何私人的消费量。也就是说，私人产品总量随消费者的增加而增加，公共产品在一定范围内保持消费总量不变。上述定义更像是纯公共产品的定义①，现实生活中完全符合这种定义的公共产品少之又少，更多的是所谓的"俱乐部产品"②，也就是介于纯公共产品与私人产品之间的产品。

大多数国内学者是在萨缪尔森的基础上理解公共产品的。③ 袁义才另辟蹊径，认为公共产品不是由三大特征（效用不可分割性、受益无排他性以及消费无竞争性）决定的，而是由后天的制度安排决定的。④ 李军认为，凡是公共消费的物品都具有公共物品的特征，完全公共消费而无私人消费的物品就是纯粹公共物品，否则就是不纯的公共物品。⑤ 杨志勇、张馨提出公共产品是指具有共同消费性质的产品和服务。⑥ 卢锋认为同时满足非竞争性和非排他性的产品为公共产品，其以零边际成本供人们消费，并且没有人被排除在消费范围之外。⑦ 陈东采取了宽泛的公共产品概念，即收益外溢特征明显的产品或服务就可称为公共产品。⑧

公共产品与私人产品的现实界限很难像理论阐述的那么明晰，在一定

---

① 〔美〕斯蒂格利茨：《公共部门经济学》（第三版），郭庆旺等译，中国人民大学出版社，2005。

② J. M. Buchanan, *The Demand and Supply of Public Goods*, Chicago: Rand McNally, 1968.

③ 参考包括但不仅限于以下几篇文献：孙开：《由公共产品引出的思考》，《财经问题研究》1996年第6期；马芝蓓：《公共产品特性及定价有关问题的探讨》，《价格月刊》1996年第6期；黄志冲：《农村公共产品供给机制创新的经济学研究》，《中国农村观察》2000年第6期。

④ 袁义才：《公共产品的产权经济学分析》，《江汉论坛》2003年第6期。

⑤ 李军认为，公共物品是"Public Goods"更加确切的中文译法，因为"Public Goods"首先是一种使用价值，应当涵盖自然资源和人类的劳动产品，而称为公共产品"显然就将公共消费的一部分内容舍弃掉了"。同时，李军还认为公共物品在不同的经济体制中所涵盖的范围和领域是不同的，在中国以公有制为主体的体制中显然具有更大的范围。李军：《中国公共经济初论》，陕西人民出版社，1993，第24~41页。

⑥ 杨志勇、张馨编著《公共经济学》，清华大学出版社，2005。

⑦ 卢锋对公共产品的定义建立在对私人物品进行界定的基础上。他认为，私人物品的消费过程具有竞争性和排他性，一些产品具有竞争性和排他性中的某个特征，只有那些同时满足非竞争性和非排他性的产品才是公共产品。

⑧ 陈东的理由是：现实生活中同时兼具非竞争性和非排他性的公共产品少之又少，而且在技术上无法排除他人享用的公共产品也越来越少，此外在不同场合和制度下产品或服务的属性会发生变化。陈东：《我国农村公共品的供给效率研究——基于制度比较和行为分析的视角》，经济科学出版社，2008。

条件下可能发生转化。

第一，当集体组织难以提供服务或者效率低下时，农户就会逐步进入并成为供给主体。[①]

第二，一些产品难以由私人提供或者由私人提供的成本极高，一些产品要排除他人消费很困难，但在技术或者制度进步后会变得比较容易，从而有可能转化为私人产品。例如以信息为表现形式的农业技术，在实施专利法或者知识产权法后容易转变成私人产品，当然法律的实施是有成本的，且在大多数发展中国家是无效的。[②] 此外，随着农户的增加，农户投资能力大大增强，很多原来被视为公共品或公共服务的项目，实际上对农户来说已经成为可以投资并回收成本的私人物品。[③]

第三，新产品和新技术的生产和发明能够替代原有的方式，大大提高生产力水平，但这种新产品或新技术由私人提供的成本过高，且难以排除他人消费，原有的产品和技术就会转化为公共产品，这种转化在农业领域表现得尤为突出。

还有一些极端的情况，如在重大灾难发生后，政府会为私人提供住房、交通工具甚至牙刷、衣服等私人物品，此时这些私人物品是作为公共物品提供的。

公共产品的分类一般较为简单，按照公共产品的性质可分为纯公共产品和准公共产品；按照受益范围可分为全国性公共产品和地方性公共产品。

（2）农村公共产品

在公共产品理论研究的基础上，国内众多学者对农村公共产品进行定义，认为农村公共产品有别于城市公共产品，是农业、农村或农民生产生活所共同需要的、具有一定"典型特征"的产品或服务的总称，包括大型农具、道德建设、水利设施、文化教育、卫生医疗等基础设施和

---

① 宋洪远等：《中国乡村财政与公共管理研究》，中国财政经济出版社，2004。转引自李燕凌《农村公共产品供给效率论》，中国社会科学出版社，2007，第50页。
② 林毅夫：《制度、技术与中国农业发展》，上海三联书店，1992，第183页。
③ 李燕凌：《农村公共产品供给效率论》，中国社会科学出版社，2007，第50页。

公益事业。① 也有学者从供给者的角度出发，认为农村公共产品是由政府或政府的代理组织和农村合作组织提供的，农民在农村范围内共同消费的或为"三农"服务的社会产品。② 一般认为农村公共产品按照性质可以分为纯公共产品和准公共产品，其中准公共产品占了相当大的比例。事实上，国内学者对农村公共产品的定义往往大同小异，争论的焦点在于农村准公共产品的范围和分类上，其原因在于农业经营和农村社区的特殊性。③ 农村准公共产品可以分为三类：接近于纯公共产品的如农村教育、科研、科技推广示范等，中间性的准公共产品如技能培训、技术信息服务等，接近于市场产品的准公共产品如农田水利、卫生保健、文化娱乐等。④ 更多学者从农村公共产品的内容角度进行分类研究，农村公共产品既包括农村公共设施和资源，如交通、通信、电网、农村水利等基础设施，也包括农村公共服务，如信息服务、农村教育、医疗卫生等。⑤ 此外，根据区域范围，可将农村公共产品分为全国性的（跨省、跨流域、跨行业的）、

① 张军、何寒熙：《中国农村的公共产品供给：改革后的变迁》，《改革》1996 年第 5 期；叶兴庆：《论农村公共产品供给体制的改革》，《经济研究》1997 年第 6 期；黄志冲：《农村公共产品供给机制创新的经济学研究》，《中国农村观察》2000 年第 6 期；陶勇：《农村公共产品供给与农民负担问题探索》，《财贸经济》2001 年第 10 期；侯江红：《农村公共产品的供求矛盾与财政支农的政策取向》，《经济问题探索》2002 年第 1 期；吴士健、薛兴利、左臣明：《试论农村公共产品供给体制的改革与完善》，《农业经济问题》2002 年第 7 期；林万龙：《中国农村社区公共产品供给制度变迁研究》，中国财政经济出版社，2003；李秉龙：《中国贫困地区县乡财政不平衡对农村公共物品供给影响程度研究》，《中国农村观察》2003 年第 1 期；岳军：《农村公共产品供给与农民收入增长》，《山东社会科学》2004 年第 1 期；叶文辉：《农村公共产品供给制度的比较分析》，《天府新论》2004 年第 3 期；刘鸿渊：《农村税费改革与农村公共产品供给机制》，《求实》2004 年第 2 期；汪前元、李彩云：《从公共产品需求角度看农村公共产品供给制度的走向》，《湖北经济学院学报》2004 年第 6 期；徐小青主编《中国农村公共服务》，中国发展出版社，2002。
② 熊巍：《我国农村公共产品供给分析与模式选择》，《中国农村经济》2002 年第 7 期；李燕凌：《农村公共产品供给效率论》，中国社会科学出版社，2007。
③ 王国华、李克强：《农村公共产品供给与农民收入问题研究》，《财政研究》2003 年第 1 期。
④ 陈东：《我国农村公共品的供给效率研究——基于制度比较和行为分析的视角》，经济科学出版社，2008。
⑤ 周连第、陈俊红、毛世平、吴敬学：《农村公共产品政府投资优化配置》，中国经济出版社，2007；林万龙等：《农村公共物品的私人供给：影响因素及政策选择》，中国发展出版社，2007；陶勇：《农村公共产品供给与农民负担》，上海财经大学出版社，2005。

地方政府的（省级、市县、乡级）、社区（村）的和农户共有的四级农村公共产品。按照产品的技术属性可分为资本密集型产品（如农村道路、通信、社会保障等）、技术密集型产品（农业技术科研等）、劳动力密集型产品（村民自治等）。①

特别的，林万龙定义了农村社区公共产品②，认为其具有地方公共产品的性质，指的是乡村范围内的公共产品，也就是在乡或村范围内提供的，为全乡或全村农民（或其中的一部分）所消费的产品或服务。这一界定明确指出，只要是为超过两个成员服务的产品（产品在成员间无法排他），就可以称为公共产品。

2. 笔者的理解和本研究的界定

（1）对公共产品的理解

"Public Goods" 在中文中被译为公共品、公共物品、公共产品，甚至还有公共良品、公共商品的提法，本书认为"公共产品"一词更加符合原文的含义，主要基于三个方面的考虑。首先，市场经济的基本特征是依靠市场进行资源配置，也就是生产用以交换的产品，但市场始终存在一类产品，这类产品的特性决定了它往往无法由私人生产或者由私人生产势必导致供应不足，因此 "Public Goods" 首先应当是一种存在于市场经济条件下的 "产品"，那些可以无限利用的、不是市场经济产物的所谓的 "Pure Public Goods"（例如空气等）不属于公共产品的范畴。其次，公共产品的效用扩展与他人的成本为零，但并不意味着公共产品的范围是无限的，相反，世界上不存在具有无限范围的公共产品，完全的非竞争性和非排他性几乎不存在于任何产品之中。萨缪尔森认为最好的公共产品的例子是国防③——无论国民是否愿意接受或者是否为了这种保卫支付了费用，它都是为国民提供的产品，但国防仅仅是在本国居民内部具有无排他性，对于其他国家一样是具有排他性的。因此所有的公共产品都是在一定范围内和

---

① 程又中、陈伟东：《国家与农民：公共产品供给角色与功能定位》，《华中师范大学学报》（人文社会科学版）2006 年第 2 期。

② 林万龙：《中国农村社区公共产品供给制度变迁研究》，中国财政经济出版社，2003。

③ 〔美〕保罗·萨缪尔森、威廉·诺德豪斯：《经济学》（第十六版），萧琛等译，华夏出版社，1999。

一定程度上的公共产品，换句话说，只要在一定范围内具有无排他性和无竞争性的产品都是公共产品。最后，在效用方面的无排他性和无竞争性往往使私人供给公共产品缺乏激励，但仍有一些私人出于种种考虑会提供某种产品，虽然在产权界定上该产品本身是私人产品，但它具有公共产品特征，因此也应当将这类产品归入公共产品的范畴，由私人修建的灯塔和公路就是典型例子。

另外值得一提的是，在一般情况下，个人从生产者（厂商）处取得产品，这时个人是消费者，厂商是私人产品的供给者，二者各取所需，都是受益者。从这个意义来说，公共产品的服务对象是"个人组合"（或者称为集体），其供给者往往是"集团"①，"个人组合"从"集团"免费或者支付少量成本获得产品，与其他个人一样享受产品，成为产品的受益者；同时，"集团"也在供给产品过程中获得各种收益，包括国防和生态安全、投资收益、经济增长、社会发展等，还包括"个人"的信任和支持。可以说，与私人产品一样，公共产品在供给过程中的受益者是供需双方，因此本书在考察公共产品时都是从双方福利的角度出发。

（2）农村公共产品的界定

从理论上说，农村公共产品指的是在农村的所有公共产品，即农业生产设施、农村社会发展事业和满足公众生活需要的基础建设。从生产的角度来说，农业生产的生物学过程受制于无数生态变量，土壤、温度、湿度的任意细微变化都可能引起生产要素的变化，农业经营的分散性加大了生产要素和生产方式的相异性，因此农业公共产品尤其是针对家庭农业经营的中小型农田水利基础设施也应该是具有差异性的。以家庭劳动力为基础的生产组织方式是当下农村最一般的组织形式，决定了农民居住的分散性以及相对城市居民而言的对他人较低的依赖性。因为农业经营周期较长以及生产区域相对稳定，加上对农业生产的高度依赖性，农村社区的稳定性大大高于城市。在我国表现在以血缘和地缘为基础的农村社区一旦形成，

---

① 本书的"集团"是指能够提供公共产品的"个人组合"的代表，包括国家和地方政府、集体组织，有时候还包括能够提供公共产品的个人。如无特别说明，本书的农村集体组织特指农村社区。

其传统就能轻易保持下来，共同的价值观、共同的心理以及相似的生活方式使农村社会发展事业和生活基础设施的建设相对容易。

在马克思主义理论体系中，社会制度是一定的经济基础和上层建筑共同作用的结果，不同社会制度下的公共产品的内涵和外延是不尽相同的。研究中国农村公共产品有必要将农村公共产品放在"中国特色"的环境下加以界定。

以家庭联产承包责任制为基础、统分结合的双层经营体制是我国社会主义市场经济体制下的农村基本经营制度。在这一政策基石下，国家依法保障农民对土地的占有、使用和收益等权利。但农民不拥有土地所有权，在农户的心目中，"土地"这一基本的生产资料的归属是不确定的，一旦政策在承包期满之前发生变化就可能导致土地重新分配。"如果他们使用的一些或全部土地被拿走，拥有较多资本的农户将遭受损失，即使这些资本是流动的（即不固定于土地）也会如此，这是由于出卖流动资本需要交易费用的缘故。"① 1978 年后，我国的农村土地问题一直是各方关注的焦点，附着在土地上的权利和义务也不断被明确和一再强调，"赋予农民更加充分而有保障的土地承包经营权，现有土地承包关系保持稳定并长久不变"，并加强对土地流转制度的规范和完善，"按照依法自愿有偿原则，允许农民以转包、出租、互换、转让、股份合作等形式流转土地承包经营权"。然而，除了土地重新分配的风险外，农户还关心是否会因个别政策的变动而导致某种形式的合并或集体经营，这种可能性又带来私人对他们所拥有的生产资本的不确定性。上述风险可能会降低对农作资本（如设施、机械和役畜）的投资激励。②

更加显著的矛盾体现在过多的人口与稀缺的土地资源之间。根据《关于第二次全国土地调查主要数据成果的公报》，全国有耕地 13538.5 万公顷（203077 万亩），以 2012 年 26802.32 万户农村家庭计算，户均耕地仅有 7.58 亩。随着农村家庭向小规模化发展，耕地资源稀缺的矛盾会进一步加大，同时经营能力与劳动力的不足对土地规模的限制，也会使土地规模

① 林毅夫：《制度、技术与中国农业发展》，上海三联书店，1992，第 112 页。
② 林毅夫：《制度、技术与中国农业发展》，上海三联书店，1992，第 112 页。

呈现进一步缩小的趋势。这种依靠家庭劳动力开展农业经营的生产方式，使农户更加倾向于节约型投入，例如高效化肥、新种子等，而受家庭资产和生产方式的限制，对投资较大、回报期较长的设施、机械等的投入必然不足。

但从另一方面考虑，以家庭为基础的农业经营也具有规模经营不可比拟的优势。首要的优势是家庭经营的基础是成员间基于共同利益的劳动协作和相互信任，这种和谐经营能够大大降低监督成本，每个成员会尽最大能力从事劳作，对于需要细微观察和随时改变劳动方式的农业生产而言，这无疑是最有效的。信任能够使生产方式的选择和生活方式的变更的协商成本大大降低。家庭经营的另一大优势是能够使用在自己的农场外几乎没有就业机会因而机会成本很低的妇女、儿童和老年劳动力。

公共投入的覆盖空白。我国当前对农村公共产品的供给类似于联邦制分权化的公共财政体系，国家制定的经济发展议程是由地方政府贯彻执行的，约70%的公共支出发生在地方（即省、市、县、乡），其中55%以上的支出是在省级以下。[①] 农村税费改革以后，乡村失去了公共产品投入的重要来源，供给能力骤然降低。在这种压力下，财政支农政策发生重要转变，财政支出方向做出战略性调整。在农村公共产品供给方面，实施公共财政覆盖农村政策，新增主要用于农村的教育、卫生、文化支出，同时在基本建设投资包括国债资金方面加大了对农村公共基础设施建设的投入，村社以上的农村公共产品供给正在逐步改善。然而，那些非基础性的支持农业服务供给且对促进农村经济发展至关重要的基础设施投资依然由地方政府负责，虽然这样的安排是出于效率的考虑——地方政府更加了解地方需求，但事实上，由于经济发展水平的严重不平衡以及财政转移支付体制的不完善，地方财力较弱的欠发达地区成为农村公共产品供给水平低下的主要原因。同时由于当前制度规定地方政府不能从金融机构借款，资金层面的制约往往使政府对公共产品供给"心有余而力不足"。在这种情况下，一些具有显著公共属性的产品不得不部分地或全部地由私人提供，其中最

---

① 陈锡文主编《中国农村公共财政制度：理论·政策·实证研究》，中国发展出版社，2005，第1页。

受关注的是养老保障，这制约了农村资源向优势产业流动，降低了资源配置的效率。农村社区内部的公共产品供给因其"类俱乐部产品"属性而采取"一事一议"等方式解决，公共投入并不覆盖至此。

农村市场化特别是生产要素市场化程度严重偏低。农村土地固化、金融抑制以及劳动力流动的制度障碍普遍存在，且在一定时期内难以有根本性转变，这使与生产相关的公共产品的外延扩大。以农村金融信贷制度为例，正规金融机构对农户的长期投资持保守态度。虽然政府明确提出要"拓展农业发展银行支农领域，加大政策性金融对农业开发和农村基础设施建设中长期信贷支持"①，而且也在实际地逐步放开农村金融市场，但农村仍然面临不可忽视的金融资本短缺问题。民间借贷尤其是最为常见的亲友间借贷因建房、结婚、看病或者教育而产生，因为长期以来形成的传统认为这些是最基本的需求，而生产性投资如小微型水利设施建设被认为能够提高借款人的收入水平，几乎不可能通过亲友间的无息借款来完成。因此农民自我供给属于公共产品范畴的义务教育、基本医疗、养老等被传统地认为是理所应当的。这种情况使农村公共产品的筹资渠道十分狭窄。

农村社会的相对稳定性。从封建社会到社会主义社会，中国农民尤其是居住在不发达地区的农民，"顽强"地将中国传统的农业思想传承下来，在对社会的认知和对世界的价值观上具有中国特色。与农耕文化继承性密切联系的是中国农村的"历史性"。虽然经历了土地改革、生产队制度改革、家庭联产承包责任制改革等一系列社会变革，但中国农村的"村落"特色并没有消失殆尽，反而在新的社会发展机遇中更加深入农村经济社会的方方面面。从农村的社会性来说，以血缘和地缘为基础的农村社区一旦形成，其传统就能轻易地保持下来，共同价值观和共同心理以及相似的生活方式，使农村相比城市而言更加稳定，更容易在公共产品供给机制上达成共识。从农村的经济性来说，农村社区是以家庭为基本单元的，而家庭经营的基础是成员间基于共同利益的劳动协作和血缘的信任，这种和谐经营能够大大降低监督成本，每个成员会尽最大能力从事劳作，信任使生产

---

① 《中共中央关于推进农村改革发展若干重大问题决定》，2008 年 10 月 19 日。

方式的选择和生活方式的变更的协商成本大大降低。同时，家庭经营的另一大优势是能够使用在自己的农场外几乎没有就业机会因而机会成本很低的妇女、儿童和老年劳动力，这在一定程度上提高了农村社会结构的稳定性。农村社区的社会稳定性和经济稳定性决定了农村社会在空间上和结构上具有较高的稳定性，从需求的角度观察，我国农村公共产品的属性类似于"俱乐部产品"，城市或国外农村的公共产品供给模式在我国农村会存在不适应性。

农村社会治理的特殊性。尽管乡镇与村之间究竟应该是指导还是领导关系，目前在学界仍有争议①，但在现实中，村委会的确承担了大量政府职能，在大多数不具备高度自主生产能力的村社，他们所能控制和分配的公共资源在很大程度上依赖于政府。尽管村民自治是受法律保护的，但实践表明，村民自治的能力在很大程度上取决于村社资源禀赋以及村社自我治理的完善程度。正是由于前述特殊性，村民自治程度对农村内部公共产品供给的效率和公平性起到不可忽视的作用。

因此，农村公共产品"不应该（事实上从来也不是）按照纯理论经济学的严格定义来简单理解"②，也不能以供给主体作为判断是不是公共产品的标准。综合来说，农村公共产品是一个带着深刻中国烙印的概念，在一定范围和程度上具有明显的收益外溢特征，或者是那类（虽然能够明确划分产权）受资源禀赋制约因而由单个经济单位供给困难较大的产品。本研究对农村公共产品的定义同样基于公共产品的理论体系，在范围上更加倾向于对准公共产品的研究，这主要是出于两方面考虑：一是研究准公共产

---

① 徐勇认为，虽然村委会组织是自治组织，却只是村务自治，在办理政务方面，应该受到乡镇领导（1997），后修正为如政府需要村民委员会协助工作时，应根据工作量支付相应报酬（2004）。景跃进认为只要村委会承担来自上级政府的行政管理任务，他们的关系就非常可能具有领导与被领导的特征，而很难保持指导与被指导的关系。吴理财认为乡村关系正在实现由行政支配型向民主合作型的良性转变。董磊明认为村民自治本质上不过是浮在乡村关系水面上的一层油，并没有改变传统乡村关系运作的基础。吴毅认为外来话语及法律的不良影响，使本来顺畅的乡村关系变得混乱，并引起了乡政运行的困局和梗阻。

② 林万龙等：《农村公共物品的私人供给：影响因素及政策选择》，中国发展出版社，2007，第1页。

品更加具有现实意义；二是从数据分析的角度来说，准公共产品的测算和评估更加有据可依。

（二）效率

1. 经济学中的效率

经济学中的"效率"从来都没有确切的定义，但是无论是马克思主义学者还是西方经济学的追随者，都不约而同地把效率首先理解为"节约"。

马克思是把一切必要的因素有系统地说得符合现代效率概念的第一人。[①] 劳动价值论的基础在于对效率的理解。商品的价值是由社会必要劳动时间决定的，商品的价值量与体现在商品中的劳动量成正比，与这一劳动的生产力成反比，而社会必要劳动时间是在现有的社会正常的生产条件下，在社会平均的劳动熟练程度和劳动强度下制造某种使用价值所需要的劳动时间，是由劳动生产率决定的。"劳动生产率，归根到底是使新社会制度取得胜利的最主要的东西。"[②] 可以说马克思创造了一种效率的公式，他所谓的社会劳动同时包括活劳动和物化劳动。

在西方经济学经典理论中，效率是目标和价值的统一。主流经济学对效率的判断是从结果出发的，在资源约束的条件下实现效用最大化就称为效率，换句话说，就是在既定条件下的效用最大化，或以一定的效用为目标的成本最小化。从个人角度看，经济人基于个人判断，如果在有限的资源条件下实现个人效用最大化，就是有效率的；如果在社会中，所有个体都实现了效用最大化，则实现了整体的有效配置。因此经济效率是指对经济资源的有效利用，即经济资源的有效配置。[③] 配置效率（Allocative Efficiency）是在任何可能的生产资源重组都不能在不使其他人的情况变坏的条件下，使任何一个人的情况变好的条件下出现的。因此，在实现配置效

① 〔美〕康芒斯著《制度经济学》（上册），于树生译，商务印书馆，1962。
② 《列宁全集》（第 37 卷），中央编译局编译，人民出版社，1986，第 18 页。
③ 这是福利经济学对经济效率的定义。事实上，厉以宁等（1984）认为西方福利经济学单纯从资源配置的角度出发而忽视收入分配来定义"经济效率"，并将其作为社会福利的标准，是为了适合资本垄断阶级的统治需要。

率的条件下，只有降低某个人的效用才能增加另一个人的满足或效用。[1] 也就是说，在既定的资源和技术条件下，一个有效率的经济是能够为消费者提供最大可能的各种物品和劳务的组合，亦即帕累托效率。现实生活中常常是所得与所失并存，"补偿准则"正是在此基础上成立的，并由此产生了"卡尔多改善"，即一个人的境况由于变革而变好，因而他能够补偿另一个人的损失而且还有剩余，那么整体的效率得以改善，这种改善处于无法继续进行的状态则称为"卡尔多效率"。然而，经济社会中不可能人人都是理性的，也很难有完全竞争的市场，常常会有市场以外的因素干扰效率的实现，就会产生 X 效率（也称 X 低效率），也就是组织中不是由市场因素引起的低效率。

Farrell（1957）是最早系统地研究经济效率理论的人，他认为企业总的经济效率应当包括技术效率和配置效率，前者反映企业在既定条件下的最大产能，后者指实现一定生产力的情况下的最佳资源配置。对经济效率如此定义的还有 Whitesell 和 Barreto、P. H. Mo 和 S. K. Li 等[2]。

事实上，经济学中的"效率"从来都没有一个确切的、能够被所有学者认同的定义，但无论如何，几乎所有学者都一致同意效率首先是一个经济学范畴的概念，它意味着在资源稀缺条件下的"节约"。本书在同意此观点的基础上，认为现实中的效率是建立在一定的社会经济条件上，受经济单位、个人及其行为的影响所达到的集体最优状态。

2. 效率与公平

效率是一个纯粹经济学的概念，而公平更多地包含了价值判断的内容，从这个角度上说，争论效率与公平究竟哪个更重要似乎是没有意义

---

[1] 〔美〕保罗·萨缪尔森、威廉·诺德豪斯著《经济学》（第 16 版），萧琛译，华夏出版社，1999，第 119 页。

[2] Whitesell, Robert and Barreto, Humberto, *Estimation of Output Loss from Allocative Inefficiency: Comparisons of the Soviet Union and the U. S.*, *Research Memorandum RM - 109*（MA: Center for Development Economics, Williams College, 1988; P. H. Mo and S. K. Li, *The Contract Responsibility System and X - efficiency in the Machine Industry*, Oxford University Press, 1999, pp. 103 - 120.

的。然而生产力进步的意义在于使人类社会更美好，人类文明进程也在不断推动生产发展，因此效率和公平就像一对兄弟，被学术界普遍认为难以取舍。曼昆认为只有将资源公平分配才能得到平等，但这种公平分配只能以降低效率为代价。① 加雷斯·D. 迈尔斯认为由于公平和效率在目标上是本质不同的，因此不可避免地会发生冲突，稳定效率的政策往往会在经济中造成很大扭曲和产生抑制作用。②

从辩证的角度出发，效率与公平互为矛盾又互相依赖和影响。效率是指在资源约束条件下实现个人效用最大化，对于每个人所能掌握的资源及自身的满足来说，已经达到了最好的状态，这就是一种对自身的公平。当每个人都认为目前是其最优状态时，也就是整个社会达到了最大产出，或者说全社会的效用最优。从这一角度来说，实现效率就是对全社会的公平，如果不能达到帕累托最优，就意味着资源的浪费或利用不足，对于有可能更好地利用资源以改善状态的社会成员来说是不公平的。因此公平的含义不能简单地理解为"平等"或者"一致"，公平应当是个人对产品利用的边际效用最大化，而不是相对于他人效用的比较。因此不能简单地认为"平等"分配资源就是公平，如果持这种观点，那就意味着对那些有能力更好地利用资源创造财富的人的不公平。

在公共领域存在无排他性，公共部门提供的公共产品很难将某一成员排除在外，每个成员利用公共产品的权利和为公共产品支付成本（通过税收等方式）的义务都是平等的。从这个角度来说，如果公共产品供给缺乏效率，常见的情况是供给不足和供给缺失，对于支付成本的社会成员是不公平的，低效率和无效率都意味着成员所提供的资源的浪费，也同时意味着享受公共产品的成员的效用缺失。因此，公共产品的效率与公平是辩证统一的。

进一步分析，我国长期以来在农村和农业中实现资本积累，然后转移到城市建设和工业生产中，而农村公共产品也由农民负担，造成农村发展滞后、农业增长缓慢以及农民生活水平严重落后于城市居民。虽然城市和

---

① 〔美〕曼昆著《宏观经济学》（第5版），梁晓钟、张帆译，中国人民大学出版社，2005。
② 〔美〕加雷斯·D. 迈尔斯著《公共经济学》，匡小平译，中国人民大学出版社，2001。

工业的发展带动了农村和农业的进步，但从长期看，这种以牺牲部分成员的福利来换取其他成员的福利的做法不仅是不公平的，也是低效率的。忽略收入和财产来源方式，"收入分配的均等或财产分配的均等并不意味着公平，或者说，不应当把分配均等当作公平的同义词"①，人民公社时期的"大锅饭"制度造成的资源浪费、生产力水平低下就是明证。公平应该是获取收入或财产的机会均等。社会主义的社会目标是实现共同富裕，以机会均等为前提能够有效避免贫富差距过大，把效率放在优先地位意味着把发展生产力、增加产品与劳务的供给放在优先地位，两者有机结合才能实现这一社会目标。

3. 农村公共产品的效率

公共部门的效率包括两方面：一是生产效率，指生产或者提供服务的平均成本；二是配置效率，指组织所提供的产品或服务是否能够满足利益相关者的不同偏好。1957 年，萨缪尔森将公共产品的效率定义为公共产品的帕累托效率，即公共产品的边际收益等于边际成本，不能在不减少其他人的福利的情况下增加某一人的福利。这一界定包含三层意思：首先，效率的结果具有"效果性"，能够达到供给者的目标，能够满足社会需求；其次，效率的结果具有"效率性"，在一定的产出下投入最小的成本或者投入一定的成本获得最大的收益；最后，效率的结果具有"经济性"，公共产品能够从稀缺资源中得到最多的东西，即投入成本最小化。② 这个公共产品效率的定义实质上是从公共产品的供需双方出发，在市场经济中，供给者（政府或者其他公共部门）和消费者（公众）都遵循效用最大化的规则，然而对消费者来说，效用最大化往往指产品对自身的满足程度最大化，而供给者在做决策时往往考虑的是那个最能满足自己利益（例如绩效）的议案，在多数情况下，公众的效用最大化是达到供给者效用最大化的手段而不是目的③。不能因此说两者的效率目标是矛盾的，因为当供需双方属于一个利益集团或者两者达到一个均衡点时，会具有共同的"效

---

① 厉以宁：《经济学的伦理问题——效率与公平》，《经济学动态》1996 年第 7 期。
② 刘旭涛：《政府绩效管理：制度、战略与方法》，机械工业出版社，2003。
③ 〔美〕丹尼斯·穆勒著《公共选择》，张军译，上海三联书店，1993，前言。

用"目标。

具体到农村公共产品来说，在中国社会主义市场经济条件下的农村公共产品，需求方是分散的小农户，资源禀赋的差异致使需求千差万别，农业是弱质产业，农民是弱势群体，农村是"次级"地区，在这种情况下，对农村公共产品效率的界定应当首先确定其目标是什么，是满足地区发展迫切需要的产品还是满足供给者的长期目标，是实现帕累托的社会最优效率还是公平正义？对这个问题的合理判断是本书分析的重要前提，综合上面提到的效率与公平的关系，本书认为在公共产品供给过程中实现需求者机会均等，也就是每个农户都有相同的机会表达自己的真实偏好并且与他人享有相同的消费机会，在这样的条件下，供给方如果能够达到资源配置最优，也就是在一定的资源条件下实现产出最大化，就是实现了农村公共产品的效率。

（三）关于"农村"

在对农村公共产品问题开始考察之前，首先遇到的问题是如何给"农村"下定义。普遍的理解是，"非城市"就是指农村，但城市之外的小城镇、海滨地区、山区等区域是否应归纳在农村之中呢？从目前收集到的文献资料来看，"要确定一个具有惟一含义的定义似乎是不可能的"[①]，甚至官方的统计资料中也难以有明确的定义。那么，将农村进行分类并以各类的特点为出发点来区别"农村"和"非农村"似乎是学术界无可奈何的选择了。通常这种界定有两个办法：一是简单地使用人口密度、经济增长率等指标来分类；二是尽可能使用例如农业生产增加值占 GDP 的比重或农业就业人口占总就业人口的份额等较为复杂的方法进行统计和判断。相对而言，后者的分类更加科学，结果也相对可靠。然而，"农村"是一个"具有完整性和有机性的独立系统，这个系统无论是总体还是各个子系统都具有自己的一般特性"[②]，无论哪种分类方式，在分类地区的适宜规模和详细

---

① A. J. 雷纳、D. 科尔曼主编《农业经济学前沿问题》，唐忠、孔祥智译，中国税务出版社，2000，第 279 页。
② 刘敏主编《中国不发达地区农村的社会发展》，中国经济出版社，1990，第 12 页。

记录方面都存在一些问题。

在我国特殊的二元社会制度下，"农村"的边界似乎更为清晰一些，特指相对于城市而言的一个地域概念，在这一地域，居住着"农村户口"居民。然而，改革开放后人口的快速流动使得以户籍来确定的"农村"边界模糊起来，如果再以农村户籍来进行"农村"与"非农村"的划分，难免会混淆一些地区的边界。而且在超越了当前的特殊阶段（双重户籍制度）后，这种划分方式也会随之终结。作为本书的一个基础性概念，如果没有给"农村"界定一个明确的范围，接下来的分析将难以进行。为了降低数据收集和分析的难度，本书将在中国乡镇（不包括城关镇，但包括城关镇所辖行政村）行政管理区域内的地区，纳入分析范围，农村社会经济的统计范围包括除县城关镇以外所有乡镇的社会经济活动。①

受区位条件制约，农村的地域封闭性较强。从内部看，交通运输和通信网络建设受经济条件和自然资源的双重制约，发展缓慢。从外部看，城乡之间的分割使城市和工业的信息传导和经济辐射能力到达农村时已经大大减弱。受资源条件约束，农业生产率水平较低，耕地承载能力脆弱。此外，农村地区社会关系乡土性和民族性突出。自给、半自给经济和聚族而居的生活方式，是与不发达的经济基础相适应的，尤其在西部农村地区更为普遍。社会关系以经济关系为基础，农村经济活动范围较窄，经济内容单一，与之相适应的社会关系也相对单纯。此外，我国是多民族聚居的区域，较为封闭的地域和单纯的社会关系使农村地区的民族具有较强的承继性，这包括宗教信仰的传承和生产生活方式的长期稳定。社会关系的乡土性和民族性一方面使农村社会变革困难，经济滞后；另一方面则凸显了集团（社区或族群）的心理认同，在集团的偏好表达上更具有优势，使生产和生活方式、意识和社会形态具有突出的延续性。

---

① 《中国统计年鉴》（2007 年），中国统计出版社，2007。

四　主要观点和逻辑框架

（一）　主要观点

立足于对农村公共产品效率的判断及其解释，本书重点探讨实现公共产品效率的路径选择，主要观点和基本思路如下。

公共产品是有着显著的制度烙印的，它具有社会集体的利益特征，其效率体现在生产、交换、分配、消费等每个环节，实质上是一种社会公平的体现。正是公共产品的强外部性，使其面临私人产品的市场化配置模式的"失灵"，公共性决定了公共产品具有比私人产品复杂得多的利益关系，各利益主体之间的博弈对公共产品的效率产生至关重要的影响。承认市场经济下公共产品主体的"效用最大化"趋向是研究利益博弈的基础，结合新兴经济学的"行为人有限理性"的假设能够更加恰当地解释博弈各阶段的参与者的选择。因此，马克思主义经济学、集体利益理论、制度变迁和产权理论、博弈论以及行为经济理论构成本书的理论基础。

无论是社会学、经济学或政治学还是公共产品，都普遍认为是难以达到帕累托效率的，而且中国的发展经历似乎也说明了我国农村公共产品是无效率的。但这一假说并没有得到实证的支撑。要对农村公共产品的效率进行判断必须借助于严谨的模型检验。然而不得不承认，模型和数据检验常常是笼统的，甚至有时候是武断的，因为忽略了隐藏在数据背后的一些不确定因素（如社会关系、文化传统、偶发事件等）的影响而做出错误判断的事情时有发生。尤其是农村的复杂性使得单纯依靠数据检验更加缺乏说服力，必须辅以更加深入而且全面的检验。公共产品的效率可以分为投入产出效率和基于集体利益最大化的效率。通过 DEA 模型检验和参与式农村评估方法，本书认为无论是众投入产出比率的角度出发还是从集体利益目标的角度出发，当前我国农村公共产品供给都是无效率的。

产权问题是经济社会的核心问题。从我国农村产权制度的变革出发，社会主义中国土地改革后，封建社会地主土地私有制被彻底废除，取而代之的是农村集体所有制，直到实行家庭联产承包制之前，生产资料的完全公有并未对农村公共产品供给产生实质上的激励效应，农村产权制度从一个极端走向另一个极端，对公共产品效率没有产生显著贡献。以家庭联产承包制为中心的产权制度变革极大地释放了生产力，激励生产者提高农业投入水平，但由于产权没有从根本上得以保障，面临众多的不确定性，农村公共产品供给在质量上和数量上并没有显著提升，农村税费改革后，由于资金渠道被限制，公共设施（特别是社区型公共设施）供给不足的矛盾更加尖锐。通过对历史的总结和思考，以现代产权理论为指导，本书认为农村公共产品无效率的根源在于农村产权制度缺陷所导致的集体功能丧失。作为农村产权（核心是土地产权）的所有者，农村集体（社区）应当承担政府（或其他供给者，包括农民本身）和农民之间的桥梁，但地位不确定、产权不明晰使集体成为双边关系中的强势群体的延续，导致弱势一方没有公平参与的机会，由此造成公共产品体系中的高交易成本和大量的效率损失。

实现农村公共产品的效率仅仅靠政府单方面进行财政制度改革或者一味强调建立"自下而上"的需求导向的供给机制显然是不充分的，因为由于双方造成的效率损失是不可能通过一方的改变而得以弥补的，必须发动另一方——农民的变革。这种变革意味着建立以社会公平参与机会为原则的社区发展机制，这种机制无疑能够从根源上解决无效率问题。但是仅仅提出一项原则而不对其进行可行性检验有可能使这种原则变成一种"乌托邦"。因此，笔者大胆采用了实验而不是实证分析的方式对这一选择假设进行了可行性研究。由此证明，主动参与模式下的农村集体有能力而且必须成为化解公共产品无效率的"良药"，它不仅与生俱来地拥有优势，而且还能够根据不同的情况进行拓展和自我纠正，其灵活性是政府所无法比拟的。

（二）逻辑框架

基于以上主要观点，本书的逻辑思路如下。

农村公共产品效率的理论基础→我国农村公共产品效率的现状评估→

我国农村公共产品效率不足的根源判断→增进效率的基础和可能性→实现
效率增进的路径选择（见图1）

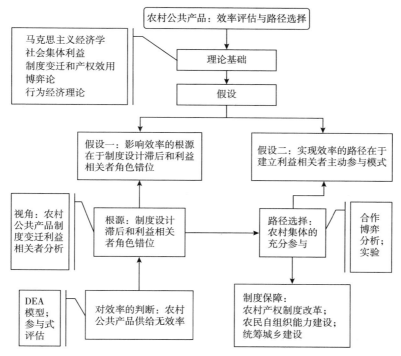

图1 本书逻辑框架示意图

五 研究方法

唯物辩证法是本书基本的研究方法，在阐述观点、分析问题时，主要
采用从抽象到具体、从一般到特殊、从简单到复杂的方法，同时积极采用
从微观到宏观的分析法、动态分析法以及数量分析法，力争从多个角度深
层次地将论点、论据准确阐述。

理论基础和基本假设主要运用文献分析法。根据研究目的，以农村公
共产品效率这一命题为核心，通过收集马克思主义经济学、古典经济学、
发展经济学、制度经济学、博弈论、行为经济学等相关文献，尽可能全

面、准确地把握并理清相关问题的脉络。通过对文献的整理和归纳，形成关于研究对象的一般印象，为之后的效率评估和路径探讨奠定基础。

对农村公共产品效率进行评估和判断时，根据不同目的分别采取相对适宜的研究方法。首先是对农村公共产品的发展和现状进行描述和总结，在解释他人判断的基础上定向地提出问题，根据农村公共产品对国民经济的贡献度与其发展历程，初步判断农村公共产品存在效率不足。进而通过效率比较工具 DEA（数据包络分析）方法，对财政支农资金、农村基础教育和农村医疗卫生等主要指标进行数量关系的分析研究，进一步得出农村公共产品无效率的结论。基于谨慎态度，本书不满足于简单的定量分析，大胆运用参与式研究方法，对不同类型的农村公共产品进行观察和分析，从不同角度得出农村公共产品效率缺失的结论。一系列效率评估奠定了本书核心判断的基础，对后文运用唯物史观分析效率缺失的根源产生了积极效用。

通过实验法研究农村公共产品效率增进的路径是本书的一大创新，也是论证主动参与模式构想可行性的第一个重要研究方法。本书对我国南方三个省份具有代表性的农村进行实验，根据研究的需要，借助多种方法、技术，主动设置实验条件，人为改变被调查对象的存在方式、变化过程，同时尽可能减少各种可能的无关因素的干扰，证明本书的一大假设，即农村公共产品效率增进的根本路径是构建主动参与模式，调动利益主体尤其是农村集体的积极性。然而实验同样证明了，现有农村产权制度、城乡差距和农村发展滞后的状况会对利益主体的主动参与意愿产生约束，因此改革农村产权制度、促进城乡均等化发展以及加强农业现代化建设是提升社区参与意愿的有效路径。跨学科研究是本书运用的第二大研究法，在论证"构建主动参与模式能够有效增进农村公共产品效率"这一命题时，本书运用包括但不限于经济学、社会学、政治学、心理学、组织管理学等多学科的理论、方法和成果从整体上进行综合研究，形成一个统一的整体。

本书系统综合多种研究方法和分析方法，不仅突破了传统方法的局限性，而且深刻改变了科学方法论的体系，通过适用于科学研究各个阶段的不同方法形成了有机整体。

六　可能的创新点

本书力求对经典产权理论和行为经济理论进行拓展和创新，使之得以适用和指导中国特色的农村公共产品体系的创新。针对现有研究对农村公共产品供给的效率研究的不足和滞后，通过纵横对比研究农村公共产品供给的效率，并结合立足于资源禀赋的参与式评估，辅以深入的案例研究，使对公共投入的效率评价具象化，创新性地对其效率进行准确判断，使之成为农村公共产品供给的现实和理论基础。

本书以人类的"有限理性"为基本假设，以独特的视角考察不同时期的利益主体行为模式，研究其内在机理和变化规律，尝试运用行为经济学的方法和理念解释农村公共产品的效率问题，分析利益主体行为模式对过去和当前的农村公共产品供给的现实威胁和潜在风险，并以此为据提出转型期提升公共资源效率的"主动参与模式"假设。特别重要的是，建立在参与式理念基础上的较为广泛的实验，能够有效证明"主动参与模式"假设是解决效率低下的可靠路径选择。

本书从经济学、社会学、政治学和心理学的基本范畴出发，充分利用行为经济学、广义效用论、冲突互动论、合作博弈与互惠模型等理论工具，深入分析了在机会均等的环境下，实现有限的农村公共资源有效配置的前提和基础，使本书的架构建立在较深的思想基础之上，实现了多学科的交叉融合。

本书认为现有农村公共产品在增量供给的基础上能够通过存量调整实现资源的有效配置。以此为出发点和落脚点，本书在充分汲取前人研究成果的基础上，对农村产权制度的变迁进行深入的考察研究，发掘其与公共产品供给制度和方式的内在逻辑，从这一独特的视角出发，得出要提升供给效率必须从根源上确定主体的角色和地位，激励各方主动参与。因此要加强以现代农村产权为核心的制度建设和以现代农业为目标的经济建设，推动城乡统筹和城市化进程，这是提升农村公共产品效率的必由之路。

第一章　理论基础

第一节　马克思主义相关理论

一　马克思经典理论中的效率思想

虽然没有明确地为"效率"著书立说，但效率思想无不渗透在马克思主义的经典论述中。马克思的效率观是自成体系的，他分别从经济的、社会的，最终上升到人类哲学的视角对效率的存在、效率的本质、考察效率的方法等问题进行了深刻的剖析论述，是研究经济效率的重要的方法论基础。

经典理论中最关注的是对社会进步的探讨，在对社会进步理论的阐述中，马克思把效率分为三个层次。社会进步的内在根据是社会基本矛盾，即生产力与生产关系、经济基础与上层建筑之间的矛盾运动，一系列矛盾运动推动社会从一个形态向更高级的形态演变。这种客观存在的生产效率是人们不能任意选择的，它是历史形成的，是人类以往全部生产实践活动的结果，[①] 它对生产关系起决定性作用。"手推磨产生的是封建主为首的社会，蒸汽磨产生的是工业资本家为首的社会"[②]，以技术进步为代表的生产效率提升代表了社会进步的动态来源。然而这并不是说生产效率能够决定一切，它是生产关系的基础但同时受生产关系的反作用，单纯的生产力进

---

① 北京大学经济系编《〈政治经济学批判〉序言、导言》，人民出版社，1974，第10页。
② 《哲学的贫困》，《马克思恩格斯选集》（第1卷），人民出版社，第108页。

步而生产关系并未相应地发生变革，经济效率是不可能从根本上得到提升的，因此生产效率是经济效率的第一个层次。人们可以自觉地遵循客观规律，改造不适合生产力发展的旧的生产关系，以适应生产力发展的需要，[①]新的生产关系必然比旧的生产关系在资源配置上更有效率。马克思对英国大农场的效率有着深刻印象，他认为调整后的经济关系（规模化作业）是农业部门和工业部门增长的一个重要源泉，[②]因此经济效率的第二个层次依附在生产关系这一主体上。在马克思的理论体系中，社会基本矛盾运动具体体现为阶级斗争，通过控制制造生产手段的阶级和除了劳动没有其他生产工具的阶级之间的斗争，社会实现了原始共产主义、古代奴隶制、中世纪封建主义、工业资本主义和社会主义五个发展阶段，这实质上是生产关系不断适应生产力发展的过程。换句话说，社会进步是社会制度效率和生产效率共同提升的结果。因此，推动经济实现效率的第三个层次就是生产力与生产关系的适应效率，只有两者相互适应、互为促进，才能实现效率的提升，任何割裂的矛盾运动都是实现效率的障碍。

马克思对效率的表现形式有着深刻的认识。他认为事实上在物体上表现为使用价值之差别者，在过程中就表现为生产这些使用价值的活动之差别。生产交换价值的劳动，如同它无差别地对待使用价值的特殊物质一样，它也无差别地对待劳动本身的特殊形式，生产交换价值的劳动乃是抽象一般劳动。[③]也就是说，这种凝结在商品中的无差别的社会劳动是效率的本质——如果为生产商品所需要的劳动量不变，那么它的交换价值不变，也就是说效率是一定的。但是，生产的难易是不断变动的，劳动生产率提高了，用较短的时间就可以生产出同样的使用价值；劳动生产率降低了，为生产出同样的使用价值就需要更多的时间。因此，包含在一个商品中的劳动时间的量因而一个商品的交换价值，是一个变动的量，与劳

---

① 北京大学经济系编《〈政治经济学批判〉序言、导言》，人民出版社，1974，第10页。
② 〔日〕速水佑次郎、〔美〕弗农·拉坦著《农业发展的国际分析》，郭熙保、张进铭等译，中国社会科学出版社，2000，第18页。
③ 《马克思政治经济学批判》，徐坚译，人民出版社，1955，第3页。

动生产率的提高或降低成反比。① 马克思特别谈到，交换价值的变化并不等同于价值的变化，如果所有商品的必要劳动时间都缩短了，那么个别商品的交换价值并没有发生变化，但整个社会的财富增加了。在马克思看来，生产力与效率的联系是紧密的，但效率比生产力更准确地表示了资源配置的效能、效益和时效性，这也正是经济形态的效率价值特征所在。②

在马克思主义理论体系中，生产、分配、交换和消费是辩证统一的，生产和消费具有同一性，生产决定消费，生产的结构决定分配的结构，生产条件的分配决定消费品的分配，而交换本身属于生产或由生产决定。因此在马克思经济理论体系中，生产、分配、交换和消费的效率是有机统一、相辅相成的。

特别值得一提的是，与西方经济理论不同，马克思政治经济学中的"效率"是基于经济视角的哲学层面的思考，它始终与"公平"相联系，坚持的是有公平就有效率的原则。③ 从劳动价值视角出发，等量劳动获得等量报酬体现了社会公平，能够有效激发劳动者的生产积极性和创造性，显著提升社会生产效率。从唯物史观的角度出发，社会主义革命的目的是公平地占有生产资料，这种矛盾运动是社会进步的源泉。进一步的，马克思主义哲学最鲜明的观点就是用实践精神把握世界，人的效率活动包括人们对效率实践活动的正确认识和评价的意识活动，包括效率认识关系、效率价值关系和效率道德关系。马克思深刻地阐明了上层建筑的效率哲学应当符合经济基础的效率实践活动规律。因此，符合唯物史观的效率价值实体是人的效率实践活动的社会关系准则，是人们实践活动中的效率意识和效率行为规范的道德价值关系。④

---

① 《马克思政治经济学批判》，徐坚译，人民出版社，1955，第 11 页。
② 王京跃：《论马克思主义效率价值观与和谐社会》，《马克思主义研究》2006 年第 6 期。
③ 李松龄：《有公平就有效率——马克思的公平、效率和分配观》，《山东社会科学》2003 年第 1 期。
④ 王京跃：《论马克思主义效率价值观与和谐社会》，《马克思主义研究》2006 年第 6 期。

二　新中国领导人的相关效率思想

"离开中国特点来谈马克思主义，只是抽象的空洞的马克思主义。因此，马克思主义的中国化，使之在每一表现中带着必须的中国的特性，即是说，按照中国的特点去应用它。"① 经历了教条主义的惨痛教训后，马克思主义中国化的必然性和重要性被深刻地认识，并在实践中不断地传承和丰富。从中国革命和建设的具体实际出发，马克思主义是科学的立场、观点和方法，它是中国革命和建设实践的理论基础，在不同现实背景下形成了不同的马克思主义中国化理论和实践成果：在民主革命时期形成了以阶级斗争为中心的毛泽东思想；在经济发展时期形成了以经济建设和改革开放为中心的邓小平理论；在当前形成了以人为本的"三个代表"重要思想和科学发展观等重大战略思想，使中国社会主义建设事业持续发展，不断迈上新台阶。

社会主义的优越性在于，它能够比资本主义更快更好地发展生产力，能够"解放生产力，发展生产力，消灭剥削，消除两极分化，最终实现共同富裕"，这是邓小平理论中效率与公平观的综合体现，也是我国经济建设取得辉煌成就的基础和目标。有中国特色的效率理论在邓小平时期被确立并得到发扬。第一是邓小平认为在社会主义初级阶段，效率已经成为矛盾的主要方面，提升经济效率、发展生产力成为解决广大人民物质文化生活与落后的生产力之间矛盾的根本途径。第二是正确处理效率与公平的关系的大讨论，"效率优先，兼顾公平"是中国特色效率理论的初步成果。第三是实现效率的路径，劳动生产率的提高是效率的核心，社会主义公有制是实现效率的制度保障，按劳分配是效率的基本分配制度。②

以人为本的科学发展观是马克思主义基础理论在中国的最深刻的发展之一。商品的价值量是由抽象劳动产生的社会必要劳动时间决定的，人的劳动实质上是衡量效率的根本性指标，这一判断在空间和时间上赋予了效

---

① 毛泽东：《论新阶段》，六届六中全会报告，1938 年 11 月。
② 《邓小平文选》（第 3 卷），人民出版社，1993，第 138 页。

率人本精神。在改革开放取得巨大成就的当前，以人为本的科学发展观承继了马克思主义、毛泽东思想和邓小平理论的精髓，是下阶段中国经济社会和谐发展的指导思想，也是必然选择。一方面，它从根本上要求资源在各个层面科学配置，对经济效率提出了更高的要求，这与市场经济发展的目标和方式相一致；另一方面，它立足于经济效率却远远高于经济效率的要求，以人为本要求在整个社会实现个人利益与集体利益的统一，是实现社会效率（和谐社会）的必然选择。

正如前文所述，我国农村基础设施和公共服务建设有着深刻的历史和政策背景，是有中国特色的农村公共产品。中国化的马克思主义效率体系是研究我国农村公共产品效率的坚实基础，它指明了两个重要的逻辑框架：第一，中国的农村公共产品具有显著的西方经济学范畴的特征，更重要的是具有中国特色，因此对其开展效率研究必须立足中国的发展实际，以历史的、唯物的视角客观看待问题，从而得出结论；第二，在进行中国农村公共产品效率提升的路径选择过程中，必须坚持以人为本，把现实参与者和潜在的利益相关者作为考察和研究的对象，从而寻求解决问题的长效方法。

第二节　西方经济学相关理论述评

一　社会集体利益

经典的经济学理论中的社会集体利益是集团行动的最高纲领，是公共产品理论的基础。如果除去所有特权和限制，就会出现一种清楚、简单、自然状态的自由，这种自由的制度不知不觉地运行并代表着——像由一只"看不见的手"操纵着——社会的集体利益。[1] 作为古典主义经济学的创始人和学术代表，亚当·斯密虽然强调"自由市场"，批评那些"有害的"

---

① 〔英〕亚当·斯密著《国富论》，唐日松等译，华夏出版社，2005。

国家干预，但他依旧认为市场也有失灵的时候，这个时候国家应该进行合理干预，去接管那些个人没能力或不能很好执行的任务。虽然新古典主义经济学之父莱昂·瓦尔拉的理论核心在于在竞争的市场中供求可以自行达到最佳状态，国家应该建立开放的市场，保证竞争并撤出除此之外的一切干预，但他理想的社会却是"社会主义化"的国家，国家应当承担起建立学校的任务，尽可能发展公民的能力和兴趣。阿尔弗莱德·马歇尔在研究福利经济的问题时提出了内部经济和外部经济的概念。"我们可以把因人和一种货物的生产规模之扩大而发生的经济分为两类：第一是有赖于这工业的一般发达的经济；第二是有赖于从事这工业的个别企业的资源、组织和经营效率的经济。我们可以称前者为外部经济，后者为内部经济。"① 外部经济能够使企业花费在比例上较以前为少的劳动和代价来制造货物。亚瑟·塞歇尔·庇古作为马歇尔的学生，继承并进一步发展了马歇尔关于外部经济和内部经济的论述，提出了"边际社会纯产值"和"边际私人纯产值"的概念。此外，波尔达、边沁、孔多塞、道奇森、帕累托、埃奇沃思、萨缪尔森、阿洛、布坎南、海萨伊、森、黄有光等学者都对社会集体利益从不同的角度进行了研究。②

社会集体利益应当建立在一种特定的社会状态之上，这种社会状态在整体上实现了利益的最大化且在结构上保证所实现的利益为集体所有，而资源配置的帕累托效率与利益分配的平等待人分别给出了利益整体最大化与利益集体属性的充要表述，因此集体利益实质上是与特定集团范围内特定获利机会相对应的、由所有个体福利水平来表示的、在资源配置上实现了帕累托效率且在利益分配上做到了平等待人的社会状态类型。③ 在公共产品领域，如果在公共产品受益范围内，每个成员拥有平等的表达支付（需求）意愿的机会，并且在公共资源的配置上实现了帕累托效率，就可以被认为是社会集体利益的实现。而社会集体利益也意味着对公共产品的

---

① 马歇尔：《经济学原理》（上册），第279~280页。转引自厉以宁、吴易风、李懿《西方福利经济学述评》，商务印书馆，1984，第50页。

② 〔美〕缪勒著《公共选择理论》，杨春学等译，中国社会科学出版社，1999。

③ 曾军平：《集团利益：一种理论解说》，《财经研究》2006年第9期。

供给者来说，他们拥有同样的支付机会，受益人能够无差别地享受公共产品带来的利益，而且对于这些参与者来说，资源配置也是有效的。从这个意义出发，公共产品效率实现的本质就是社会集体利益的本质。

二 产权

产权理论起源于对"讨价还价"和一个人的孤岛现象的研究，是新制度经济学的核心概念。其发展的第一个阶段是 20 世纪 30 年代，研究人员对正统微观经济学进行了批判性思考，指出市场机制运行中存在摩擦，克服这种摩擦的关键在于制度创新，这一阶段的代表作是科斯在 1937 年发表于伦敦经济学院学报《经济学家》上的著名论文《企业的性质》。第二个阶段是 20 世纪 50 年代末至 60 年代中期，科斯从正面论述了产权的经济作用，指出产权的经济功能在于克服外部性、降低社会成本，从而在制度上保证资源配置的有效性。这一阶段的代表作是科斯在 1960 年发表的《社会成本问题》。最开始产权理论是用来解释企业现象的，与私人企业相关的私人产权的另一端是公共产权，可以说产权理论是公共产品领域研究的基础和前提。

公共产品是那些不具有"消费排他性"的产品，即这种产品一旦被生产出来就无法明确界定谁来得到它[1]或者界定谁来得到它的成本太高以至于生产者不愿意去界定。从这个意义上说，公共产品是那些一定范围内的每一成员都有权分享同一权利且无法干扰其他成员行使相同权利的产品。与私有产权相比，这种共有产权在个人之间是完全不可分的，不仅是产品的所有权，更确切的是一种包含动态性内涵的广义的所有权。[2] 在科斯的

---

[1]　David D. Frideman, *Price Theory: An Intermediate Text*, South – Western Publishing Co., 1986.

[2]　卢锋通过与所有权概念的比较，阐述了产权概念。他认为，产权与传统经济学意义上的所有权相互联系又有区别，产权概念涵盖了所有权概念的所有内容，其不同之处在于，产权概念还包括甚至比较强调经济活动主体在行使各自所有权过程中发生的权利界定关系，产权不仅包含传统意义上的所有权内涵，而且包含不同归属主体的所有权动态使用过程中发生的权利关系。卢锋：《经济学原理》，北京大学出版社，2002，第 254 页。

论述里，如果产权能够明确界定，且交易成本为零，那么市场交易就能够进行且资源的运用都将相同。张五常则认为产权和交易成本就像硬币的两面，如果说明一面就没必要提及另一面了，因此对产权的考虑只需要研究更加具体的"交易成本"。①

用交易成本来解释公共产品的供给主体和供给效率具有一定的代表性。公共产品没有排他使用权，在完全竞争的情况下，会产生租金消散，即过度使用或者过度利用。公共产品的强外部性（指具有正外部性的公共产品）即便能够明晰地界定产权，私人也很少会投入，因为缺乏动力，市场也会失灵，此时政府的介入可以避免因未能提供公共产品而引致的租金消散，也就是资源使用不足。为了避免租金消散而产生的资源浪费，人们采取了各种努力创造了一些可行的约束条件，如监督、管制等。这些约束条件产生了交易成本。广义的交易成本是指那些不可能发生在一个人的孤岛上的所有成本，包括但不仅限于谈判成本、监督成本、组织成本等，也就是"看得见的手"的成本。② 对于大多数公共产品来说，由政府而不是由私人供给更经济、更合适，但是科斯和张五常认为有些时候私有化的道路或许更加有效率。典型的例子是公共产品灯塔，如果将灯塔私有化，并且制定解决收费难问题的契约，实现使用者与供给者的重复博弈，则灯塔的供给和管理会更加有效率。这表明，决定灯塔效率的因素并不是建设本身的成本，而是与灯塔有关的交易成本，无论哪一种供给方式，只要拥有更低的交易成本就是帕累托有效的。

交易成本中一个重要的因素就是信誉。从经济学的角度来说，讲信誉是主体追求利益最大化的行为，因为不守信誉可能会带来较高的交易成本，但这与经济是否有效率并没有太大关系。信誉就像一棵苹果树，没有主的苹果树是长不大的。③ 这个"主"就是产权。换言之，信誉是依赖于交易成本的，当不遵守信誉所需支付的交易成本超过守信誉所得到的利益

---

① 这一论点也得到科斯的肯定。张五常：《经济解释——张五常经济论文选》，商务印书馆，2000，第442页。

② 张五常：《经济解释——张五常经济论文选》，商务印书馆，2000，第439页。

③ 张维迎：《产权、政府与信誉》，生活·读书·新知三联书店，2001，第9页。

时，从追求利益最大化的角度出发，人们会选择守信誉；相反，当不守信誉有利可图时，人们就会选择不守信誉。在中国农村的"熟人社会"中，缺乏信誉带来的交易成本是巨大的，不守信誉的人的行为会很快传播到整个村落，进而波及所有与此人相关的领域，人们避免和他交往，甚至会用极端的方式惩罚他。对于不守信誉的人来说，这种交易成本高到无法承受的地步，从长远利益考虑，他不会为了短期利益而损害自己的信誉。

交易成本是在约束条件下产生的，它可以用来解释农村公共产品体系中各利益主体的行为选择，是集体成员选择行为的基础。

三　效用价值理论与需求偏好

（一）功利主义

早在功利主义正式成为哲学理论之前，就出现了功利主义思想的雏形。公元前 5 世纪的亚里斯提卜（Aristippus）、公元前 4 世纪的伊壁鸠鲁、中国古代的墨子及其追随者的伦理学中都存在如何促使最大快乐的思维，他们是古人中的功利主义先驱。近代英国哲学家与伦理学家如坎伯兰（Richard Cumberland）、法兰西斯·哈奇森与休谟都有功利主义的倾向。边沁指出，他在英国化学家约瑟夫·普利斯特里、法国哲学家爱尔维修（Claude-Adrien Helvetius）、意大利法学家贝卡里亚（Cesare Beccaria）以及休谟等的著作中都发现了功利原则。功利主义正式成为哲学系统是在 18 世纪末 19 世纪初，由英国哲学家、经济学家边沁和米尔提出。功利主义认为人应该做出能"达到最大善"的行为，所谓最大善的计算必须依靠此行为所涉及的每个个体之苦乐感觉的总和，其中每个个体都被视为具相同分量，且快乐与痛苦是能够换算的，痛苦仅是"负的快乐"。不同于一般的伦理学说，功利主义不考虑一个人行为的动机与手段，仅考虑一个行为的结果对最大快乐值的影响。能增加最大快乐值的即是善；反之即为恶。边沁和米尔都认为人类的行为完全以快乐和痛苦为动机，人类行为的唯一目的是求得幸福，所以对幸福的促进就成为判断人的一切行为的标准。

（二） 效 用

虽然功利主义是现代效用理论的根源，但边际效用理论萌芽于古希腊亚里士多德和中世纪的托马斯·阿奎那的著作，而"效用"一词也早于功利主义 100 多年就产生了。丹尼尔·贝努利（Daniel Bernoulli）发现人们厌恶风险，[①] 并且后增加的财富带给人的满足感要小于先增加的财富，真实"效用"的增加是随着财富的增加而不断减少的。杰里米·本瑟姆（Jeremy Bentham）认为社会应该按照"效用原则"[②] 来组织，也就是说所有法律都应该按照功利主义原则来制定，从而促进"最大多数人的最大多数利益"。到 19 世纪 30 年代后，在对抗古典经济学劳动价值论的背景下，逐渐出现了边际效用价值论。德国经济学家 H. H. 戈森（1810～1858 年）是边际效用论的主要先驱者。他在《论人类交换规律的发展及由此而引起的人类行为规范》中，提出了人类满足需求的"戈森定理"（欲望或效用递减定理、边际效用相等定理、新享乐定理），从而为边际效用价值论奠定了理论基础。英国经济学家 W. S. 杰文斯和奥地利经济学家 C. 门格尔的"最后效用程度"价值论、法国经济学家 L. 瓦尔拉斯的"稀少性"价值论的提出最终确立了边际效用价值论。"边际效用价值理论以个人对商品的主观感受和评价来说明商品价值和价格的决定"[③]，它来源于庇古以效用基数论作为自己的理论基础，认为不同个人间的效用是可比的，认为"社会的经济福利是组成社会的各个人的福利的总和，而个人福利又是个人满足的总和"[④]。他认为效用是可以用数字来衡量的，比如一个面包给人带来的效用是 5 个单位，一件衬衣的效用是 20 个单位，一把椅子的效用是 30 个单位。组成社会的个人从商品中获得的效用总和，就构成社会的效用总和。边际效用论者从人对商品效用的主观心理估价引出价值，并且认为价

---

① 1738 年，Daniel Bernoulli 发表《风险度量的新理论的讨论》，谈到人们的风险厌恶。

② "效用原则" 被定义为：任何客体所具有的可以产生满足、好处或幸福，或者可以防止……痛苦、邪恶或不幸……的性质。*An Introduction to the Principles of Morals*（1789），转引自保罗·萨缪尔森、威廉·诺德豪斯《经济学》（第 16 版），华夏出版社，1999，第 64 页。

③ 厉以宁、吴易风、李懿：《西方福利经济学述评》，商务印书馆，1984，第 20 页。

④ 厉以宁、吴易风、李懿：《西方福利经济学述评》，商务印书馆，1984，第 69 页。

值量取决于边际效用量，即满足人的最后的亦即最小欲望的那一单位商品的效用。

　　边际效用论中的价值尺度是边际效用，而边际效用的出现是人的享乐定理即"戈森定理"发生作用的结果。按照欲望递减定理，人对物品的欲望会随欲望的不断被满足而递减；如果物品数量无限，则欲望可得到完全满足即达到欲望饱和状态，这意味着欲望强度递减到零，从而满足该欲望的物品效用（价值）完全消失。然而，数量无限的物品只限于空气、阳光和泉水等少数几种（此所谓"自由物品"），除此之外的大多数物品的供给量是有限的（此所谓"经济物品"）。在供给量有限的条件下，人不能不在欲望达到饱和前的某一点放弃他的满足；如果涉及的欲望不止一种（这是通例），按照戈森的边际欲望相等规律，为取得最大限度的满足，务必把数量有限的物品在各种欲望之间适当分配，使各种欲望被满足的程度相等，这样，各种欲望都要在达到完全满足之前的某一点中止下来。这个中止点上的欲望，必然是一系列递减的欲望中最后被满足的最不重要的欲望，它处在被满足和不被满足的边沿上，这就是边际欲望。物品满足边际欲望的能力就是边际效用，它必然是物品一系列递减效用中最后一单位所具有的效用，即最小效用。因为只有这个边际欲望和边际效用最能显示物品价值量的变动，即随物品数量增减而发生的相反方向的价值变动，所以，边际效用能够作为价值尺度。

　　如果说劳动价值是客观存在的，那么"效用"就是一个主观概念，个人间的效用比较是不可能的。罗宾斯首先对庇古的"个人效用比较"提出质疑："没有办法能够检查出，在和 B 比较以后，A 的满足的大小……内心省察不能使 A 衡量 B 的心理活动，也不能使 B 衡量 A 的心理活动。因此没有办法对不同人的满足加以比较。"① 序数效用原则运用"A 好于 B"的偏好顺序，使经济学中的需求问题可以根本不提效用概念。痛苦与快乐不能从数量上加以计量，不能用 1、2、3、4……这样的基数表示出来；但人们日常在不同物品组合之间进行选择的事实证明，物品满足欲望的能力的

---

　　① 罗宾斯：《论经济科学的性质和意义》（第 2 版），1935，第 139～140 页。转引自厉以宁、吴易风、李懿《西方福利经济学述评》，商务印书馆，1984，第 68 页。

大小是可以相互比较的，并可用第 1、第 2、第 3、第 4……这样的序数来表示，而这对于决定经济均衡条件来说足够了。

（三）一般均衡

每一个消费者都希望能够在一定的约束下达到效用最大化，在令人眼花缭乱的商品组合中选择最能够让自己得到满足的那个组合，这个基本条件就是符合等边际准则，即在消费者的收入固定和他所面临的各种物品的市场价格既定的条件下，每种物品每一美元的边际效用相等。帕累托以效用序数论和无差异曲线方法，修正和发展了一般均衡分析。无差异曲线是帕累托从英国经济学家 F. Y. 埃奇沃思（1845～1926 年）所提出的契约曲线引申出来的。埃奇沃思在《数理心理学：论数学在精神科学中的应用》一书中，曾以"契约曲线"说明劳动与工资在市场上交易的条件。帕累托把这个曲线略加修改，用在消费者选择行为上，表示两种商品不同数量的组合对消费者所提供的享乐量是相等的。无差异曲线用于描绘偏好程度相同的消费组合点，根据相对边际效用递减规律，无差异曲线通常被描绘成碗形，它说明一种物品越是稀缺，它的相对替代价值就越大，相对于变得充裕的那些物品而言，它的边际效用就会上升。无差异曲线既显示了物品满足人的欲望能力的大小，又避开了效用的计量，因此是一个更合用的分析工具。

（四）效用价值论批判

无论是基数效用还是序数效用，都是根据人的主观满足来衡量的，它忽略了使用价值的客观存在。马克思对效用的研究是根据分析一定的经济结构得出的，而且随着整个理论分析的展开而逐步深入，成为他对商品生产和资本主义生产方式运动规律分析的一个有机组成部分。关于效用的经济作用，马克思认为，它固然不能起到价值的作用，但除此以外，它起着重要作用。例如，使用价值是价值的物质承担者和表现形态；劳动力商品的使用价值是价值的源泉；使用价值是资本流通过程的重要条件；使用价值在社会再生产过程中也起着重要作用；供给与需求调节市场价格的波动；社会对使用价值的需求是决定商品市场价值的前提条件等。边际效用价值论的出现和发展，反映了资产阶级经济学的进一步庸俗化。这种理论把商品价值这个客观的社会历史范畴歪曲成主观的个人心理范畴，完全割断了商品价值同劳动之间的联系，抹杀了价值本身所固有的物质内容。边际效用论者企图以边际效用作为价值尺度，但边际效用本身是一种主观心理现象，无法从数量上加以计量，不可能成为价值尺度，效用基数论和序数论的分歧也证明了这一点。但序数论者企图避开效用的计量也是徒劳的，因为效用程度的高低仍应以效用计量为前提。边际效用论者把生产资料价值归结为消费品的边际效用，违背了商品价值的形成和转移的真实过程，在实践上也行不通。归属论企图为这个论点提供证明，但它不过是在主观价值论的错误上，又加进了庸俗的生产三要素论的错误。边际效用论者的市场价格论是主观价值论和庸俗的供求价值论的综合，它以对商品交换关系的表面现象和数量关系的描述，代替了对价格范畴及其客观运动规律的研究，并企图制造一种假象，似乎自由竞争资本主义制度是一种能使每个人追求并得到最大限度满足的均衡制度。

虽然与效用有关的最优条件论"涉及了资源的潜力和限度问题，它们有助于人们去考虑如何较合理地利用现有资源和配置现有资源"[①]，但生产社会性和资本主义占有形式之间的矛盾是资本主义的基本矛盾，这种"对抗性矛盾决定了资本主义不可能存在全社会生产和交换的最优条件"[②]。

四 现代公共选择理论

公共选择即集体选择，公共选择理论"是用经济学的方法研究政治问题的一种理论"[③]。公共选择理论以"个人"——并且是理性经济人——作为研究的出发点，认为研究社会或者集团的选择实际上是研究构成社会或者集团的个人的行为选择。公共选择理论关注的是不同民主制度下的公众选择

---

① 厉以宁、吴易风、李懿：《西方福利经济学述评》，商务印书馆，1984，第99页。
② 厉以宁、吴易风、李懿：《西方福利经济学述评》，商务印书馆，1984，第99页。
③ 杨志勇、张馨编著《公共经济学》，清华大学出版社，2005。

在结果上的差异，以及不同决策过程对决策质量的影响。与福利经济学解决"社会福利函数"不同，公共选择理论更注重公众利益如何实现和增进的问题，在实现公共产品的公众利益最大化这一目标上具有实践意义。

　　与过去的公共选择理论显著不同，现代公共选择理论运用经济学方法和理论来解释政治内容，是典型的"政治经济学"。它的产生和发展得益于对两大经济学理论的研究：对社会福利函数的求解[①]，以及20世纪四五十年代对市场失灵的研究。事实上，公共选择理论的前身是公共财政，E. 林达尔和 K. 维克塞尔分别侧重于对公共产品和公共财政的分析，尤其是维克塞尔把政府看作公民之间交换的某种补偿过程的观点，成为詹姆斯·M. 布坎南和戈登·图洛克的《一致的计算》（*Calculus of Consent*，1962）一书以及其他大量实证的公共选择文献的基础。理查德·A. 马斯格雷夫把政府的活动划分为资源配置的决策和收入再分配的决策，对公共选择理论也是很有影响的。[②]

　　现代公共选择理论首先关注到为什么市场经济中会存在集体选择。总的说来，集体选择可分为两类：有利于集体每个成员的选择和仅有利于部分成员（对其他成员甚至有损失）的选择。集体选择存在的理由是公共产品的非排他性，如果集体中其他成员选择合作，那么不合作的成员就可以从非合作中获益，这种特性成为"搭便车"心理的诱因。一次性博弈只能造成"囚徒困境"，只有多次重复博弈才可能实现全体成员的合作均衡。[③]重复性博弈的次数和效果取决于参与博弈的人数（决定着对其他人采取策略的预期以及如果采取不合作策略的惩罚的难易程度）、不合作策略的损

---

① 包括但不限于 A. 伯格森在 1938 年发表的《福利经济学的某些方面的重新论述》、K. J. 阿罗于 1951 年出版的《社会选择和个人价值》，以及邓肯·布莱克于 1958 年发表的《委员会与选举理论》。

② 引自丹尼斯·穆勒，张军译《公共选择》，上海三联书店。丹尼斯·穆勒在 1976 年 6 月的《经济文献杂志》上发表了公共选择理论的综述，3 年后将文章拓展成《公共选择》（*Public Choice*）一书，1991 年被张军翻译成中文，并由上海三联书店出版。这本书较为全面地梳理了西方现代公共选择理论的脉络，收集了大量流行和非流行的观点，成为本书重要的参考书目。

③ 这一判断来自对人类道德行为和惩罚的认知，托马斯·霍布斯（1651）和大卫·休谟（1751）都对此有过经典论述。

失和成功采用非合作策略与成功采用合作策略所获得的收益的比较。很明显，规模较小、较为稳定的社区对不合作成员的惩罚更容易，成员在进行集体选择时更加倾向于选择合作策略。

萨缪尔森在论述公共产品时，着重强调了它所具有的消费无排他性，所有消费者都能够平等地消费这一产品而不需支付额外成本。但是他并未解释如果要实现公共产品效率，消费同等产品的个人偏好强度怎样才能正确地显示出来。

传统的投票方法似乎是很好的选择。既然公共产品的消费群中的每个个体都能够从中得到相同的好处，那么提供这个公共产品理应是每个成员都赞成的，供给方式和所需支付的成本应当一致通过（Knut Wicksell，1896）[①]。虽然一致通过规则是唯一能够实现公共产品的帕累托效率的[②]，但在契约曲线上寻找一个点可能需要相当多的时间，尤其是在成员偏好各不相同的大型社区里更是这样，而且一致通过规则也助长了对策性行为，最终的结果取决于双方讨价还价的力量[③]。一致通过规则存在决策规则的"外在成本"[④]，这一成本取决于要决定的议案的性质，也取决于决定议案的那个社区的性质。基于此，布坎南和图洛克（1962）通过决策的成本曲线描述了"最优的多数"，在这一点上，决策的边际时间成本等于边际外在成本。决策通过的最优比例适用于多数通过的投票规则，多数通过解决了决策的效率问题，但是这种规则下的决策不一定是全体通过的，可能会损害少数人的利益，因此多数通过的决策规则实际上隐含了"少数人"和"多数人"之间的利益再分配。[⑤] 在威廉·莱克眼里，"多数人"对"少数

---

① Knut Wicksell, *Lectures on Political Economy*, Ludwig von Mises Institute, 2007.

② James M. Buchanan & Gordon Tullock, *The Calculus of Consent：Logical Foundations of Constitutional Democracy*, University of Michigan Press, 1962.

③ Duncan Black, *The Theory of Committees and Elections*, Springer, 1986；James M. Buchanan & Gordon Tullock, *The Calculus of Consent：Logical Foundations of Constitutional Democracy*, University of Michigan Press, 1962；巴里·克拉克著《政治经济学——比较的观点》，王询译，经济科学出版社，2001。

④ James M. Buchanan & Gordon Tullock, *The Calculus of Consent：Logical Foundations of Constitutional Democracy*, University of Michigan Press, 1962.

⑤ 乔治·冯·弗斯坦伯格和丹尼尔·穆勒（1971）以及马丁·费伯（1973）讨论了在一致通过规则下不大可能出现这种利益再分配问题。

人"的胜利完全可以通过调整各自利益集团的规模来达到配置效率，但戈登·图洛克（1959）通过一个修路的例子①反驳了这一观点。更有学者进一步论证，当全体成员被迫消费相同数量的私人物品时，这一强加于每个人的行为约束就造成了效率上的损失。② 同时，更重要的是多数通过的投票规则有可能引起投票悖论③，肯尼斯·阿罗（K. Arrow）注意到在投票过程中会产生一种"循环"现象，他认为在民主社会中不可能存在这样一种投票程序，即投票结果不受投票次序的影响，尊重每个投票人的偏好，并将个人偏好转换为社会偏好，并做出一致的决策。这就是著名的阿罗不可能定理（Arrow's Impossibility Theory）。阿罗认为，民主社会中的集体决策规则应该满足帕累托最优、非独裁、无约束域、理性以及无关备选方案的独立性，但是这些条件同时满足的投票规则一般是不可能存在的。Duncan Black 进一步阐述了投票理论，他把一个人偏好曲线中比所有邻近点都高的点定义为"峰"（Peak，或称为极值），认为在个人的偏好选择中，如果无论朝哪个方向偏离"峰"都使其效用发生下降，那么个人的偏好就是单峰的；如果在偏离"峰"后，其效用先减少后上升，那么根据这种情形出现的多寡，可以确定其偏好是双峰或者多峰的。一般来说，如果所有投票人的偏好都是单峰的，那么投票悖论就不会出现，这就是所谓的单峰定理。也就是说，当个人的偏好是多重的，不同选择所获得的效用都能带来满足时，单纯用排序方式做出的选择有可能因为投票程序的不同导致集团选择出现偏差。阿马蒂亚·森（A. K. Sen）解决了"投票悖论"问题，他提出了著名的价值限制理论（1966），当参与投票的人数为奇数时，如果这些投票者的选择是价值限制性质的，则阿罗的条件 2 至条件 5 即可满足可传递性，从而可以避免投票悖论。所谓选择是价值限制性的，是指全体

---

① 这个例子是：一个社区有 100 户农户，要修一条只有部分人能够受益的公路，100 个农户中的 51 个认为如果用全部社区的资金来修这条路对自己是有益的（例如这条路路过这 51 户家庭，而不能延伸到另外 49 户农户家），他们就会通过多数同意的规则通过修路的方案，很明显其他 49 户受到了损失。事实上，"多数人"仅比"少数人"多两个人而已。G. Tullock，"Some Problems of Majority Voting，"*Journal of Political Economy*，1959，December（67），pp. 571 – 579.

② 〔美〕丹尼斯·穆勒著《公共选择》，张军译，上海三联书店，1993，第 17 页。

③ 曾军平：《公共选择与政治立宪》，上海财经大学出版社，2008。

投票人在一组选择方案中都同意其中的一个方案并不是最优方案，它产生的结果是得大多数票者获胜的规则总是能达成唯一的决定。[①]

　　然而，用传统投票方式显示需求偏好的办法，一致通过规则会产生决策成本，而多数通过规则却不能很好回答这样一个问题，即如何在所有消费者都消费相同的公共产品的情况下，实现不同需求偏好的表达从而达到配置效率？更多的表示需求偏好的新方法被不断挖掘出来，例如通过买保险或征税的方法来观察消费者偏好[②]，丹尼斯·穆勒提出否决投票的办法也许可以解决这一问题。但是无论哪一种新的偏好显示方法，都是建立在社会平等的基础上的，成员收入均等才能使集体有动力去增加整体福利，而且这些偏好显示的规则都要求每个成员保持绝对独立的个人主义，决策方也必须保证信息完全公开，因此在现实中这些方式都难以真正体现消费者偏好。

五　博弈论

　　博弈论[③]又被称为对策论（Game Theory），它是现代数学的一个新分支，也是运筹学的一个重要组成内容，是研究互动决策的理论。所谓互动决策，即各行动方（即局中人，Player）的决策是相互影响的，每个人在决策的时候必须将他人的决策纳入自己的决策考虑之中，当然也需要把别人对自己的考虑纳入考虑之中……在如此迭代考虑情形下进行决策，选择最有利于自己的战略。

　　博弈论正式发展成一门学科是在 20 世纪初。1928 年冯·诺依曼证明了博弈论的基本原理，从而宣告了博弈论的正式诞生。1944 年，冯·诺依曼和摩根斯坦共著的划时代巨著《博弈论与经济行为》将二人博弈推广到 n 人博

---

① A. K. Sen, "Possibility Theorem on Majority Decisions," *Economitrica*, 1966, April 34（2）, pp. 491 – 499.

② 张馨、杨志勇等编著《当代财政与财政学主流》，东北财经大学出版社，2000。

③ 这部分内容主要参考：Nash, "Equilibrium Points in N – person Games," *Proceedings of National Academy of Sciences*, 1950, 36, pp. 48 – 49; Debreu, "Existence of Competitive Equilibrium", in Arrow and Intriligator Ed., *Handbook of Mathematical Economics*, Vol. Ⅱ, pp. 697 – 744, North-Holland, 1982。

弈，并将博弈论系统地应用于经济领域，从而奠定了这一学科的基础和理论体系。谈到博弈论就不能忽略博弈论天才纳什，纳什的开创性论文《n 人博弈的均衡点》《非合作博弈》等，给出了纳什均衡的概念和均衡存在定理。纳什均衡是一个在其他博弈者的战略给定时，没有一方能改善自己的获利的状况，也被称为非合作性均衡（Noncooperative Equilibrium），"在完全竞争的世界里，非协同性行为造成了社会所期望的那种经济的效率状态"[①]。

作为一门研究个体在错综复杂的相互影响中得出最合理策略的学问，博弈论在公共选择领域发挥了更大的作用，主要是基于重复博弈（Repeated Games）和合作博弈理论（Cooperative Game Theory）的发展。与非合作博弈不同，合作博弈的基础是，博弈各方在选择策略时充分考虑社会福利或其他对手的利益，以协同方式获得最大化的共同利润。

合作博弈理论在中国农村问题的研究中具有优势，因为长期稳定的农村社区具有规模小、信任资本丰富的特点，对于居民来说，他们有望从持续的合作行为中获取长期收益，这种收益将大于采取不合作的一次性博弈行为所带来的收益。特别是在市场失灵与政府退出的双重困境下，农村的公共资源处于短缺甚至耗竭的境地，可以通过合作博弈理论对这种困境给予解释并提出解决办法。[②]

六　行为经济学

经典经济学理论以"理性人"和追求效益最大化为基本假设，越来越多的学者发现人的理性是受到约束的，尤其是制度约束。比如共产主义制度下的理性行为与资本主义制度下的理性行为大相径庭，合伙企业经理的行为和股份公司经理的行为也常常不同。[③] 而且理性行为会不断受到无意

---

① 〔美〕保罗·萨缪尔森、威廉·诺德豪斯著《经济学》（第 16 版），萧琛等译，华夏出版社，1999，第 163 页。

② 晏鹰、朱宪辰、宋妍、高岳：《社区共享资源合作供给的信任博弈模型》，《技术经济》2008 年第 8 期。

③ 贝克尔对张五常《论新制度经济学》的评论。张五常：《经济解释——张五常经济论文选》，商务印书馆，2000，第 459 页。

识、不合逻辑的因素的影响而经常性地犯错误，心理变化对人的经济行为的影响受到更多的关注，乔治·坎特纳于 1975 年出版的《心理经济学》一书标志着心理经济学作为一门独立学科建立起来。丹尼尔·卡纳曼（Daniel Kahneman）在不断修正"经济人"假设的过程中，看到了经济理性这一前提的缺陷，发现了单纯的外在因素不能解释复杂的决策行为，由此正式将心理学的内在观点和研究方法引进了经济学。他论证了在不确定情形下，人们会依照小数法则行事，或对容易接触到的信息和主观概率的准确性盲目偏信，从而导致决策行为系统性地偏离基本的概率论原理。①

与传统经济学分析基础不同，行为经济学运用参照系进行分析。现实生活中，人们在对一个事物进行判断时，不会过多地留意所处的环境特征，而是对自己的现状与参照水平间的差别更为敏感②，这个参照系可能是现有的资源禀赋，也可能是对未来的预期，或者两者兼有。这就意味着价值的载体是相对于一个参照点定义的"损失"或"获得"，也就是说实际情况与参照水平的相对差异比实际的绝对值更加重要。③ 这一观点颠覆了传统经济学中的假设：偏好是独立的，不取决于"禀赋"或"预期"。"禀赋效用"在消费者无差异曲线上表现为如果参照点不同，则商品之间的替代率可能会有较大差异，参照水平在影响偏好的因素中扮演重要角色④，会引致消费者在不确定情况下做出选择。进而可以得出结论：人们的理性选择并不具有传统意义上的"不变性"和"占优性"。信息的充分与否和表述方式都会对人们的理性选择造成影响，人们的选择会随着信息的表达以及对事件了解程度的深入而发生改变，并不是一成不变的。"锚定心理"（Anchoring）

---

① Daniel Kahneman and Amos Tversky, "Prospect Theory: An analysis of Decision under Risk," *Econometrica*, 1979（47）；王辉：《心理学与经济学的交叉与渗透——写在"纪念 Kahneman 和 Smith 获得诺贝尔经济学奖专栏"的前面》，《心理科学进展》2003 年第 3 期；张玲：《心理因素如何影响风险决策中的价值运算？——兼谈 Kahneman 的贡献》，《心理科学进展》2003 年第 3 期；常鑫、殷红海：《Daniel Kahneman 与行为经济学》，《心理科学进展》2003 年第 3 期。

② Harry Helson, *Adaptation - Level Theory: An Experimental and Systematic Approachto Behavior*, New York: Harper & Row, 1964.

③ A. Tversky and D. Kahneman, "Loss Aversion in Riskless Choice: A Reference - dependent Model," *Quarterly Journal of Economics*, 1991（106），pp. 1039 - 1061.

④ Daniel Kahneman and Amos Tversky, "Prospect Theory: An Analysis of Decision under Risk," *Econometrica*, 1979（47）.

的存在使人们产生了心理账户或心理间隔，即相同的人对于等量的货币，在不同情况下可能会区别对待，使人类基于表面特性将特定事件区别对待，没有看到更宽泛的大场景，而只看到个体的、分别的小范围。[①]

应用在公共领域，行为经济学能够给出更好的解释。行为经济学认为在斯密的"利己主义"和"理性"的背后，还有"利他主义"的存在，董志勇（2008）列举了大量案例来佐证这一观点[②]。"利他主义"使人们在选择行为策略时会考虑他人的感受，并以他人的感受或对他人行为的预期作为自己制定策略的基础。一直以来，公共产品的供给往往被认为是缺乏效率的，传统经济学认为其原因在于公共产品具有非排他性和非竞争性，致使由市场供给缺乏激励。从"利他主义"的角度出发，公共产品的供给存在一个效率点。公共产品的消费者能够构成一个博弈群体，如果每个人都估计其他人的行为是合作的，那么在这个基础上他往往也会选择合作；反之，如果他预期其他人可能会选择不合作，那么正常情况下他的首选项也会是不合作。因此在一个具有严格监督和结构稳定的集体中，"搭便车"行为通常是危险的，其面临的惩罚和未来的抵制将会遏制其"不合作"的策略。

第三节　我国相关研究述评

一　农村公共产品供需结构效率

（一）供给效率

首先，农村公共产品究竟应该由谁提供从来都是争论的焦点。不同于私人产品，公共产品显著的外部性特征和受益的均等性都使其难以单纯依靠市场供给，很容易出现"搭便车"问题。从理论上说，政府作为一个代表公众利益的部门是公共产品最理所当然的供给主体。但是政府也会失

[①]　R. Thaler, "Toward a Positive Theory of Consumer Choice," *Journal of Economic Behavior and Organization*, 1980（39）.

[②]　董志勇编著《行为经济学》，北京大学出版社，2008。

灵，导致私人和第三部门提供公共产品的现象大量存在。尤其是在农村公共产品领域，农业的弱质性和低回报性使农民和集体成为事实上的供给主体，这种现象在农村税费改革以后有所改观。从国际经验和我国不长的农村公共产品供给历史出发，在当前面临巨大筹资压力和新农村建设发展机遇的背景下，对农村公共产品实行多元主体供给似乎是一种合适的选择。[①]不同于城市和工业部门，农村地域宽广，农民居住分散，农业生产的不确定风险大，因此农村公共产品具有成本高、周期长、回报低的特征，由市场供给必然面临供给不足的问题，政府是当然的供给主体。但政府供给的X效率问题不可忽视，必须由市场和第三部门作为必要的补充。国际经验和中国的实践充分说明了市场和第三部门在农村公共产品供给中的必要性和可能性。例如通信和电力基础设施、农业科研立项、部分农村公路等都可以通过市场机制带来良好效果。

其次是农村公共产品的数量和质量的问题。经济学传统的观念认为由于完全竞争的市场经济中私人收益与社会收益总是存在偏差，因此公共产品的供给总是不足的。中国的事实是农村公共产品的供给数量与经济制度密切联系。人民公社时期"统购统销"政策使农村大量的生产成果转移到城市和工业部门，农村公共产品的供给总量显然不足；家庭联产承包责任制改革后如果从农民负担过重的角度考察，农村公共产品存在供给过剩问题；[②] 税费改革后，公共产品的筹资、筹劳面临前所未有的困境，农村公共产品供给严重不足。与供给数量相对应的是供给质量总是不甚理想。有限的资源被用于一些不是急需的公共产品供给，如"政绩工程"、庞杂的政府人员供养，而大量涉及民生的公共产品年久失修或根本没有。

[①] 冯海波：《委托——代理关系视角下的农村公共物品供给》，《江西财经大学学报》2005年第3期；林万龙等：《农村公共物品的私人供给：影响因素及政策选择》，中国发展出版社，2007；朱国云：《多中心治理与多元供给——对新农村建设中公共物品供给的思考》，中国劳动出版社，2007。

[②] 朱钢：《农村税费改革与乡镇财政缺口》，《中国农村观察》2002年第2期；陶勇：《农村公共产品供给体制与减轻农民负担》，《北京科技大学学报》（社会科学版）2003年第2期；党国英：《论取消农业税背景下的乡村治理》，《税务研究》2005年第6期。

　　最后是农村公共产品的筹资问题。税费改革前，我国农村公共产品的投资机制实质上是人民公社时期投资机制的延续，因为实行家庭联产承包责任制后，农村大多数公共产品仍延续制度外供给体制，主要由农民筹资提供，例如村提留属于村级组织提供的公共产品的成本，[①] 这一时期的农民负担问题的本质是农村公共产品供给体制问题；[②] 又如乡镇的"五统"及其他收费、集资、摊派等成为乡镇财政中国家财政转移资金不足部分的补充。这种对人民公社时期的筹资机制的延续，节约了大量的筹资交易成本，却增加了供给方面的交易成本。税费改革后"一事一议"制度成为财政转移支付不能涵盖的农村公共产品的筹资制度保障，这一制度大大降低了供给的交易成本，却增加了筹资交易成本[③]，形成事实上的多重博弈。这种博弈会形成类似"囚徒困境"的纳什均衡，农民作为公共产品的实际筹资人，出于自身利益最大化考虑会有强烈的"搭便车"冲动，其结果是公共产品的供给总量远远小于帕累托最优供给量，且出现纳税人名义数量增多但自愿承担的资金不断减少的现象。当这一过程反复上演时，更多的人会思考他们是不是得不偿失，如果这种博弈无限继续下去，理性的人们最终会选择合作化的博弈道路。[④]

　　农村公共产品的供给决策问题从来都是学术界关注的焦点。公共产品的供给决策主要有两种形式：政府主导型模式和政府诱导型模式。政府主导型模式是由政府出资（税收等）、政府生产、政府决策，在市场经济体制下，这种模式难以实现资源的有效配置。相较而言，以混合出资（公共和私人分别付费）、民主决策后由竞争胜出的部门生产为主要特征的政府诱导型模式，排除了公共生产的垄断，允许多种经济成分参与竞争，因此

---

① 叶兴庆：《论农村公共产品供给体制的改革》，《经济研究》1997 年第 6 期。

② 雷原：《农民负担与我国农村公共产品供给体制的重建》，《财经问题研究》1999 年第 6 期；赵丙奇：《农民负担与农村公共产品供给》，《经济问题探索》2002 年第 11 期；陶勇：《农村公共产品供给体制与减轻农民负担》，《北京科技大学学报》（社会科学版）2003 年第 2 期。

③ 林万龙、刘仙娟：《税费改革后农村公共产品供给和机制创新：基于交易成本角度的探讨》，《农业经济问题》2006 年第 4 期。

④ 沈承诚：《从政府垄断到多元互动——农村公共产品民营化进程中的多重博弈关系解读》，《求实》2006 年第 3 期。

更具效率。多项实验能够论证这一判断，例如费县的水利设施建设和维护在采用政府诱导型模式后明显更具效率。① 税费改革以后，具有显著社区性的农村公共产品采取了"一事一议"的决策方式，然而实施效果并不理想。② 对筹资上限的规定使资金总额过少，甚至建设一些小型公共产品都不够，更加重要的原因是，"一事一议"制度使"搭便车"心理广泛存在，从而使制度实施具有高交易成本。③

此外，农村公共产品供给的生产、管理和监督等环节也受到多方面的关注。

（二）需求表达效率

在竞争的市场经济中，只有供给与需求达到均衡状态才是帕累托最优。要达到公共产品的最优供给，必须把握使用者的需求特点和状况，否则公共产品的供需均衡无从谈起。从理论上说，不管什么样的机制都不可能在任何情况下都反映真实的社会需求偏好④，因为人们的需求偏好总是多峰的。

从现实出发，农民是农村公共产品的消费者和直接受益者，农民是否需要、是否满意应当成为农村公共产品是否有效率的最终评判标准。⑤ 然而现实与此相距甚远，甚至背道而驰。人民公社时期，集体化经营使农民几乎不拥有生产和生活资料，因此对公共产品的需求不敏感。家庭联产承包责任制改革后，农村公共产品对农业生产经营和农民生活具有直接的显著推动作用，而农民对公共产品的支付也从隐性

---

① 王奎泉：《现阶段我国农村公共产品供给中的政府行为选项择》，《农业经济问题》2005年第4期。

② 李琴、熊启泉、孙良媛：《利益主体博弈与农村公共品供给的困境》，《农业经济问题》2005年第4期。

③ 林万龙等：《农村公共物品的私人供给：影响因素及政策选择》，中国发展出版社，2007。

④ 刘文勇：《新农村建设的战略重点：公共产品的有效供给》，《统计与决策》2008年第4期。

⑤ 刘义强：《建构农民需求导向的公共产品供给制度——基于一项全国农村公共产品需求问卷调查的分析》，《华中师范大学学报》（人文社会科学版）2006年第2期；李燕凌：《农村公共产品供给效率论》，中国社会科学出版社，2007；吴孔凡：《我国农村基本公共服务均等化：现状、问题与对策》，《西部财会》2008年第11期；等等。

变为显性，对公共产品的需求随着制度变迁发生了显著变化。[①] 农民对公共产品的需求越来越强烈，随着经济社会发展秩序的变化而变化。表现在当前是在生产上更加倾向于农业技术支持、农业新品种信息和良种的获得，以及农业机械的适用等；在生活上追求更高质量的生活，对医疗、通信和道路交通等基础设施及文化娱乐等方面的需求十分强烈。[②]

进一步的，学者们发现农民对公共产品的需求受多方面因素的影响。首先，农民的收入水平是影响自身得到的公共产品的指标之一，也是影响农民在集体中选择的因素之一[③]，理论上说高收入的农民会选择最大可能地供给公共产品，供给水平等同于农村网络中的总供给量，而低收入农民则会选择"搭便车"行为。

在有限的资源被用于提供公共产品的领域，农民对其质量评价不高，且对发展的长远性缺乏信心，例如与农村畜牧防疫工作普遍力度较弱相联系的是农民对禽畜防病防疫情况不满意。[④] 当然，影响农民满意度的因素是十分复杂的[⑤]，包括农民的长期收入、受教育程度、医疗可及性、年龄、家庭住址在内的各种因素都可能使农民对公共产品的供给评价产生偏差。刘义强的研究表明以政权所在地为中心向边缘扩散的差序性供给是显著的。[⑥] 无论怎样，农民的评价在一定程度上更能反映其对农村公共产品的真实需求偏好。

理论上，农民对农村公共产品的需求意愿有多种渠道可以表达。例如可以通过村民代表大会表达、推举"精英"表达、"一事一议"、上访、通

① 林万龙：《中国农村社区公共产品供给制度变迁研究》，中国财政经济出版社，2003；李燕凌：《农村公共产品供给效率论》，中国社会科学出版社，2007。
② 刘义强：《建构农民需求导向的公共产品供给制度——基于一项全国农村公共产品需求问卷调查的分析》，《华中师范大学学报》（人文社会科学版）2006年第2期。
③ 李强、郭锦墉、蔡根女：《我国农村公共产品的自愿供给：一个博弈分析的框架》，《东南学术》2007年第1期。
④ 刘义强：《建构农民需求导向的公共产品供给制度——基于一项全国农村公共产品需求问卷调查的分析》，《华中师范大学学报》（人文社会科学版）2006年第2期。
⑤ 李燕凌：《农村公共产品供给效率论》，中国社会科学出版社，2007。
⑥ 刘义强：《建构农民需求导向的公共产品供给制度——基于一项全国农村公共产品需求问卷调查的分析》，《华中师范大学学报》（人文社会科学版）2006年第2期。

过协会或者自发组织参与上级代表大会间接表达等。[①] 但事实上，中国农民的意愿表达是不充分的，原因在于农民的组织化程度较低，政治能力有限，且制度和政策的运作低效。[②]

（三）供需均衡效率

从公共产品最优供给理论出发，供需均衡能够实现帕累托效率最优（社会福利最大化）。江娅等认为由于我国农村公共产品供给不具有偏好全面显示和理性经济人的条件，因此是不可能实现帕累托最优的。[③] 尽管如此，学者们还是致力于研究农村公共产品的供需均衡问题。

农村公共产品的供给管理取决于三个方面的因素，即国家财政实力、国家与社会权力和职能划分情况、农民参与公共产品供给的能力与愿望。[④] 当今农村面临的主要矛盾是，农民日益增长的个体需求和公共需求与私人产品和公共产品双重短缺的矛盾。作为低收入群体的农民过多地承担了公共产品的供给，将本来就有限的资金投入公共产品生产，既导致公共产品短缺，又降低了对私人产品的购买能力，从而形成私人产品和公共产品双重短缺的困境。[⑤] 农村公共产品的供给资金在短期内不可能大幅度增加，在这样的现实背景下，只能把重点放在如何更加有效地利用公共资源上。

学者们抛弃了为政府提供简单的政策建议的方法，改变了"应该是"的研究思路，转而关注"为什么"，在现有资源不可能发生重大转变的情况下，去分析运用什么方法、使用哪些资源能够带来更多更有效

① 楚永生、张来源：《农村公共物品供需失衡的原因及对策分析》，《聊城大学学报》（社会科学版）2006 年第 3 期；刘文勇、吴显亮、乔春阳：《我国农村公共产品供给效率的实证分析》，《贵州财经学院学报》2008 年第 5 期。

② 卢春雷、丁跃：《当代中国农民民意表达存在的问题及其对策思考》，《理论与改革》2004年第 3 期。

③ 江娅、刘银国：《公平、效率与均衡——关于我国农村公共产品供给的几点思考》，《理论前沿》2008 年第 8 期。

④ 李燕凌：《农村公共产品供给效率论》，中国社会科学出版社，2007。

⑤ 程又中、陈伟东：《国家与农民：公共产品供给角色与功能定位》，《华中师范大学学报》（人文社会科学版）2006 年第 2 期。

的改进。

青木通过观察日本德川时代的小农系统的竞争性均衡，发现经过长期发展与参与人之间的反复博弈，会内生出一些公共产品的供给方式与方法，公共产品供给制度体系作为内含于社会制度体系的一个子系统，在各个子系统反复博弈、相互契合的条件下，总会形成一种子系统与系统的内在稳定。① 多数学者围绕农村公共产品的供给问题提出了不同的观点。

特别是在贫困地区的农村公共产品供给的操作层面，局部性和基层性的特点决定了部分农村公共产品只能由县乡两级财政提供才有比较优势，只有供需相适应的公共产品才能使贫困地区的农户早日脱贫。②

我国农村公共产品经历了人民公社"统购统销"阶段、家庭联产承包责任制下的制度外和制度内共同筹资阶段以及税费改革后财政支付和"一事一议"阶段，公共产品供给制度因经济制度变革发生了诱致性变迁③，原有的以集体为主体的公共产品筹资和组织供给体系基本瓦解，与之相适应的以节约谈判成本为特征的供给制度的作用也随之显著减弱，然而在市场经济的供求均衡中的需求表达机制确未建立和完善。④

二　农村公共产品效率评估方法

基于结果导向的农村公共产品效率目标，基本的价值标准应当遵循各地农村经济发展的基本规律，在此基础上，应当实现公共服务与社会管理、农村社会发展、农业生产发展、社会公平公正以及民主政治和社会信任的目标价值取向。布坎南认为效率完全是一种个人的主观感受，不能由外界观察到，经济活动中的效率不应该根据个人效用的增加或获得来判

① 〔日〕青木昌彦著《比较制度分析》，周黎安译，上海远东出版社，2001。
② 李秉龙、张立承、曹暕：《中国贫困地区县乡财政不平衡对农村公共物品供给影响程度研究》，《中国农村观察》2003 年第 1 期。
③ 林万龙：《中国农村社区公共产品供给制度变迁研究》，中国财政经济出版社，2003。
④ 刘文勇、吴显亮、乔春阳：《我国农村公共产品供给效率的实证分析》，《贵州财经学院学报》2008 年第 5 期。

断，人们只要按个人意愿行事，就能增加效用、实现效率。① 但无论是学者还是公共部门，都试图对公共产品效率给出一个可以广泛采用的衡量指标。S. 普拉丹以市场价值为依据，提出"市场化指数"，将政府对基础设施的公共支出效率评价指标设定为市场潜力、商品或服务的特点、向使用者收费来补偿成本的可能性、公共服务的责任、外部性 5 项指标。② 李燕凌从"3Es"③ 定义出发，给出了三种公共产品供给效率的核算模式：从经济出发，效率等于需求与供给之比；从投入产出角度出发，效率等于投入产出比；从供给效果出发，效率等于效果与价值目标之比。针对 5 个方面的价值目标提出了效率评价的主要指标。也有学者对效率评价持不同观点。

　　在对效率的理解基础上，建立函数模型对已有数据进行检验是最直接和最客观的方法。大量的研究使用单方程方法建立模型④，分析了改革期间（20 世纪 70 年代末到 80 年代中期）制度变革对中国经济增长的极为显著的促进作用。Fan 和 Pardey 在农业生产函数中引入科研变量以证明科研投资对农业增长是不可忽视的。⑤ 此后 Huang、Rosegrant 和 Rozelle 运用供给方程框架发现公共投资（主要是科研投资）对中国农业部门尤其是水稻的贡献率十分可观。⑥ 此外，方银水建立了一个生产函数绩效分析框架。⑦

---

① James M. Buchanan，"The Constitution of Economic Policy，" *The American Economic Review*，Vol. 77，No. 3，Jun. 1987，pp. 243 – 250.

② Pradhan Sanjay，"Budgetary institutions and Expenditure Outcomes：Binding Governments to Fiscal Performance，" Povided by The World Bank in its series Policy Research Working Paper Series with No. 1646，Sep. 1996.

③ "3Es"即经济（Economy）、效率（Efficiency）、效果（Effect），起源于 20 世纪 60 年代美国会计总署对政府工作审计的要求。李燕凌（2007）以此为主要观点提出了公共产品供给效率的核算模式，但他同时认为，在理论与实践中，应根据各公共部门的具体情况在更多的"E"中选择，例如公正（Equity）、卓越（Excellence）、专业（Expertise）等。

④ 其中包括 McMillan，1989；Fan，1991；Lin，1992；Zhang & Carter，1997 等。转引自林伯强《中国的政府公共支出与减贫政策》，《经济研究》2005 年第 1 期。

⑤ Fan Shenggen and Philip G. Pardey，"Research，Productivity，and Output Growth in Chinese Agriculture，" *Journal of Development Economics*，Vol. 53，1997，pp. 115 – 137.

⑥ Jikun Huang，Scott Rozelle and Mark W. Rosegrant，"China's Food Economy to the Twenty – first Century：Supply，Demand，and Trade，" *Economic Development and Cultural Change*，July 1999（47），pp. 737 – 766.

⑦ 方银水：《中国农村公共产品政府提供结构的优先序研究——一个生产函数绩效分析框架》，《理论与改革》2008 年第 1 期。

樊胜根等认识到运用单方程方法建立模型忽视了多方面的影响因素，通过建立联立方程模型，利用 1970~1997 年的省级数据，他们估计并测算了各种公共投资对经济增长、地区差距及农村扶贫的影响。[①] 时磊、杨德才构建了一个落后地区农业社区的数理模型，考察了公共产品供给方式带来的负面福利效应。[②] 李燕凌认为农村公共产品供给效率评估具有三方面的复杂性：一是不同主体对农村公共产品供给有不同的目标；二是供求双方信息不对称；三是公共产品存在效率计量方面的困难。[③] 他试图通过构建"双层效率因素分析模型"（DEFA）来解决农村公共产品供给效率的评估难题，"双层"的含义是从两个典型的主体出发，一方面分别从政府财政支农支出角度和农民角度考虑公共产品消费所产生的实际效果，以此考察公共产品的供给效率，另一方面分别从政府层面和农民层面考察农村公共产品的供给效率。李燕凌采用"工具性效率"评估方法和"非工具效用"[④] 评估方法，选择一些具有代表性的指标进行"因素分析"。陈诗一、张军利用 DEA 非参数技术和受限制 Tobit 模型，核算财政分权改革后，中国省级地方政府财政支出的相对效率。通过比较认为西部地区比东中部地区的省级财政支出效率要低，而纵向比对的结论是，分税制改革后地方政府的支出效率得到显著改善。[⑤]

田野调查往往能发现数据模型中难以涉及的新问题，学者们往往从需求的角度展开不同范围的实地调研。匡远配、汪三贵对贫困地区农民的需求结构进行了调研，来了解农民对公共产品的需求倾向

① 樊胜根、张林秀、张晓波：《经济增长、地区差距与贫困——中国农村公共投资研究》，中国农业出版社，2002。
② 时磊、杨德才：《转型期外生公共品内生供给对农村社会的负面影响》，《求索》2006 年第 9 期。
③ 李燕凌：《农村公共产品供给效率论》，中国社会科学出版社，2007。
④ 李燕凌在《农村公共产品供给效率论》（2007）一书中详细介绍了公共产品供给效率最优理论（帕累托效率）、次优理论以及第三优理论（黄有光，1977），并认为中国农村公共产品的特征更适用于第三优理论，因此在建立模型时遵循的正是"第三优原则"，通过考察农民对农村公共产品供给效率的满意度测评"非工具性效率"。
⑤ 陈诗一、张军：《地方政府财政支出效率研究：1978~2005》，《中国社会科学》2008 年第 4 期。

或指向①，陈俊红等通过对北京市农村公共产品投资需求的 DIY 调查，得出了与大多数学者不同的需求排序②。通过对农民公共产品需求的现状、结构和特点的问卷调查，从事实上证明了农民对公共产品的需求强烈，在此基础上，学者们在农村公共产品供给的主体选择、制度创新等问题上给出了新的观点。③ 对典型案例进行深入的个案分析，往往能有新的发现。周秀平等发现社区精英在农村公共产品供给方面起到了不可忽视的作用，但他们同时发现，村民与决策者之间在公共产品供应取向上的不同定位，会导致普通村民对公共产品与服务的需求取向与"精英们"的治村目标产生背离，不同利益群体之间的利益分配问题也会直接影响农村公共产品的供给效率。④

技术和统计学的巨大进步使经济分析更加直观和方便，而且提供了一种普遍意义的衡量方法。但它们也带来了一种危险：为"让事实说话"提供了某种巧妙的和表面上有说服力的方式。⑤ 欧内斯特·内格尔认为这种方式是相当不严谨的，它们实际上只不过是观察到的统计规律的外推，只适用于那些发生于某一特定社区和某一特定时期的行为。⑥ 艾尔弗莱德·马歇尔更是尖锐地指出，在用理性来考察和解释事实以前，是不可能从事实中学到任何东西的，那些宣称要让事实和数字本身来说话的人，可能是不知不觉地掩盖自己在对事实和数字进行挑选和分类。⑦ 例如有学者用满意度来测评公共产品效率⑧

① 匡远配、汪三贵：《贫困地区农村公共产品的需求结构研究——基于对 P、W 和 H 三县的调查》，《新疆农垦经济》2005 年第 8 期。

② 陈俊红、吴敬学、周连第：《北京市新农村建设与公共产品投资需求分析》，《农业经济问题》2006 年第 7 期。

③ 刘义强：《建构农民需求导向的公共产品供给制度——基于一项全国农村公共产品需求问卷调查的分析》，《华中师范大学学报》（人文社会科学版）2006 年第 2 期；程又中、陈伟东：《国家与农民：公共产品供给角色与功能定位》，《华中师范大学学报》（人文社会科学版）2006 年第 2 期。

④ 周秀平、刘林、孙庆忠：《精英"化缘型"供给——村级公共产品与公共服务的典型案例分析》，《调研世界》2006 年第 5 期。

⑤ 张五常：《经济解释》，商务印书馆，2000，第 5 页。

⑥ 〔美〕欧内斯特·内格尔著《科学的结构》，徐向东译，上海译文出版社，2005。

⑦ 〔英〕马歇尔著《经济学原理》，朱攀峰编译，北京出版社，2007。

⑧ 刘义强：《建构农民需求导向的公共产品供给制度——基于一项全国农村公共产品需求问卷调查的分析》，《华中师范大学学报》（人文社会科学版）2006 年第 2 期；李燕凌：《农村公共产品供给效率论》，中国社会科学出版社，2007。

时忽视了这种方法的局限性，可能存在越是贫困的地区满意度越高的趋势。因为一方面，贫困家庭的受教育程度相对较低，视野相对较窄，更加注重短期利益而忽视了可持续发展；另一方面，人们对效用的评价往往是有参照系的，贫困家庭接受的东西的价值占其家庭总价值的比率较高，他对产品的满意度与富人往往差距甚远。因此，在进行数据分析的同时需要以更加符合实际的手段和方法来检验判断和假设的适用性，单纯依靠数据分析可能会造成决策的偏差。

三　农村公共产品效率判断及原因剖析

虽然存在各种各样的问题，但在效率的研究上，几乎所有学者都认为我国的农村公共产品是低效率的。

第一，农村公共产品的供给总体不足与局部过剩并存。[①] 农村公共产品供给严重不足具有深刻的历史背景，我国长期实行城乡分离、城市偏好的非均衡发展战略，导致农村发展基础薄弱。虽然相对于其他发展中国家而言，中国农村拥有相对多的投资活动，但总体发展水平很低。20 世纪 80 年代，改革推动了乡镇企业的蓬勃发展，无论是地方领导还是村级组织，都致力于企业经营，重视营利性投入而忽视一般的公共产品投入。大多数农村投资都被用于提高村财政收入和增加村民就业机会等方面，其中涵盖农村基础设施、退耕还林、教育、农田水利、生活用水等方方面面。[②] 农村公共产品投资主要由政府财政支付和农民自筹两部分组成。从总体上说，政府财政投入是不足的，但这并不能成为供给低效率的根本理由，因为在税费改革前村组织和农民自己负担了公共产品投资的很大一部分，而税费改革后，我国进入工业反哺农业阶段，虽然农民直接支付公共产品成本的数额大大减少，但财政支付能力不断提高。在这种情况下依然出现供

---

① 陈永新：《中国农村公共产品供给制度的创新》，《四川大学学报》（哲学社会科学版）
　　2005 年第 1 期；陈培礼：《"城市化农村"战略与农村公共产品供给》，《求实》2006 年
　　第 3 期。
② 张林秀、李强、罗仁福、刘承芳、罗斯高：《中国农村公共物品投资情况及区域分布》，
　　《中国农村经济》2005 年第 11 期。

给不足，一般认为是由地方政府在分税制改革后形成的财权与事权不对等所引起的，但沈承诚认为财权与事权不对等其实是在公共产品供给不足的情况下，中央政府采取的一种优化的博弈策略。[①]

从影响农村公共产品投入的因素角度也可以找到投入不足和局部过剩的原因。公共产品投入的影响因素包括目标要素（政府为达到一定的目标所需要考虑的要素）和需求要素（影响农民公共产品需求的要素）。政府的公共投资存在一定程度上的"政绩效应"，但从统筹区域发展的角度考虑，政府还是倾向于将公共财政投入贫困地区。[②] 从供给主体的角度出发，农村公共产品供给长期存在政府独家垄断的"单打一"格局，严重抑制了社会的活力和社区自主治理及协作办社的积极性[③]，同时传统乡村治理模式绩效低、评估体系不全面、制度基础不完善[④]，这些都在一定程度上造成了农村公共产品供给不足和供需脱节的困境。

此外，我国乡村治理中的精英人物在决策过程中很难照顾到村民意愿，受到的监督和制约力量极为有限，使农村社区对公共产品的需求偏好不能准确表达。从供给的内容出发，涉及农村可持续发展的"软"公共产品严重短缺[⑤]，包括长期来看能够提高农产品生产效率的信息和物流建设，对提高农民素质和农村可持续发展具有重大意义的农村教育和医疗保障，关系农民民生的社会保障，以及农村社会治安和环境治理等。这些公共产品相对于基础设施建设等"硬件"而言，具有显效周期长、投资大、不确定因素多等特点，无论对政府还是其他投入单位而言，在短期内的效益都是"看不见摸不着"的，但这类公共产品投入短缺，会直接威胁到国家的

① 沈承诚：《从政府垄断到多元互动——农村公共产品民营化进程中的多重博弈关系解读》，《求实》2006 年第 3 期。
② 张林秀、李强、罗仁福、刘承芳、罗斯高：《中国农村公共物品投资情况及区域分布》，《中国农村经济》2005 年第 11 期。
③ 许远旺、周娴：《农村公共物品供给模式：政府组织与社会协作——湖北乡镇事业单位改革的调查与思考》，《农村经济》2006 年第 2 期。
④ 李秀义、鹿晓明、邢晓燕：《对建立绩效型乡村治理模式的思考——绩效管理在乡村治理中的应用》，《兰州学刊》2005 年第 1 期。
⑤ 江娅、刘银国：《公平、效率与均衡——关于我国农村公共产品供给的几点思考》，《理论前沿》2008 年第 8 期。

长治久安和经济的可持续发展。

在过去的公共产品供给制度中，资金筹措和使用的监督成本高，公共资源被大量挤占挪用、挥霍浪费，导致公共资源使用效率低下。① 监督成本受信息不对称、预算不完整和行政体制改革滞后等问题的困扰②，自上而下的供给体制打击了农民参与的积极性，也在一定程度上加大了监督成本③。税费改革以后，农村公共产品供给体制发生重大变革，"一事一议"制度使通过这一制度而兴办的农村公益事业和农户的需求较为一致，从而有助于降低项目的实施成本（包括监督成本），但是由于不同农户之间在收入水平、收入结构和经济活动等方面具有差异性，造成其对公共产品的需求意愿和对筹资成本的承担能力不同，进而使这一机制在筹资方面的交易成本很高，操作难度很大。④

更多的学者注意到，不同地域内的公共产品构成是有差异的，由政府按照一定的标准统一供给会导致效率损失。我国农村公共产品的经济低效率的根源就在于行政自由裁量对公共选择的替代。⑤ 在筹资阶段，无论是农业税时代还是现在的零赋税时代，农村公共产品的资金来源都是既定赋税（税费改革前还有费），从税率制定到征收再到最终的投向，农民几乎没有讨价还价的余地，甚至连本应由村民自治组织制定的村提留以及其他费用的收取过程农民都无法参与其中，这从事实上造成了公共产品投资者表达意愿的权利被剥夺。在公共产品资金支出阶段也就是供给阶段，由于公共资源配置决策过程中农民表达偏好的渠道不畅通，在项目实施过程中未被赋予充分的监督权利，因此公共产品供给的质与量在很大程度上不能满足农民需求。而政府、村级社区以及农民之间的微妙关系也在一定程度上反映了当前这种行政裁量对公共选择的替代。政府过多地实施了经济管

---

① 林毅夫：《制度、技术与中国农业发展》，上海三联书店，1992；张军、何寒熙：《中国农村的公共产品供给：改革后的变迁》，《改革》1996 年第 5 期；叶兴庆：《论农村公共产品供给体制的改革》，《经济研究》1997 年第 6 期。

② 陶勇：《农村公共产品供给与农民负担问题探索》，《财贸经济》2001 年第 10 期。

③ 熊巍：《我国农村公共产品供给分析与模式选择》，《中国农村经济》2002 年第 7 期。

④ 林万龙等：《农村公共物品的私人供给：影响因素及政策选择》，中国发展出版社，2007。

⑤ 孙秋明：《政自由裁量还是公共选择——以农村公共品供给决策为例》，《财政研究》2003 年第 12 期。

理职能，不仅加大了财政负担（这也是一种过剩的公共产品），还在一定范围内干扰了市场经济秩序。作为村民自治组织的村级社区却承担了大量行政机构和政府组织的职能，成为事实上的公共产品的错位。

一些研究表明，造成农村公共产品低效率的原因还在于地方政府及其支出责任之间的巨大缺口①以及各级政府之间的嵌套博弈②。

值得注意的是，农村公共产品供给中的非公平问题也十分突出。在税费改革前，公共产品的成本无论是制度内的农业税还是制度外的筹资，都是由农民平均分摊的，收入水平高的农民的负担率反而较低，是一种具有累退效应的成本分摊机制③，这显然有失公平。从公共财政支出的角度出发，地区非均衡发展战略导致更多的资源被分配到具有经济发展优势的地区，相对而言，贫困地区和边远地区得到的公共财政支付较少。税费改革以后，农村公共产品的筹资上移，公共财政承担了大部分支付成本，但"累退"机制仍然存在。西部大开发和新农村建设使更多的贫困边远地区农村得到更多的公共产品分配，但从目前的情况看，由于城乡差距和地区差距的客观存在，农村公共产品非公平供给问题的解决还有待时日。④

四 提升农村公共产品效率的路径选择

（一）制度创新

提高效率的路径不是唯一的，在市场与政府之间有不止一种可选择的方法。例如，自组织指一群相互依赖的委托人把自己组织起来进行自主治理，从而在所有人面对搭便车、规避责任或其他机会主义的情况下，取得

① 世界银行东亚与太平洋地区编著《改善农村公共服务》，中信出版社，2008。
② 黄晓红、李继刚、崔浩：《嵌套博弈视角下的农村公共产品治理机制研究》，《浙江社会科学》2008年第1期。
③ 叶兴庆：《论农村公共产品供给体制的改革》，《经济研究》1997年第6期；熊巍：《我国农村公共产品供给分析与模式选择》，《中国农村经济》2002年第7期。
④ 江娅、刘银国：《公平、效率与均衡——关于我国农村公共产品供给的几点思考》，《理论前沿》2008年第8期。

持久的共同收益。① 应当在制度上创新，走诱致性和强制性制度变迁之路。② 针对"一事一议"制度实施以来存在的问题，首先要加强法制建设，使制度有法可依③；刘文勇提出在目前农民组织化程度较低的情况下，应考虑将"一事一议"制度的适用范围扩大至乡一级政府。④ 甚至有学者认为应当取消"一事一议"制度，加强农村公共产品的民营化和市场化供给。⑤

（二）以统筹思想为指导

改善农村公共产品的供给状况，提高农村公共产品的供给效率应以统筹思想为指导，选择均衡化发展路径。⑥ 一是建立城乡统筹的公共财政体系⑦，进一步完善财政转移支付制度，并给予地方事权相对应的财权⑧；二是加大对中西部地区的投入力度，缩小地区差距⑨。此外，完善农村公共产品供给体系，必须赋予农民与市民相等的国民待遇，在筹资方式、供给路径、需求表达机制、产品评价和使用等方面实现城乡一体化。⑩

---

① 〔美〕埃莉诺·奥斯特罗姆著《公共事物的治理之道》，余逊达译，生活·读书·新知三联书店，2000。

② 陈永新：《中国农村公共产品供给制度的创新》，《四川大学学报》（哲学社会科学版）2005 年第 1 期。

③ 吴业苗：《农村公共产品供给与"一事一议"制度安排》，《理论与改革》2007 年第 1 期。

④ 刘文勇：《中国农村公共产品供给效率的制度分析》，《经济与管理》2008 年第 9 期。

⑤ 李琴、熊启泉、孙良媛：《利益主体博弈与农村公共品供给的困境》，《农业经济问题》2005 年第 4 期。

⑥ 李秉龙、张立承、乔娟、曹洪民等：《中国农村贫困、公共财政与公共物品》，中国农业出版社，2004。

⑦ 朱国云：《多中心治理与多元供给——对新农村建设中公共物品供给的思考》，中国劳动社会保障出版社，2007。

⑧ 叶兴庆：《论农村公共产品供给体制的改革》，《经济研究》1997 年第 6 期；邹江涛：《试论我国农村公共产品供给与农村税费改革》，《当代财经》2004 年第 4 期。

⑨ 张林秀、李强、罗仁福、刘承芳、罗斯高：《中国农村公共物品投资情况及区域分布》，《中国农村经济》2005 年第 11 期。

⑩ 何乘材：《农村公共产品、农民国民待遇与农业发展》，《中央财经大学学报》2002 年第 11 期；于丽敏：《农村公共物品供给不足对农村经济发展的瓶颈效应分析》，《税务与经济》2003 年第 4 期。

（三） 确定政府投资的优先顺序

虽然农村公共产品对提高农业生产率、缩小地区差距以及农村扶贫都起到了不可忽视的推动作用，但各种公共产品起到的作用是不同的。因此政府在利用有限的资源方面，特别需要注意根据不同的政策目标，运用不同的公共产品项目。学者们在政府究竟应按何种顺序进行公共投资选择上给出了不同的观点（表1-1列出排序前5项）。

表1-1 农村公共产品投资排序

排 序	1	2	3	4	5
樊胜根、张林秀、张晓波①	农业科研的经济回报率最高，对农业增长贡献最大	农村教育对扶贫的效果最为显著	农村基础设施增加非农就业机会和提高农村工资率	灌溉对农业生产增长和扶贫的影响都不明显	扶贫效果最小
陈俊红、吴敬学、周连第②	农村医疗和社会保障	教育和科技	农村规划	农村基础设施建设	
方银水③	农业科研	农村扶贫	农业综合开发	支援农业生产	农业基本建设
刘义强④	农业科技知识	外出打工所需的职业技能和信息	农产品市场供求信息	农田水利建设	道路、通信、自来水等基础设施建设
钱克明⑤	科技	教育	基础设施		

---

① 樊胜根、张林秀、张晓波：《经济增长、地区差距与贫困——中国农村公共投资研究》，中国农业出版社，2002。
② 陈俊红等的研究针对北京市，所提出的公共产品投资优先序也是在对北京市的调查研究基础上所得出的结论。陈俊红、吴敬学、周连第：《北京市新农村建设与公共产品投资需求分析》，《农业经济问题》2006年第7期。
③ 方银水：《中国农村公共产品政府提供结构的优先序研究——一个生产函数绩效分析框架》，《理论与改革》2008年第1期。
④ 刘义强：《建构农民需求导向的公共产品供给制度——基于一项全国农村公共产品需求问卷调查的分析》，《华中师范大学学报》（人文社会科学版）2006年第2期。
⑤ 钱克明：《中国"绿箱政策"的支持结构与效率》，《农业经济问题》2003年第1期。

（四）决策机制创新

应当构建自上而下供给决策机制和自下而上需求表达机制相结合的农村公共产品决策机制[①]，既要体现当前农村公共产品供给主要来自上级政府或部门的"自上而下"的特性，也要体现产品受益的地域性原则。必须由政府统筹协调，制定规则和计划，由农民按照"一事一议"的原则"自下而上"地自主选择所需的公共产品。这种决策机制能实现农村公共产品供给与农民需求的有效衔接和有机统一。特别值得一提的是，由于不同（贫困）地区在自然资源、生态环境和文化方面存在较大差异，农村公共产品供给要因地制宜，在公共产品需求与供给的平衡中，不同产业和区域可有各自衡量供求均衡的标准或参照系[②]。

（五）实现农村公共产品供给主体多元化

中央政府应当加大转移支付力度，保证公共产品的资金供给来源。[③] 农村公共产品的供给需要引入农民个人以外的结构性力量，一是引入强制性力量如国家税收、传统社会的乡规民约，二是通过社区的舆论力量来实施有效的监督以限制成员的"搭便车"行为。因此改善和增加农村公共产品的供给必须和农村社会结构的变革、地方支付治理结构的改革和农民民主自治能力的培养结合起来[④]，积极推动供给主体多元化改革，建立财政、第三部门和农户三位一体的农村公共产品

---

① 刘义强：《建构农民需求导向的公共产品供给制度——基于一项全国农村公共产品需求问卷调查的分析》，《华中师范大学学报》（人文社会科学版）2006 年第 2 期；吴孔凡：《构建需求导向型的农村公共产品供给制度》，《财政研究》2007 年第 11 期；陈培礼：《"城市化农村"战略与农村公共产品供给》，《求实》2006 年第 3 期；陶勇：《农村公共产品供给与农民负担》，上海财经大学出版社，2005；等等。
② 匡远配、汪三贵：《贫困地区农村公共产品的需求结构研究——基于对 P、W 和 H 三县的调查》，《新疆农垦经济》2005 年第 8 期。
③ 李琴、熊启泉、孙良媛：《利益主体博弈与农村公共品供给的困境》，《农业经济问题》2005 年第 4 期。
④ 朱国云：《多中心治理与多元供给——对新农村建设中公共物品供给的思考》，中国劳动社会保障出版社，2007。

供给模式①。应加强农村社区能力建设，降低农村公共产品决策中行政自由裁量的比重，同时提高公共选择的比重②，应当相信农民的政治理性和经济理性，提高农民的组织化程度，重构农村社区的公共权力体系，赋予社区真正的自治权力③。

（六）其他措施

值得注意的是，在提升农村公共产品效率的实现路径方面，一些学者通过总结国际经验提出了新的思路。一般认为，农村公共产品的供给管理虽然取决于本国的政治、经济、文化、历史等背景，但也有共同的发展特征，如规范政府行为、强化政府对农业稳定发展的保护作用、加大政府财政支持、大力发展农村基础教育和职业技术教育、重视农业科技进步以提高农业现代化水平、发挥社会组织和协会的作用、改善农村社会保障环境，以及重视环境保护等。④ 经济发展水平是决定农村公共产品供给水平的关键，发达国家工业部门和城市发展水平高，而农业人口较少，对农村和农业的支持相对较强，因此发达国家的农业基础设施相对完善，农民的生活质量与城市居民几乎无异。而发展中国家往往重点发展对经济贡献较大的工业和城市，对农村和农业部门的投入不足，农村公共产品供给水平较低，但也正基于此，发展中国家更加注重在极其有限的资源条件下增加农村公共产品的供给效益、提高供给水平，由此探索出许多值得借鉴的经验。

一般来说，保障效率的做法是较为健全的机制。例如德国在公共治理上具有明晰的权责结构，有高度的法治化作为保障，且政府间关系以及政府和个人之间的关系协调，同时监督机制健全，这些体制和机制从根本上保证了

---

① 李秉龙、张立承、乔娟、曹洪民等：《中国农村贫困、公共财政与公共物品》，中国农业出版社，2004。
② 孙秋明：《行政自由裁量还是公共选择——以农村公共品供给决策为例》，《财政研究》2003年第12期；匡远配、汪三贵：《贫困地区农村公共产品的需求结构研究——基于对P、W和H三县的调查》，《新疆农垦经济》2005年第8期。
③ 陶勇：《农村公共产品供给与农民负担》，上海财经大学出版社，2005。
④ 李燕凌：《农村公共产品供给效率论》，中国社会科学出版社，2007。

公共治理的高效。① 与欧洲等国不同的是，韩国的新村运动另辟蹊径，注重从组织上、社会关系上、农民的精神启蒙上改变韩国农村原有的传统落后面貌。②

国际经验证明以社区为主导的发展模式是使公共服务高效化的可靠路径③，村民和社区的参与程度甚至是公共产品供给是否有效率的决定性因素④。例如 1998 年开展的印度尼西亚 Kecamatan（区）发展扶贫项目，在全国范围内广泛地采用了社区主导发展模式，项目资金来源于各级政府、第三方机构（NGO）以及世界银行的贷款等，项目由社区主导，政府全面参与，采用密集的独立审计，项目开展 8 年来，经济持续复苏了 30% ~ 40%。该项目对表现不佳的 Kecamatan（区）予以严厉处罚，提高了社区治理的参与度和治理能力，并且与非正式的反腐败项目组合在一起，目前已经成为国家扶贫战略最重要的选项。冈比亚则通过推进社区对学校发展的参与，在缩小基础教育入学的性别差距上取得了良好的进展。又如美国通过将社区纳入公共卫生伙伴关系的项目改变了原有的公共卫生体系。⑤ 由政府和非政府组织发起的印度尼西亚爪哇省的乡村水供应工程的实施效果说明，在公共产品供给过程中，村民和社区的参与程度越高、参与范围越广，产品的投入产出比越高、效果越好。⑥

---

① 陈家刚：《德国地方治理中的公共品供给——以德国莱茵—法尔茨州 A 县为例的分析》，《经济社会体制比较》2006 年第 1 期。
② 张青：《论社会主义市场经济条件下"公共服务型政府"模式的建设》，《求实》2005 年第 1 期；陈昭玖、周波、唐卫东、苏昌平：《韩国新村运动的实践及对我国新农村建设的启示》，《农业经济问题》2006 年第 2 期。
③ 世界银行东亚与太平洋地区编著《改善农村公共服务》，中信出版社，2008。
④ 陈东：《我国农村公共品供给效率研究——基于制度比较和行为分析的视角》，经济科学出版社，2008。
⑤ The Lewin Group, "Emergency Department Overload：A Growing Crisis — The Results of the American Hospital Association Survey of Emergency Department（ED）and Hospital Capacity," Falls Church, VA：American Hospital Association, 2002.
⑥ 陈东：《我国农村公共品供给效率研究——基于制度比较和行为分析的视角》，经济科学出版社，2008。

第二章　农村公共产品效率评估的意义

第一节　农村公共产品对国民经济增长具有重要贡献

许多实证研究表明，农村公共产品投入不仅对农业增长有着非常重要的意义[1]，对整个国民经济的长期增长[2]也具有重要意义。农村公共产品对国民经济的贡献主要表现在三个方面。

一　农业综合发展的切入点和激励所在

从根本上说，现代社会中农业部门低水平运作的原因在于，与工业等其他产业相比，农业受不确定性因素的影响较大，投入产出效率不高，而且在小农经济中，农业生产要素的投入难以同大工业一样实现规模经济的有效投入。在大农场经营模式下，农场主为获取规模经济报酬，有能力和意愿加大诸如农田水利设施、农产品物流设备、农业市场信息等方面的投入，这些对于经营规模微小的农户来说成本高昂，产生了规模不经济。在这种环境下，农业部门公共产品的内容被扩大了。在经历了原始农业和传统农业阶段后，现代农业已经成为世

---

[1]　Shenggen Fan and Peter Hazell, "Are Returns to Public Investment Lower in Less – favored Rural Areas? An Empirical Analysis of India," *American Journal of Agricultural Eoonomics*, Vol. 83 (5). pp. 1217 – 1222. May 1999.

[2]　Barro Robert, "Economic Growth in A Cross Section of Countries," *Quarterly Journal of Economics*, Vol. 100, 1991.

界农业的发展趋势，相对于传统农业而言，现代农业的本质为先进的农业生产设施、先进的农业科技文化、先进的农业组织管理方式，还有现代化的农民，即用先进的物质条件装备农业，用先进的科学技术改造农业，用先进的组织形式经营农业，用先进的管理理念指导农业，提高农业综合生产能力。① 公共产品被作为一种生产要素，是实现现代农业的必要条件。

公共产品对农业的贡献是综合的和长期的。首先农村公共产品的有效供给是建立统一市场的前提和基础，完善的农村公共产品体系能够促进农业生产的专业化、产业化、商品化和可持续发展，直接或间接地促进社会分工的发展，进而有利于提高整个社会的劳动生产率。② 公共投资与农业生产率有着高度的正相关关系，而且公共投资对农村劳动力非农就业有促进作用，从而间接提高了农业生产的规模效率。③ 不同的公共产品对农业的贡献是不同的，每增加 1 元农业科研、灌溉、道路以及教育投资，分别能获得 9.59 元、1.88 元、2.12 元、3.71 元的农业 GDP 回报。④ 不仅如此，从农业的本质来说，公共产品对农业的作用是综合的。农业的本质特征是通过利用有构造的生命自然力进而利用其他自然力的活动，其生产对象是动植物和微生物，这使农业生产受包括自然力、人力、物力在内的多种要素的影响，这些要素之间也会产生复杂的影响。例如应用节水型种植品种能够大大减少对自然降水的依赖，推广温室种植技术可以改变作物生长的季节性。公共产品自身的外部性特征决定了它的效益多重性和社会性，很多时候它的影响是长期和深远的。例如修建于 2000 多年前的都江堰，使成都平原千百年来旱涝保收，成为大西南的"天府之国"。

---

① 郭晓鸣主编《现代农业建设教程》，四川人民出版社，2008。
② 财政部财政科学研究所课题组：《从绩效出发确保农村公共产品高效供给》，《经济研究参考》2008 年第 38 期。
③ 赵蕾：《公共投资对农业生产率和非农就业的影响研究》，南京农业大学博士学位论文，2007。
④ 樊胜根、张林秀、张晓波：《经济增长、地区差距与贫困——中国农村公共投资研究》，中国农业出版社，2002。

二　三次产业互动的基础

费和拉尼斯在《劳动剩余经济的发展》一书中指出，二元经济发展的"短缺点"是农业劳动力积累并开始影响非农部门工资水平。其模型不仅强调了农业作为工业部门劳动力供给和资本原始积累①的作用，更特别指出任何试图加速工业化的不发达国家，如果忽视了农业部门先行的或至少是同时进行的革命，则都会发现难以前行。因此，任何只集中于工业部门劳动吸收能力的成功标准暗含的是农业部门同时释放劳动的能力。农村公共产品供给不仅仅是农业部门对农村的贡献，还暗含了"以工促农、以城带乡"的要求，只有工业和第三产业部门高度增长，才有可能带动农业发展。也就是说，只有高水平的第二、第三产业生产率，才能供给高水平的农村公共产品。在农业的发展史上，设施设备在促进农业生产方面无疑画下了浓重的一笔，它使许多国家和地区的农业生产取得了巨大的收益。随着现代工业的发展，在农业生产的各个环节和整个过程，逐步由播种机、脱粒机、饲草收割机、水利灌溉设备等现代机械取代人力畜力及手工工具。尤其是 20 世纪 80 年代以后，拖拉机和配套农具广泛使用，欧美发达国家先后实现农业机械化、电气化、联合化。目前，农业机械与计算机、卫星遥感等技术结合，新型材料、节水设备和自动化设备应用于农业生产，农田水利化、农地园艺化、农业设施化以及交通运输、能源传输、信息通信等的网络化、现代化成为当代农业发展的基本趋势，本来是主要的人类传统职业的农业，从欧洲较富足的国家开始，正在迅速变为一种越来越带有科学特征的工业。② 需要强调的是，农村人力资本的形成和提升对第三产业的发展提出了更高的要求。

另外，农村公共产品的供给对农村内部的产业结构也有重要影响。例如，2005 年四川省加大对农村公路、农村电网的建设，尤其是对农产品生

---

① 借用马克思的描述。费和拉尼斯使用"工业部门发展的投资基金"这一说法，笔者认为"资本原始积累"对于描述农业对工业部门的资本贡献更加准确。

② 陶武先：《现代农业的基本特征和着力点》，《中国农村经济》2004 年第 3 期。

产基地建设加大了政府补贴，对市场信息、农贸市场等物流体系以及技术升级、农业科研信息平台等加大了建设力度，使一大批龙头企业发展壮大起来，企业自身竞争力不断提高，带动农户的规模达到 1000 万户。

三　农村公共产品对增长和发展的贡献

中国，这个全世界人口最多的发展中国家，正在以难以估量的生产力和消费力改写世界经济格局。可以说，全世界看中国，而中国的改革重点在于农村经济改革。十七届三中全会标志着中国农村改革的又一次重大飞跃，对于农村经济体制的深入剖析得出的结论是我国已经进入"以工补农、以城带乡"的阶段，这其中的深刻内涵是，中国必须从改善农民生活、加强农村社会保障以及促进农业产业升级为出发点。换言之，农业基础设施和农村社会事业的发展与进步是农村经济体制改革的基础，在增长、扶贫等方面做出了重要贡献。研究表明，对农村进行公共产品体系建设，不仅有利于农业和非农业部门的 GDP 增长，而且对扶贫有重大贡献。如表 2 - 1 所示。

表 2 - 1　公共投资对生产和扶贫的回报率（1997 年）

	沿海	中部	西部	平均
对农村 GDP 的回报率	元/元支出			
R&D	8.60	10.02	12.69	9.59
灌溉	2.39	1.75	1.56	1.88
道路	8.38	13.73	4.29	8.83
教育	9.75	7.78	5.06	8.68
电力	1.52	1.35	0.61	1.26
电话	7.12	8.54	4.13	6.98
R&D	8.60	10.02	12.69	9.59
灌溉	2.39	1.75	1.56	1.88
道路	1.67	3.84	1.92	2.12
教育	3.53	3.66	3.28	3.71
电力	0.55	0.63	0.40	0.54
电话	1.58	2.64	1.99	1.91

续表

	沿海	中部	西部	平均
对非农 GDP 的回报率	元/元支出			
R&D	0.00	0.00	0.00	0.00
灌溉	0.00	0.00	0.00	0.00
道路	6.71	9.89	2.37	6.71
教育	6.22	4.13	1.78	4.97
电力	0.97	0.71	0.21	0.72
电话	5.54	5.91	2.14	5.07
对扶贫的回报率	每百万元投资减少的贫困人口数量（人）			
R&D	1.99	4.40	33.12	6.79
灌溉	0.55	0.77	4.06	1.33
道路	0.83	3.61	10.73	3.22
教育	2.73	5.38	28.66	8.80
电力	0.76	1.65	6.17	2.27
电话	0.60	1.90	8.51	2.21
扶贫贷款	0.88	0.75	1.49	1.13

注：用每一个单位的公共投资所带来的收益（元）或脱贫的人数表示边际回报率，例如灌溉投资的回报率用每增加一个单位的灌溉投资所带来的产值的增加或者是脱贫的人数表示。

资料来源：樊胜根、张林秀、张晓波：《经济增长、地区差距与贫困——中国农村公共投资研究》，中国农业出版社，2002，第 74 页。

农村公共产品投入对农民增收具有显著的作用。[1] 实证研究表明，政府每分别增加 1 元农业科技投入、农业教育投入和农业基础设施投入，可以分别减少农户 9.35 元、6.64 元、5.31 元的投资，农户获得的回报率分别达到 11.87 元、8.43 元和 8.73 元。[2] 收入水平的提高以及由农村公共产品带来的生活环境的改善，在市场经济转型期能够显著改善农村的消费结构，提升消费水平。

不仅如此，农村公共产品体系建设对发展同样具有重要贡献。科学

---

[1] 刘晓昀、辛贤、毛学峰：《贫困地区农村基础设施投资对农户收入和支出的影响》，《中国农村观察》2003 年第 1 期；刘兵：《公共风险与农村公共产品供给：另一个角度看农民增收》，《农业经济问题》2004 年第 5 期。

[2] 钱克明：《中国"绿箱政策"的支持结构与效率》，《农业经济问题》2003 年第 1 期。

发展是坚持以人为本的全面、协调、可持续的发展。以人为本，就是要把人民的利益作为一切工作的出发点和落脚点，不断满足人们的多方面需求和促进人的全面发展。全面，就是要在不断完善社会主义市场经济体制，保持经济持续快速协调健康发展的同时，加快政治文明、精神文明的建设，形成物质文明、政治文明、精神文明相互促进、共同发展的格局；协调，就是要统筹城乡协调发展、区域协调发展、经济社会协调发展、国内发展和对外开放；可持续，就是要统筹人与自然和谐发展，处理好经济建设、人口增长与资源利用、生态环境保护的关系，推动整个社会走上生产发展、生活富裕、生态良好的文明发展道路。具体到当前我国的情况就是要改变城乡二元社会结构，使区域统筹协调发展。教育、卫生、社会保障等农村公共产品能够提高人口素质，增强人力资本的市场竞争力，是社会可持续发展的基石，是促进人的全面发展的必然选择。

第二节　农村公共产品对小农经济具有显著的激励效应

实行家庭联产承包责任制后，农村人口数量虽然显著减少，但仍有约2.6亿人从事农业生产，农村人均耕地面积仅为2.34亩。[①] 在这种小农主导的农业生产经营环境中，每个人经营的土地规模很小，不能使从事大型基础设施项目例如大型灌溉系统的收益内部化，因此这些附着在土地上的基础设施具有显著的公共产品性质，只能由外部供给。同理，农业技术、信息、市场等同样是单个农民无法获得投入产出效益的。不同于制度对农民心理上的激励或约束效果，公共产品的匮乏使农民面临物质上的约束，甚至陷入"巧妇难为无米之炊"的困境。1978年以来的农村人口数量变化情况和第一产业从业人口变化情况如图2－1和图2－2所示。

---

① 《中国统计年鉴》（2013年）。

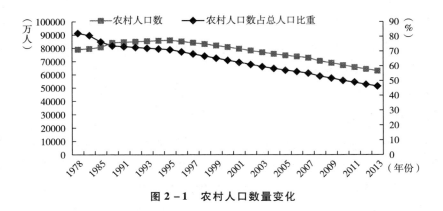

图 2 - 1 农村人口数量变化

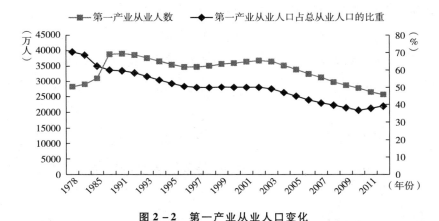

图 2 - 2 第一产业从业人口变化

资料来源:《中国统计年鉴》(2014 年)。

在以小农为主要经营方式的农村经营中,公共产品的效率激励是显而易见的。第一,农村公共产品会直接降低包括生产成本、运输成本、销售成本、风险成本在内的农村生产经营的总成本,从而提高生产活动的效率,降低农业的自然风险和经济风险。第二,提供可靠的公共服务能够有效降低农民的决策成本和生活成本,刺激生产再投资,从而提高资金循环使用效率。第三,公共投资以及基础设施、教育、技术、健康和其他社会服务方面的体制和政策是消除贫困所必不可少的,因为它们可增强贫困人口的能力,使贫困人口有更多的机会发展自己、为自己争取权利,并有效保护自己。① 例如，在新品种推广方面，农民往往采取保守的生产理念和方式，使新技术和新品种的推广使用变得相对困难，尤其是对土地节约型和劳动使用型的新技术更是抱有谨慎态度。但是如果能够提供充分的、对农民来说可信赖的技术保障，理性的农民是乐于尝试新技术的，这对农业生产的效率激励是显而易见的。

第三节　农村公共产品高效供给是统筹城乡发展的关键领域

发展中国家总是面临二元经济结构的困境，过去依靠掠夺其他国家以快速积累财富的做法伴随着全球化的不断蔓延已经变得不再可行，那么积累只能从最初的生产部门——农业部门获取。新中国成立初期，为了有足够的劳动力从事农业生产以保证工业发展和城市建设，我国实施城市中心发展的战略，采取了严格的户籍制度，农民被限制在固定的区域内从事农业生产，在农村的非农业经营也同时被禁止。农业和农村的大量产出被转移到工业和城市，农民长期生活在低水平的收入结构中。实行家庭联产承包责任制后，在较长时期里仍然执行农产品低价政策，而大多数的农村公共产品却由农民负担，进一步加剧了城乡差距。农村税费改革以后虽然有了大量的惠农政策，但城乡差距还在进一步扩大，其背后深层次的原因在于：①在资源配置中农业处于不利地位，大量资金从农村流失；②在国民收入的初次分配中，农业、农民、农村还是处在不利地位；③在国民收入的再分配过程中，基本公共服务非均等化，农业、农村、农民仍然处在不利的地位。②

解决二元经济社会结构问题的关键在于给予农民"国民待遇"，使农

---

① 樊胜根、张林秀、张晓波：《经济增长、地区差距与贫困——中国农村公共投资研究》，中国农业出版社，2002，第45页。
② 韩俊：《对新阶段加强农业基础地位的再认识》，《人民日报》2008年2月15日。

民市民化，使农村城市化。① 统筹城乡经济发展战略直指二元经济结构，内涵深刻，包括社会主义政治、物质、精神甚至自然文明的各个方面。具体到农业、农村、农民问题，统筹城乡发展的实质是给城乡居民平等的发展机会，通过城乡布局规划、政策调整、国民收入分配等手段，促进城乡各种资源要素的合理流动和优化配置，不断增强城市对农村的带动作用和农村对城市的促进作用，缩小城乡差距、工农差距和地区差距，使城乡经济社会实现全面、协调、可持续发展，促进城乡分割的传统"二元经济社会结构"向城乡融合的现代"一元经济社会结构"转变，这在事实上与优化农村公共产品供给结构和提高效率的目标不谋而合。

国家关于统筹城乡发展的战略部署，实质上是要通过城乡互补的生产要素的合理、双向流动来实现城市和农村的共同繁荣和均衡发展。家庭联产承包责任制决定了我国长期以来进行着以户为单位的农业小规模经营，这不仅造成了较低的农业劳动生产率，而且使土地和农业对社会投资缺乏吸引力，从根本上阻碍了城市资金、先进技术与农村资源的有效结合。从广义上说，农村公共产品覆盖农业产业经营、农村生活条件、农民民生以及生态环境建设等方面，从这个意义上说，统筹城乡的关键在于提供高效的、与现代农业相适应的、与城市化目标相吻合的农村公共产品。② 因此，建立完善的农村公共产品供给制度、实现资源利用与配置高效化是统筹城乡发展的关键领域和重要环节。

第四节　农村公共产品高效供给是农村社会稳定的基石

农村社会稳定是一个政治话题，而稳定的实质是经济问题。农村利益分化问题、农民增收问题、农村就业问题、农地问题、农村社会保障问题

---

① 林凌、郭晓鸣主编《城市化进程中的农民工问题研究》，四川科学技术出版社，2008。
② 陈培礼：《"城市化农村"战略与农村公共产品供给》，《求实》2006年第3期。

等是影响农村社会稳定的关键因素。①

　　增加公共产品投入、提高公共资源利用和配置效率对消除贫困、增加就业具有至关重要的意义，这一点无论是政府还是学界都已达成共识。Gustafsson 和 Li（1998）发现农村贫困不只局限在边远、资源匮乏的地区，即便在资源丰富的地区，如果基础设施以及技术服务跟不上，也会有贫困。② 基于一个 500 户的样本，Wu 等（1996）发现资源禀赋差、劳动力流动性低等是导致贫困的主要原因，表明改善基础设施及教育可以来帮助穷人参与劳动力市场并积极从事非农产业活动。③

　　农村公共产品高效供给不仅意味着提高农村居民的收入水平，在更广泛的层面上更强调公共资源的科学管理和合理配置。家庭联产承包责任制确立了农村个人利益合法化地位，农民拥有更多组织资源的自由权利，农村利益出现显著分化，农村内部贫富差距逐渐扩大。农村公共产品的非排他性和非竞争性使其在平衡群体利益、保证社会经济利益分配的公平性方面更具优势，能够从社会公平角度消除农村不稳定的社会因素，在化解社会矛盾、提升农民的公民意识方面也具有不可忽视的作用。

---

① 河北省社科联 2007 年度社会科学发展研究课题组：《农村社会稳定关联因素分析》，《探索》2007 年第 6 期；程洪宝：《农村基层民主与农村社会稳定的关联分析》，《求实》2007 年第 11 期。

② Bjorn Gustafsson and Li Shi, "Inequality in China at the End of the 1980s: Locational Aspects and Household Characteristics," *Asian Economic Journal*, March 1998.

③ H. Wu and L. Zhou, "Rural to Urban Migration in China," *Asian – Pacific Economic Literature*, 1996（10）.

第三章 农村公共产品效率评估逻辑思路

第一节 特 点

一 农村公共产品效率评估的双重性

从本书对农村公共产品的定义出发，有中国特色的农村公共产品作为一个政策倾向显著的概念，在生产过程中具有经济性，同时在使用过程中具有社会性，因此考察其效率不能单纯地从经济学或社会学视角出发。

一方面，从经济角度考察，农村公共产品在产品的生产过程中能够实现市场化的资源有效配置。与大多数私人产品相同，农村公共产品的生产过程受资源条件的制约，受市场配置的支配，产品本身的投入产出效益最大化是供给者追求的目标。投入主要包括公共管理资源和生产资料，产出包括由供给者提供的满足公众需要的基础设施和公共服务等直接产出，以及由这些产出所带来的外溢效应。比如在农村医疗卫生服务中，卫生站和卫生员数量的增多提高了农村的卫生防疫水平，这属于直接产出。在市场经济中，农村公共产品与私人产品一样面临生产资料和管理资源的稀缺性问题，较高的投入产出效率意味着公众服务得到更好的满足，因此对农村公共产品的效率评估必须从经济视角出发，考察资金、物资以及公共资源的投入所产生的直接效益是否满足效率要求。

另一方面，基于产品使用的无排他性和无竞争性，农村公共产品不得不面对"公共地悲剧"① 的挑战，这使其必须体现产品使用过程中的配置效率，也就是通常所说的社会效益或者间接效益。仍以农村公共卫生服务为例，通过增加投入，强化农村医疗卫生防疫服务，能够显著提高农村居民的身体素质和整个农村的防疫水平，进而对农业和非农业生产的效率产生促进作用，这就是基于农村卫生公共服务的间接产出。虽然少数公共产品如公路、通信、医疗教育机构等能够通过私有化来解决资源配置问题，但基于中国农村特殊的现实背景，其公共产品的属性决定了其配置过程与市场机制的作用是矛盾的，在自由市场里很难存在主动供给者，因此在很长一段时期内，我国的农村公共产品主要是由政府供给的，其配置效率事实上受供需双方的期望一致性的约束。从社会学的角度来看，不同的阶层由于所处的立场和地位不同，对同一问题可能有截然不同的看法，因此对农村公共产品这一具有集体性质的产品的考察必须基于多视角的框架。

二 影响农村公共产品效率评估的主要因素

农村公共产品是社会发展到一定阶段的产物，是多主体博弈的产品，整个体系涵盖了经济社会中几乎所有的发展要素，它的效率是多因素共同作用的结果。

从宏观层面分析，制度和政策对农村公共产品效率的影响是十分显著的。制度变迁会引致农村公共产品相关利益群体发生结构性变化，进而诱致整个供给制度的变迁。② 不同制度下的农业生产经营方式不同，导致中观和微观主体对农业投入的态度和行动截然不同。③ 政策是不同制度下发展目标的体现，从历史上看，农业政策一直是农村经济的核心，是公共干预的主要工具。④ 一定时期的公共政策决定了这一时期农村公共产品的决

---

① Garrett Hardin, "The Tragedy of the Commons," *Science*, 13 December, 1968：Vol. 162, No. 3859, pp. 1243 – 1248；张维迎：《博弈论与信息经济学》，上海三联书店，2003。
② 林万龙：《中国农村社区公共产品供给制度变迁研究》，中国财政经济出版社，2003。
③ 林毅夫：《再论制度、技术与中国农业发展》，北京大学出版社，2000。
④ A. J. 雷纳、D. 科尔曼主编《农业经济学前沿问题》，唐忠、孔祥智译，中国税务出版社，2000，第 291 页。

策方式，包括预算、规划、实施、管理、监督等。在我国现行体制下，政策决定社区在公共产品决策中的参与程度和参与方式。政策在农村发展中最重要的是对预算的影响，政策还对生产和生活起到重要的激励或限制作用。要分析农村的各种政策对农村公共产品供给的影响及其相互作用，不得不以当地、当时的实际情况为背景，在模型中很难进行定量。值得注意的是，公共政策对效率产生的影响并不仅仅局限在当期，其影响会像水波纹一样不断在后期的公共产品效率实现中体现。典型的例子是我国林业政策的数次变迁对林业资源管理、林区基础建设以及林农行为方式的影响。[1]

经济增长水平和产业结构会对农村公共产品的供给效率产生影响。第一产业对 GDP 的贡献逐渐减弱，第二、第三产业比较发达的时候，人们对公共产品的需求会随之增强，而且后者对地方政府的财政贡献远大于前者，因此财政供给能力会显著提高，在国家层面上产业结构优化能够对农村公共产品的供给总量和供给结构产生较大影响。在地方层面的影响则体现在资源的"经济效益最大化"流动趋势，第二、第三产业占 GDP 的比重与灌溉设施和排水设施的公共投资存在显著的负相关关系。[2] 樊宝洪（2007）的分项目实证研究进一步表明，第二、第三产业发达的乡镇对道路项目的投资更多，理由是道路交通是发展非农产业的必要条件，更容易受到财政资金的青睐，同时非农产业务工人数的增加会相应减少第一产业的劳动力从业数量，使农业萎缩从而导致与农业相关的财政投入缩水。[3]

区域经济不均衡发展也是影响农村公共产品效率的重要因素。公共投资对 GDP 和扶贫的回报率在地区之间差距很大，从扶贫效果看，各种公共投资在西部地区的回报率最高。例如每增加 1 万元农业科研、教育、道路、电话或电力投资分别能够脱贫的人数是 33、29、11、9 和 6 人，分别是各种公共投资全国平均扶贫效果的 4.8、3.3、3.2、3.9 和 2.8 倍。灌溉投资

---

① 张鸣鸣：《我国南方集体林管理形式与土地权属状况初探》，《农村经济》2006 年第 10期。

② 樊宝洪：《乡镇财政与农村公共产品供给研究》，中国农业出版社，2007，第 144 页。

③ 樊宝洪：《乡镇财政与农村公共产品供给研究》，中国农业出版社，2007。

在西部地区每增加1万元可以脱贫4人，比全国平均水平高3倍。从对农业增长的回报率看，农业科研投资在西部地区的回报率最高，灌溉投资在沿海地区的回报率最高，教育和农村基础设施（道路、电力和通信）投资在中部地区回报率最高。一方面，沿海地区随着工业化和城市化的迅速发展，很大一部分土地转为非农业用途，同时随着非农业就业机会的增加，农民精耕细作的积极性不高；另一方面，西部地区的土地大部分是缺水、贫瘠的边缘地。相比之下，有农业生产增长潜力的地区是中部地区，中部地区的土地资源相对充裕，农业生产依然是农民的主要收入来源。[1]

农村公共产品体系的利益相关者数量众多、关系复杂，各利益主体都会对农村公共产品的供给和需求效率产生重要影响。影响供给效率的因素包括公共产品的成本预算、供给主体的意愿和拥有的资源、政府的发展倾向和目标、供给者的组织和管理能力；影响需求的因素包括需求者的支付能力、支付意愿及其表达渠道、支付者的参与程度等。[2] 此外供给和需求之间的衔接机制是否畅通也会对公共产品效率产生影响。

在市场经济越来越趋向个体化发展的环境中，农村公共产品体系的效率日益受到农户行为方式的深刻影响。在分散的小农经营社会中，农业生产受到微生物、气候、土壤、灌溉等因素影响，劳动者很难完全控制生产过程和结果，这种经营的不确定性使农业不可能像工业部门那样有标准化流程和作业方式，农业生产不得不更多地依靠劳动者的经验和能力，这进一步加大了农业生产受到损失的可能性。农户是厌恶风险的，但是传统农业生产的低回报率和农民较低的收入水平加大了农民追求高收益的动机。在这种矛盾下，农户一方面不愿意以确定的支付（损失）换取不确定的收益（因为农业生产的风险性），另一方面又渴望得到来自外界的任何投入，虽然这种看得见的确定的收益可能导致无法预料的风险。这种行为方式的

---

① 樊胜根、张林秀、张晓波：《经济增长、地区差距与贫困》，中国农业出版社，2002，第77页。他们的实证研究还发现，投向西部地区的任何公共投资都有助于缩小地区发展差距，而投向中东部地区的任何公共投资都会进一步拉大区域差距。

② 陈东：《我国农村公共品供给效率研究——基于制度比较和行为分析的视角》，经济科学出版社，2008。

直接结果是，无论外界投入农村的公共产品形式如何，往往都是受到欢迎的，但农村社区内部往往难以组织有效率的公共产品。

此外，受教育程度、实施和管理方法、技术手段等也会对农村公共产品效率产生影响。例如农户的受教育程度对农户采用杂交种子的概率和采用密度具有正向的和统计上的显著效应，增加国家对农村教育的投资能促进农业技术变迁。[1]

第二节　原则

一　公共产品最优供给的一般均衡

公共产品是联系公共部门宏观政策与生产经营和人们生活的重要手段，需要解决的一个基本问题就是在现有的社会经济条件下，要达到公共产品的帕累托最优，政府应当如何将资源在公共部门和私人部门之间合理配置[2]，也就是说，要达到帕累托最优状态，公共产品投入应当在社会总财富中占多大比例。萨缪尔森（1954）最早提出了公共产品最优供给的一般均衡模型。[3] 以供给和需求均衡为出发点，资源配置的最佳条件应当是消费边际替代率（MRS）等于生产边际转换率（MRT）。经济社会中的私人产品消费量等于每个人 K 所消费的私人产品 y_j^k 之和，基于公共产品 Z 的无排他性和无竞争性，对应的社会总的公共产品消费量为 Z_j。社会消费函数为：

$$F\left(\sum_{k=1}^{n} y_j^k,\ Z\right) = 0 \tag{3.1}$$

---

① 林毅夫：《制度、技术与中国农业发展》，上海三联书店，1992，第241页。

② 提出这一问题的前提是，承认公共资源更多的是由政府而不是由市场来配置这一基本判断。关于这一判断的论证参见李军《中国公共经济初论》，陕西人民出版社，1993，第1~2篇。

③ Paul A. Samuelson，"The Pure Theory of Public Expenditure," *The Review of Economics and Statistics*，Volume 36，Issue 4，Nov. 1954.

生产函数为：

$$F\left(\sum_{j=1}^{n} y_j, \ z_j\right) = 0 \tag{3.2}$$

消费者效用函数为：

$$U^k\left(y_1^k, \ \cdots, \ y_j^k, \ \cdots, \ y_n^k; \ z_1, \ \cdots, \ z_j, \ \cdots, \ z_n\right) \tag{3.3}$$

社会福利函数为：

$$W\left[U^1, \ \cdots, \ U^k, \ \cdots, \ U^s\right] \tag{3.4}$$

运用拉格朗日乘数法，设拉格朗日函数为：

$$L = W_k U_{y_j}^k - \lambda F_{y_j} \tag{3.5}$$

对 L 求极值的含义是，在生产可能性条件下，社会福利最大化。

对 y 求一阶偏导数，并令其为零：

$$\frac{\partial L}{\partial y_j^k} = \frac{\partial W}{\partial U^k} \frac{\partial U^k}{\partial y_j^k} - \lambda \frac{\partial F}{\partial y_j} = W_k U_{y_j}^k - \lambda F_{y_j} = 0$$

即

$$W_k U_{y_j}^k = \lambda F_{y_j} \tag{3.6}$$

对 Z 求一阶偏导数，并令其为零：

$$\frac{\partial L}{\partial Z_j} = \sum_{k=1}^{s} \frac{\partial W}{\partial U^k} \frac{\partial U^k}{\partial Z_j} - \lambda \frac{\partial F}{\partial Z_j} = \sum_{k=1}^{s} W_k U_{z_j}^k - \lambda F_{z_j} = 0$$

即

$$\sum_{k=1}^{s} W_k U_{z_j}^k = \lambda F_{z_j} \tag{3.7}$$

用式（3.6）去除式（3.7）可得：

$$\sum_{k=1}^{s} \frac{U_{z_j}^k}{U_{y_j}^k} = \frac{F_{z_j}}{F_{y_j}} \tag{3.8}$$

即 $\sum_{k=1}^{s} MRS_k = MRT$

式（3.8）说明，要达到帕累托最优，公共产品与私人产品的边际消费替代率应与边际生产转换率相一致，即二者的边际消费结构应与其边际生产结构吻合。也就是说，在一定条件下，公共产品与私人产品的供给量是相互依赖和相互制约的，不遵守这一原则就无法达到社会效率最优状态。过多强调私人产品的供给会导致公共产品"拥挤"，使公共福利受到损失；相反，若公共产品供给超过一定限度，则必然影响私人产品的生产水平和消费者效用。改革开放前，公共生产领域过宽过大，导致不可忽视的结构失调，食品和部分轻工品短缺，社会经济发展缓慢，甚至出现倒退。改革开放以来，没有充分运用和调整好公共产品和私人产品的生产与分配机制，致使公共产品供给出现拥挤和短缺现象，在一定程度上制约了个体经济的发展。这种制约性在农村生产生活领域表现得最为显著，在后文会详细论述这一问题。

值得注意的是，在市场经济条件下，可以通过价格传导机制调节供求关系，私人产品的边际替代率会直接或间接体现，生产过程也会随之发生变化，生产要素随之转移到更具有效益的生产过程中，生产边际转换能够得以实现。但在公共产品领域，生产周期往往较长，对私人产品生产和消费的变化不敏感，因此在一定时点上，公共产品与私人产品的配置是不均衡的。从这个意义上说，公共产品与私人产品配置的帕累托效率只能通过调节资源配置比例和方式无限接近，但无法总是达到最优的理想状态。

单纯从公共产品生产与效用的角度考虑，根据达到最优的条件，要实现公共产品的供给效率，首先必须解决需求偏好表达问题。公共产品的需求曲线由经济社会中的个体需求偏好汇总而得，如何反映个人偏好并在汇总于集体偏好的过程中准确表达，是实现公共产品供给效率首先面临的问题。

二　公共产品供给效率的局部均衡

庇古从功利主义角度出发，将每个人从公共产品中受益所必须支付的成本，视为放弃私人产品消费的机会成本。[①] 他认为当公共产品最后一元钱所带来的正边际社会效用与其带给私人的负边际效用（即支付损失）相等时，公共产品供给就是有效率的。

设 G_i 为消费者 i 得到的公共产品，也就是公共部门对 i 的支出；T_i 为 i 的支付；M_i 为 i 的收入，U_i 为 i 得到的效用，NU_i 为 i 的净效用。

$$假定\ T_i = G_i,\ \frac{\partial U_i}{\partial G_i} > 0,\ \frac{\partial U_i}{\partial T_i} < 0$$

$$\max NU_i = U\ (G_i)\ - U\ (T_i)$$

$$s.\,t.\ G_i + X_i P_i = M_i$$

其中 X_i 为个人 i 消费的私人产品数量，P_i 为其所支付的价格。

设拉格朗日函数如下：

$$L = U_i\ (G_i)\ - U_i\ (T_i)\ + \lambda\ (M_i - G_i - XP_i)$$

分别对 G_i 和 T_i 求偏导，并令结果等于零：

$$\frac{\partial L}{\partial G_i} = \frac{\partial U_i}{\partial G_i} - \lambda = 0$$

$$\frac{\partial L}{\partial T_i} = -\frac{\partial U_i}{\partial T_i} - \lambda = 0$$

得

$$\frac{\partial U_i}{\partial G_i} = \frac{\partial U_i}{\partial T_i}$$

也就是说，公共产品有效供给的条件是私人对公共产品消费的边际效用等于支付的边际负效用。

鲍温（Bowen）通过局部均衡分析，认为私人产品和公共产品供给之间存在差异，但同时证明了个人的公共产品边际效用也是递减的。[②] 他站在不同角度，得出公共产品的有效供给需要满足三个条件，即私人支付之

---

① 〔英〕庇古著《福利经济学》，朱泱、张胜纪、吴良健译，商务印书馆，2006。

② Howard R. Bowen, "The Interpretation of Voting in the Allocation of Economic Resources," *The Quaterly Journal of Economics*, Vol. 58, No. 1, Nov. 1943, pp. 27 – 48.

和等于边际成本，边际替代率之和等于边际成本，以及边际评价之和等于边际成本。

三　公共产品供给的 W－L 模型

W－L 模型（威克塞尔－林达尔模型，1919）是一个局部均衡模型，它试图找出民主社会中公共产品产出的合理水平，以及在不同的人之间如何分摊公共产品的成本问题，实质上是个人对公共产品的供给水平以及成本分配讨价还价的过程，以及讨价还价所形成的均衡状态。W－L 模型建立在以下三个假设的基础上：存在两个具有相同收入水平和权利的集团；公共产品的产出水平与其负担份额作为一个备选方案同时决定；每个集团都能准确真实地表达自己的偏好。

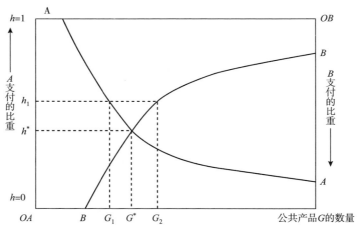

图 3－1　W－L 模型

如图 3－1 所示，AA 为消费者 A 对公共产品 G 的需求曲线，BB 为消费者 B 对公共产品 G 的需求曲线，如果 A 的支付为 h，则 B 所需支付为 $(1-h)$。A 和 B 对公共产品 G 和私人产品 X 的效用函数为：

$$U_A = U_A (X_A, G)$$
$$U_B = U_B (X_B, G)$$

其中 X_A 和 X_B 分别是 A 和 B 所消费的私人产品向量，G 为所消费的公共产品向量。令 Y_A 和 Y_B 分别代表 A 和 B 的收入，p 代表私人产品价格向量，则有：

$$pX_A + hG \leqslant Y$$
$$pX_B + (1-h)G \leqslant Y$$

当不等式左边等于右边时，A 和 B 达到收入约束条件下的效用最大化，即

$$X_A = Y_A - hG$$
$$X_B = Y_B - (1-h)G$$

代入效用函数，得：

$$U_A = U_A(Y_A - hG, G)$$
$$U_B = U_B[Y_B - (1-h)G, G]$$

对 G 和 h 求偏导数，得：

$$MU_A G = \frac{\partial U_A}{\partial G} = -h\frac{\partial U_A}{\partial X_A} + \frac{\partial U_A}{\partial G}$$

$$MU_A H = \frac{\partial U_A}{\partial h} = -G\frac{\partial U_A}{\partial X_A}$$

$$\frac{MU_A G}{MU_A h} = MRS_{Gh}{}^A = \frac{\partial U_A/\partial G}{\partial U_A/\partial h} = \frac{h}{G} - \frac{1}{G}\frac{\partial U_A/\partial G}{\partial U_A/\partial X_A}$$

对 B 同样有：

$$\frac{MU_B G}{MU_B h} = MRS_{Gh}{}^B = \frac{\partial U_B/\partial G}{\partial U_B/\partial h} = \frac{1-h}{G} - \frac{1}{G}\frac{\partial U_B/\partial G}{\partial U_B/\partial X_B}$$

令 $MRS_{Gh}{}^A = MRS_{Gh}{}^B = 0$，得：

$$MRS_{Gh}{}^A = h$$
$$MRS_{Gh}{}^B = 1-h$$

即：

$$MRS_{Gh}{}^A + MRS_{Gh}{}^B = 1$$

也就是说，公共产品供给均衡实现的条件是每个人所支付的成本份额之和为 1。

如图 3 − 1 所示，假定选择 h_1 为公共产品支付量，在这一点上，A 对公共产品的需求为 G_1，B 的需求为 G_2。但是由于 A 和 B 的收入水平和权利相当，必然存在讨价还价的余地，因此二人会一直讨价还价，直到达到均衡状态 G^*，这一点上 A 和 B 都能够得到满足，此时 A 需要支付的份额为 h^*，而 B 需要支付 $(1 - h^*)$。在这一过程中，首先确定的是社会均衡的公共产品供给点，在这一点上公共产品供给量能够得到一致同意。然后根据这个福利分配结果，确定合理的费用支付份额。W − L 模型说明公共产品的供应是由社会中的个人经过讨价还价和磋商进行的，其最佳条件是每个人所愿意承担的成本份额之和等于 1。

第三节　假设

一　传统假设

（一）农村公共产品评价困难

一般的观点是中国农村公共产品的效率不足。导致低效率的因素是多方面的，大多数研究农村公共产品的学者都对此提出了自己的看法，一个习惯的假说是农村公共产品的效率评估困难，理由是公共产品领域普遍存在"筛子效应"。市场机制在公共领域的资源配置方面往往是"失灵"的，但由政府等公共部门提供公共产品同样存在效率损失的现象。在公共产品供给领域，低效率或无效率的实质在于公共部门和公共服务对象的目标差异，即政府（公共部门）提供公共服务的效率目标是对现有资源加以最有效的利用，使公共计划最迅速、最经济、最圆满地完成，而公众的效率目标则在于获取最佳水平和组合的公共服务。而且公共产品的生产具有垄断性和非营利性，因此，公共部门的投入有不断膨胀的趋势，政府提供的公共产品的量将会大于社会的实际需要量，[①]越来越多的所谓的"大项目"被留下，而那些公众真正需要的项目可能由于"无法体现政绩""不能体现经济发展目标""项目太小不突出"等理由而被筛出去了。这种现象在我国农村尤为突出。而且那些具有"形象"的公共项目在一定程度上排挤了民间投资公共领域的热情和渠道，使社会投资因难以在公众中实现较大"影响力"而难以实施。例如在面临项目选择时，高等级的公路、漂亮的小学校或者医院都是企业或其他民间机构实现社会责任的首选（因为这些"看得见"的项目能够提升企业的公众形象），然而政府官员也倾向于将资源投入这些领域，从而对民间投资产生一定的排挤。

收益量化是农村公共产品效率评估的另一大难点。因为公共产品的供给效果具有多样性，兼具经济、社会、生态等多方面的效益，很难说哪种结果比其他效益更加重要，因此投入产出效率的衡量显得十分困难。从技术上来说，这一难题可以通过采用替代变量解决[②]，但这种解决方式会受到更多主观因素的影响。

（二）强制性的供给政策

在公共产品供给策略中有这样一对矛盾，即决策的外在成本与制定决策的时间成本有着互为消长的关系。[③] 如果要求每一个公共产品的消费者都同意一项决策，那么决策的实施成本为零，但这意味着任何人投反对票都能阻止决策通过；反之，如果由一个人做决定，那么决策成本为零，但是决策的外在成本可能会无穷大。

自上而下的供给政策是一种强制性的供给政策，正是供给政策的不完善导致农村公共产品的需求和供给脱节，使得公共产品效率低下，这是最

---

① 马国贤：《中国公共支出与预算政策》，上海财经大学出版社，2001；〔美〕斯蒂格利茨著《公共部门经济学》，郭庆旺等译，中国人民大学出版社，2005；〔美〕安瓦·沙主编《公共支出分析》，任敏、张宇译，清华大学出版社，2009。

② 李燕凌：《农村公共产品供给效率论》，中国社会科学出版社，2007；朱金鹤：《中国农村公共产品供给：制度与效率研究》，中国农业出版社，2009。

③ 〔美〕丹尼斯·穆勒著《公共选择》，张军译，上海三联书店，1993，第29页。

接近真相的假说。问题在于，我国农村公共产品供给效率低下是由来已久的问题。

事实上，政府在进行公共产品供给决策的时候，往往是以经验为依据的。也就是说，这种自上而下的决策机制的基础也是来源于对需求的调查。因此，这个假说建立在对事物的表面观察的基础上，是农村公共产品效率缺失的可能原因，但不是必然原因。

虽然一些人被迫消费了带有私人产品特征的公共物品（如教育），这种对个人的行为约束造成了效率上的损失。然而如果穷人通过这种方式得到的再分配，比没有再分配时要好些，并且假如他们通过一次支付的转移方式不可能得到直接的现金补贴，而借助于私人物品的集体化供给是可能得到的，那么在生产私人物品的成本既定的情况下，只要允许按这种和其他物品的市场价格将个人效用最大化，就是能够达到配置效率的。

（三）公共需求偏好表示困难

如前所述，公共产品具有的非排他性的直接后果就是缺乏对私人供给公共产品的激励。公共产品的供给不取决于一个人的好恶，当私人对一个产品的供给缺乏热情时，就会产生"搭便车"现象，人们会不如实表达自己的偏好。

效率的本质要求在于农村公共品供给与需求的均衡。① 前人对农村公共产品的供需均衡问题进行了大量的讨论，偏好表达困难被普遍认为是不能正确把握需求从而造成供给效率低下的原因。

在思考两组产品的效用无差异性时，我们不得不面对这样一个问题，即公共产品是一种特殊的商品，一般通过收入再分配进行投入，对于农户来说容易形成"是国家出钱不需要自己投入"的思想，自然是"多多益善"，因此在提到是否需要某一公共产品时，农户都会选择需要。

新中国成立后，国家的性质和经济关系发生了根本转变，社会主义经济体制建立，农民翻身做主人。1962 年 9 月审议通过的《农村人民公社工

---

① 李燕凌：《农村公共产品供给效率论》，中国社会科学出版社，2007，第 64 页。

作条例修正草案》正式规定，凡属于公社全范围的重大事情都应该由社员代表大会决定，生产大队的一切重大事情，都由生产大队社员代表大会决定，生产队必须民主办队，生产队的一切重大事情，都必须由生产队社员大会议决。① 但是，新中国成立之初，为了加强国家行政权力对农村的直接控制，采取了权力集中于国家的农村治理体制。公社作为集体经济组织，是国家政权的基层单位，领导人主要由上级政权机关任命，农民作为人民公社的社员，必须受公社、生产队和生产大队的统一领导，在平均主义"大锅饭"的经济制度下，一旦社员反对这种管理，就连正常的生存都难以保障。在这种情况下，上述"民主办社"的"制度规定并没有得到切实有效的贯彻实施，农民群众的民主管理基本停留在制度条文层面……集体组织与个人利益联系不紧，个人亦缺乏关心并参与集体事务的利益驱动力。"② 这种局面一直持续到 20 世纪 70 年代末 80 年代初，家庭联产承包责任制取代过去的集体经济成为农村经营的基本经济体制。农村经济体制突然进行重大变革，与之相适应的组织治理模式还未建立，导致农村社会政治体系产生一定程度的混乱。为解决当时出现的集体财产流失、基层组织涣散等一系列问题，不仅要完善基层党组织的职能，更要重视发挥农民自己管理自己的能力，村民委员会作为农民自我管理、自我服务的组织应运而生，成为村民自治的萌芽。随着经济体制改革的进一步深入，我国的民主化进程也在不断发展，村民自治必然地产生并兴起了。20 世纪 80 年代末，《村民自治组织法（试行）》颁布，标志着国家政治体制改革和民主政治进程加快，而且"如果追求形式上的民主，结果是既实现不了民主，经济也得不到发展，只会出现国家混乱、人心涣散的局面"③，村民自治开始有了实质性进展。到 1998 年 6 月又公布了《村委会组织法（修订草案）》，大多数省份还制定了地方性条例，从法制上

---

① 中华人民共和国国家农业委员会办公厅编《农业集体化重要文件汇编（下册）》，中共中央党校出版社，1981，第 628 页。转引自徐勇《中国农村村民自治》，华中师范大学出版社，1997，第 23 页。

② 徐勇：《中国农村村民自治》，华中师范大学出版社，1997，第 23 页。

③ 《邓小平文选》（第 3 卷），人民出版社，1993，第 284 页。转引自徐勇《中国农村村民自治》，华中师范大学出版社，1997，第 38 页。

给予村民自治以保障。虽然从总体上看，我们还不能说中国的村民自治已经显示出对经济发展的推动作用，但从少数地方的经验看，村民自治与经济发展之间已经显示出良性互动。① 当前村民自治在实践中还存在诸多亟待解决的问题，社会主义新农村建设提出了"管理民主"。无论如何，综观新中国成立以来的民主制度变迁，农民在管理、组织、决策等各方面都取得了前所未有的进步，从 1978 年建立第一个村民委员会，到 2006 年底已经设立了村委会 62.4 万个，村民小组 453.3 万个，村委会成员 242.9 万人。可以说村级"四个民主"（民主选举、民主决策、民主管理、民主监督）的实践慢慢教会了农民"自我教育、自我管理、自我服务"。此外，为了实现"四个民主"，全国各地农村普遍制定了村规民约及村民自治章程，村治的规范化、法治化程度和水平也不断得到提高。②

　　"村民自治"是社会主义政治体制适应经济发展的必然选择，是一个完全政治意义上的概念，但它在一定程度上反映了农民自我管理和自主选择的进步程度。不可否认，当前村民自治制度还存在很多不完善的地方，在农民自我意识的挖掘、决策机制的建立、社区能力建设等方面与理想还存在较大差距，但与过去农民权利几乎完全被忽略相比已经有翻天覆地的变革。现有的一些经验性研究表明，公共需求偏好表达困难可能是导致农村公共产品效率低下的主要原因，如果这一假说成立，那么当公共需求偏好表达困难的情况发生改变时，农村公共产品的供给效率也应该随之发生一定的变化。

二　新的假设

　　不同于上述对于农村公共产品效率的假设，本书所要表明的观点

---

① 党国英：《乡村低水平制度均衡：发生机制与破解路径》，《战略与管理》2003 年第 4 期。

② 引自张厚安在华中师大中国农村问题研究中心举办的"村民自治与新农村建设国际学术研讨会"上的主题发言，题目是"村民自治：中国农村基层民主之路"，许远旺协助整理。

是，实现农村（尤其是西部资源相对匮乏地区）公共产品效率的根源，更有可能从社区集体功能错位的角度得到解释。做出这一假设的前提是，"理性人"假设和持续偏好假设是现代西方经济学的基本假设，但在现实生活中，"理性"取决于个人的资源禀赋，个人资源越多（例如受教育程度较高、生活在竞争激烈的地方、得到更加接近真相的信息等），越接近理性，但没有人是绝对理性的，人具有的只是"有限理性"①。人们根据自己有限的认知和思维能力，得出对自己最有利或者使自己效用最大的判断。这是公共产品效率研究过程中人的行为选择的判断基础。

无论是萨缪尔森（1954）的公共产品供给效率的一般均衡模型还是维克塞尔－林达尔模型，都认为要达到公共产品供给最优，必须达到资源的有效配置，消费者必须为所消费的公共产品付出成本，当他们对所愿意支付的费用既不低估也不高估时，所表现的就是他们对公共产品需求的真实偏好。此时公共产品供给才能达到最优。虽然在实际生活中对"搭便车"者和隐瞒偏好的投机者所能采取的措施十分有限，但这些理论模型仍然能给予重要的启示。

一是必须从消费者需求的角度出发去研究某项农村公共产品供给的必要性。如同私人产品一样，"消费者主权"思想在公共产品供给中同样适用。如果消费者没有需求，那么公共产品供给的效率为零；如果消费者需求较低，其愿意为产品支付的价格也相对较低。总之，公共产品的效率同样需要达到供需均衡，供给最优的充分必要条件是对需求的准确把握和衡量。

二是由于社区内部成员的资源禀赋不同，不同个体可能对公共产品有不同的需求偏好，从而愿意支付不同的价格。不同于私人产品的可分性，公共产品无法区分所在群体的不同偏好，因此难以满足每一

---

① Herbert A. Simon, "Theories of Decision – Making in Economics and Behavioral Science," *The American Economic Review*, Vol. 49, No. 3, Jun. 1959, pp. 253 – 283; Herbert A. Simon, "Economic Analysis and Public Policy," *Models of Bounded Rationality*, Vol. 1, May 1982, p. 392.

个消费者的最大需求，有时候甚至会损害一部分成员的利益，破坏资源的最优配置。但是对于一个成员组合（例如小型社区）来说，社区成员联系密切并相互信任，通过合作的方式有可能实现群体偏好的一致性。

因此，较之于由供给者单方面、无约束地决定公共产品的供给，赋予公共产品的消费者（同时也是公共产品的成本承担者）以表达需求偏好的权利和义务，并对供给者施以约束，更能使决策者贯彻效率原则，从而有助于公共产品效率的实现。[①]

具体到我国农村居民，他们处于一个相对封闭的环境，受教育程度较低且社会竞争较少，这使他们与绝对"理性"相去甚远，如果对每个人以"理性"为出发点判断其可能的偏好，则势必导致结果的偏差，或者根本无解。但值得特别注意的是，西部农村社区往往基于传统、信念或血缘关系形成，结构稳定、内部熟悉、生产生活方式较为单一是社区的重要特征，社区内部存在较为充分的信息沟通，这为社区形成统一的认知创造了良好条件。此外，村级社区既是党和国家大政方针实施的基本组织，又是直接与农民打交道、代表农民利益的正式组织，是联系农民和政府的纽带，农民的利益需要社区的呼声，党和政府的方针政策也需要由社区传达。在这样一种具有多方面有利条件的环境中，农村公共产品偏好可能也应当能够准确地通过社区表达出来。换句话说，如果能够加强社区能力建设，发挥社区应有的能力和优势，则农村公共产品效率低下的问题就可以解决。关键问题在于在一个由多人集合而成的社区里，每个人都希望自己的效用最大化，在这样一种多人博弈的环境里，能否使公共产品达到帕累托效率呢？

本书基于上述认识提出两点假设：①农村公共产品效率低下的根源在于制度设计滞后和利益相关者角色错位两个方面；②以各利益主体特别是农村集体组织主动参与为原则的农村公共产品制度能够实现帕累托效率。

---

① 林万龙：《中国农村社区公共产品供给制度变迁研究》，中国财政经济出版社，2003，第76~78页。

第四节 经济学方法评估

数据包络分析（Data Envelopment Analysis，DEA）[①]，是指使用数学规划模型对多个输入、多个输出的单元间的相对有效性（称为 DEA 有效）进行评价。DEA 天然具有经济学背景，因此依据 DEA 方法、模型和理论，可以直接利用输入和输出数据建立非参数的 DEA 模型，继而进行经济分析。DEA 模型 C^2R（Chanes – Cooper – Rhodes）是使用每个决策单元的输入、输出数据直接建立 DEA 模型，并利用线性规划的对偶理论和使用非阿基米德无穷小的技巧，用进一步的计算去判别决策单元的 DEA 有效性。具体到对我国农村公共产品的效率度量，C^2R 模型具有相当大的优势。第一，农村公共产品的供给是多个部门分别决策的结果，这意味着农村公共产品是一项多投入、多产出的综合产品。农村公共产品内容宽泛、投入层次多元，其产出涉及农业生产效率、农民生理和心理素质、农村社会发展等多方面，因此在综合效率评价上具有较大难度。国内学者往往通过政府财政的支农效率来衡量农村公共产品的效率，由于管理目标分散、产品标准多维、价格机制缺失以及生产要素具有独特性，这种评价往往具有局限性。而 C^2R 模型是基于多投入、多产出的不同单元的相对效率进行评价，注重测量个体而非观测量的平均值，且作为一种非参数估计法，C^2R 模型可以规避参数方法的多种限制，因此在测评公共产品的效率方面具有适用性。第二，在考察农村公共产品的效率问题时，本书假设决定效率的因素在于公共产品的提供方式，包括规划、实施、管理和监督等涉及全过程的决策方式，如果是决策方式导致了农村公共产品的效率或者非效率，那么每一年的效率数应该是不一样的。本书通过关注不同年份农村公共产品的相对效率，来观察不同决策方式对效率的影响。如果将每个统计年作为一个单元，那么通过 C^2R 测算每个统计年之间的相对效率能够满足本书的目标

[①] 本节内容主要参考魏权龄的《数据包络分析》一书。关于 DEA 模型的扩充模型和推导过程在书中有详细介绍。魏权龄：《数据包络分析》，科学出版社，2004。

需求。

值得说明的是，C^2R 作为面向数据的模型，衡量的是在一个具有多投入和多产出的系统中各个单元之间的相对效率，而不包含的单元效率与系统内的单元效率不具有可比性。也就是说，如果把每一年的农村公共产品投入和产出作为一个单元，那么整个国家的农村公共产品就可以作为一个系统来进行效率排序，假设我们要测算 1990 年的农村公共产品的效率，则其只能与其他年份的农村公共产品效率进行比较，而不能与单个地区的农村公共产品的相同年份进行效率比较。

在 C^2R 模型的基础上，Banker、Charnes 和 Cooper（1984）放宽模型中固定规模报酬的假设发展出 BC^2 模型。DEA 评估效率分为"投入导向"（Input Orientation）和"产出导向"（Output Prientation）两种模式，Lovell（1993）认为，如果为满足需求可以自由调整资源投入，则采用"投入导向"模式较为适合。我国农村公共产品正在向需求导向转变，因此在本书的检验中采取"投入导向"DEA 模型来评估农村公共产品的绩效。

BC^2将技术效率（Technical Efficiency，TE）分解成纯技术效率（Pure Technical Efficiency，PTE）和规模效率（Scale Efficiency，SE）。如果技术效率值等于 1，表示该年度农村公共产品以较为有效的方式供给；相反，如果技术效率值小于 1，则表示未能以有效率的方式供给，可称为技术无效率。

本书在对农村公共产品的效率进行评估时，使用 DEAP2.1 软件进行数据处理。

第五节　社会学方法评估

一　参与式理念和评估适应性

参与理念并不是一种新的理念，早在革命时期，毛泽东就提出了"从群众中来到群众中去"的革命和发展战略，实质上是以"赋权"为核心的理念，中国革命正是在这一理念的指导下取得决定性的胜利。但是作为一种研究方法，参与式理念直到近几年才在我国发展起来。参与式研究方法的基本原则是认为任何人都是有知识的，研究主体是最终的主要受益人，强调被研究者的权利意识和自主性。作为一种理论，参与式强调以当地人广泛的、真正的参与为研究的前提和基础，例如决策及选择过程中的介入、贡献与努力、承诺与能力、动力与责任、乡土知识与创新、对资源的利用与控制、能力建设、利益分享、自我组织及自立等方面，那种单纯提出想法或者以劳动形式参加项目的情况并不能真实全面地体现需求者的利益，不能称为真正的参与。①

作为对传统理念的一种反思，参与式方法具有以下几个基本特征。②①促进受益群体的主动参与，强化受益群体的主体地位，即更多的知情权、表达权、管理权和决策权，更多自下而上的决策，更少自上而下的决策。②重视对弱势群体的帮助，促进社会公平，项目设计和实施不能排除边远社区和社区的贫困人口、妇女和少数民族人口，民主管理社区事务，强化民主监督。③重视人的综合素质的提高，通过参与式设计和实施过程，形成社区凝聚力，重塑社区共建精神，培养社区自主管理能力，推动社区自我组织和自主管理。④注意发挥乡土知识的作用，在传统文化特别是少数民族文化中，有许多崇尚自然、保护生态环境的内容，历史上乡规民约在保护当地生态和资源方面发挥过重要作用。虽然农户在现代知识和技术方面存在不足和需要外部帮助，但他们更了解社区情况，世世代代积累形成了一些非常有用的乡土知识。要尊重当地文化，注意发挥传统文化和乡土知识在发展项目中的作用，更多地利用社区易于接受的乡规民约方式开展资源管理和工程管理。⑤重视与项目活动有关的社会因素的影响。在硬件因素和技术因素之外，许多社会因素也对项目的成败发挥着重要的影响。例如跨社区利用水资源处理不当时，可能引起纠纷或冲突，使饮水工程和灌溉工程瘫痪。因此参与式方法非常重视对权属、利益相关群体、纠纷协调解决、社会公平性等社会因素可能产生的影响。⑥重视方法和工

---

① 叶敬忠、李小云主编《社区发展中的儿童参与》，中央编译出版社，2002，第34页。
② 韩伟编著《农村社区发展项目管理》，四川大学出版社，2006，第48页。

具的应用，在发展项目的实践中，开发出了近百种参与式工具，针对不同的情况和想要达到的目标，应用这些操作性很强的工具成为参与式方法的重要特征。

参与式农村评估（Participatory Rural Apraisal，PRA）是参与式发展理念的重要一环，是建立在既定的社会背景和合理的社会发展目标基础上、以社区不同阶层和群体的成员自我分析为主体的项目评估方法，在我国农村社区具有普遍适用性。

第一，经历了漫长的历史进程，中国农村的发展和运行自成体系，形成了大量基于特定社会背景的乡规民约、经验或本土知识，这些社会资本在不同时期不断被扬弃，其精华在现代社会中依然发挥重要作用。

第二，每一个农村社区都是国家和社会变迁的缩影，一些负面的社会变革或政策变更给农村社区造成不好的记忆，使其对外界缺乏信任感，贫困进一步加深了这种内外之间的鸿沟。在这种情况下，只有采用社区内部主导的、社区充分参与的评估方法才能反映真实的情况。

第三，市场经济的发展使农村社区形成了不同阶层和群体，这些阶层（群体）的社会资源因地位和角色的不同而异，传统的调查方法容易忽略阶层（群体）差异。

第四，也是最重要的，农村社区虽然在生产和生活方式上具有一定的同质性，但更多的是社区之间的差异性，尤其是社会关系和区域发展的差异巨大。传统的评估方式建立在对可得数据进行分析的基础上，更加强调经济统计分析，却容易忽略社区所处的社会背景，包括社会关系构成、时代背景等。

特别值得一提的是，参与式评估方法也被称为快速评估方法（Rapid Rural Appraisal，RRA），在有限的资源条件下，能够节约大量的时间、人力和其他资源具有传统调查方法不可比拟的优势。

二　参与式评估的方法和角色

（一）方法

参与式评估认为"近似的精确比错误的精确要好"，因此尽量避免传统抽样问卷式调查方法所可能产生的谬误，使用的是一套更为直观的、更加全面的调查方法和工具。

1. 三角法核实调查数据

在评估过程中，最大的问题是数据来源的可靠性。一般情况下，数据来源往往有三类：二手资料（调研报告等）、实地调查数据、观察到的数据。这三种数据的任何一种都可能是不确切的，参与式评估方法将二手资料和实地调研相结合，并对比评估实地观察的情况，继而得出结论。在实地调查中，三角核实法同样适用。信息往往来源于不同的群体，例如政府、村社干部和农户，对这些渠道信息的可靠性进行检验必须站在不同利益相关者的立场上，剔出可能的干扰因素，留下相对客观真实的数据。

2. 直观立体的可视工具

了解一个社区必须立足于社区发展的历史和当前的基本情况，但社区发展不是静态的，而是不断变化的，社区农户作为基本生产单位和外界有很多物资信息交流，社区作为一种机构不断地与外界相适应，其矛盾的主次关系也在不断变化，因此需要借助一系列工具来直观地分析这样复杂的社会。参与式评估方法利用可视工具的直观性和开放性设计了一套工具，采用当地人可以接受的方式，尽可能覆盖不同的群体，使更多人能够分享评估过程和结果。例如，使用社区居民自己画资源利用图的方式，可以了解当地社区的基本情况，包括土地类型、不同土地类型的利用情况等；社区图能够立体地显示社区的方位以及标志性建筑；剖面图可以展示社区里不同高度或位置的资源变化；每日活动表、季节历能够充分展示社区居民事实上的经营活动；时间线或历史大事记采用比较规范的方式了解权属的变化情况以及未来的发展趋势；人力资源流动图以及市场链图可以研究市场中某一种产品最终到消费者手中的每一个环节和每一个因素；部门关系分析则可以使我们在一个非常复杂的群体（如大型行政村甚至乡镇）中，方便地理清农户之间、政府和农户之间、农户和非政府机构之间的复杂关系，了解关键信息人之间的博弈关系；打分和问题排序有助于我们对各种问题的性质和对当地的影响做出初步判断。

值得注意的是，PRA来源于实践，与实践能够实现较好的契合，因此采用 PRA 进行评估时必须因地制宜、具体问题具体分析，针对不同的需求和目的采用有用的工具，而不拘泥于现有的工具和方法，甚至可以根据需要创新方法。

（二）角色

农村公共产品体系涉及各级政府、社区（包括村级社区和小团体）、农户、企业、非政府组织等利益相关者，前文已经详细论述了各利益相关者的角色和博弈关系。对农村公共产品体系的效率进行评估的出发点和目的是：①是否适合当地情况；②是否符合投入产出效率；③是否满足农户（或社区）的需求；④是否满足农户最紧迫的需求等。在这些要求下，参与式评估方法中的利益相关者的角色发生了一定的转变（见图 3 - 2）。

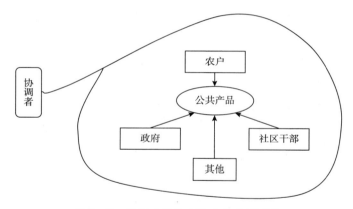

图 3 - 2　参与式评估方法中的角色定位

在 PRA 中，所有利益相关者的地位是平等的，但在整个公共产品的效率评估中，更加强调当地人（农户）作为受益群体的地位。一是因为作为世世代代生活在此而且今后可能还会长期利用公共产品的群体，农户比任何一个外来者（比如当地政府）都了解当地的资源、生产、生活等实际情况，更加熟悉自己在发展中的优势、劣势、机遇和威胁，因此也更能够提出符合需求的见解；二是农户作为项目的直接受益者，他们更加清楚自身的需求，也往往能够准确计算自己能够从项目中获得什么利益，以及要放弃哪些既得利益，例如土地、山林甚至住房等，因此他们比任何人都清楚项目能够给自己带来多大的利益。农村社区（主要是村级社区，也包括一些俱乐部产品的直接相关社区）是农户的集体代表，同时肩负延续政府职能的责任，他们对涉及集体的利益更加敏感，也更有发言权。政府掌握大量的公共资源，是农村公共产品的主要供给者和管理者，其决策和管理会影响整个项目的成败，往往能够从全局的角度提出不同的看法和观点。作为一些公共产品供给者的企业和非政府组织，同样能够对农村公共产品的效率评估提供帮助。协调人（比如专家）更像是一个记录人或者催化剂，用特别的技术来客观地记录关键利益者的看法和观点，协助当地人进行调查和分析，提供可靠的信息，观察信息人和调查点的基本情况，并以此做出判断。

第四章　农村公共产品效率评估一
——基于经济学方法的检验

第一节　数　据

一　财政支农资金

之所以没有对财政支农资金的各项支出进行单独考察，是因为农业科技扩散和土地基础设施的投资是相互加强的，环境条件的改变（例如通过灌溉更好地控制水）常常是有效使用新技术（如现代半矮脚水稻品种）的前提，同时由于预期改进土地基础设施后收益率会提高，这种技术的采用也诱导着环境改变。[①]

财政支农资金的各年数据来自历年《中国农村统计年鉴》和国家财政部统计数据。

二　财政农村基础教育支出

各种统计资料都没有将财政支持农村基础教育的数据单独列出，但财政部发布的年度统计公告中分别有城市和农村的小学、初中人均投入数据，在《中国教育统计年鉴》中找到当年对应的农村小学、初中人数，进而估算出各年的农村基础教育的财政投入金额。具体计算方法如下：

---

① 〔日〕速水佑次郎、〔美〕弗农·拉坦：《农业发展的国际分析》，郭熙保、张进铭等译，中国社会科学出版社，2000，第355页。

　　当年农村基础教育财政支出 = 农村小学在校生数量 × 农村小学人均投入 +

农村初中在校生数量 × 农村初中人均投入

　　农村基础教育财政支出采用 1978 年不变价，剔除了由于通货膨胀可能导致的效率因素。对应的产出数据是每百名农村劳动力中拥有初中文化程度的人数。数据来源于中华人民共和国农业部信息网 2007 年的统计数据。

三　农村公共卫生支出

　　《中国卫生统计年鉴》将我国的卫生总费用划分为政府预算卫生支出、社会卫生支出和个人卫生支出，同时按照城市和农村卫生费用进行分类，此外还统计了城市和农村人均医疗保健支出。因此，可以大致估算财政投入农村卫生的支出。计算方法如下：

　　当年人均财政农村卫生支出 = 农村人均卫生费用 - 农村居民人均医疗保健支出

　　这里人均财政农村卫生支出采用 1978 年不变价，剔除了由于通货膨胀所可能导致的效率因素。

　　农村公共卫生支持的项目包括但不限于农村环境改善、基本医疗建设（乡村医疗机构和事业费）、妇幼保健等项目，因此对应的主要产出为：农村改水改厕（改厕项目从 2000 年开始）、农村 5 岁以下儿童死亡率、农村孕产妇死亡率、每千人拥有的乡村医疗卫生人员数量等。数据来源于历年《中国卫生统计年鉴》。根据需要，在进行检验时，将 5 岁以下儿童死亡率和孕产妇死亡率两项指标修正为存活率。

第二节　估计结果和分析

一　综合效率评估

　　表 4 - 1 是我国 1995 ~ 2006 年度的农村公共产品 DEA 检验结果。表中将财政支农资金、农村基础教育和农村公共卫生作为投入变量，将第

一产业 GDP、每百名农村劳动力中具有初中教育程度的人数、农村 5 岁以下儿童成活率、孕产妇成活率、卫生厕所普及率、累计改水受益总人口、平均每千名农业人口乡村医生数作为产出变量。结果显示，10 年间平均技术效率、纯技术效率和规模效率分别为 0.907、1 和 0.907，这意味着技术效率支配着规模效率，由于技术上的无效率，在规模不断扩大的情况下，规模收益是递减的。1995 年、2000 年和 2005 年相对于其他年份达到了技术有效，2006 年是技术效率最低的一年，这一年的投入产出比最低。

表 4 - 1　农村公共产品综合效率评估①

年　份	技术效率	纯技术效率	规模效率	
1995	1.000	1.000	1.000	—
1997	0.950	1.000	0.950	drs
1998	0.878	1.000	0.878	drs
1999	0.805	1.000	0.805	drs
2000	1.000	1.000	1.000	—
2001	0.927	1.000	0.927	drs
2003	0.898	1.000	0.898	drs
2004	0.908	1.000	0.908	drs
2005	1.000	1.000	1.000	—
2006	0.708	1.000	0.708	drs
平均	0.907	1.000	0.907	

二　财政支农资金效率

表 4 - 2 是我国 1978～2006 年的技术效率、纯技术效率和规模效率情

① 原始数据见第二、第三和第四部分的分项效率分析。基于数据的可比性，综合效率评估中的财政支农资金和第一产业 GDP 采取的是以 1978 年为基数的不变价。农村基础教育和公共卫生的投入产出数据同样采用 1978 年不变价。估计结果通过 DEAP 2.1 软件进行数据处理得出。irs、—和 drs 分别表示规模收益递增、不变和递减。下同。

况。可以看出，1995 年的财政支农资金达到技术有效、纯技术有效以及规模有效，其纯技术效率值和规模效率值均为 1，故技术效率值为 1。接下来的 1996 年也接近技术有效。测算的数据中有 7 年纯技术效率值为 1，但由于规模效率值偏低，所以技术效率值不高。从全国的平均值来看，技术效率值为 0.662，纯技术效率值为 0.884，规模效率值为 0.756。由于技术效率值小于纯技术效率值，所以这种效率的损失是由于生产规模未达到最小有效的经济规模即由于规模过小造成的。

表 4 - 2　1978～2006 年财政支农资金及其产出效率分析

年　份	原始数据		DEA 检验结果			
	财政支持农业支出（亿元）	第一产业GDP（亿元）	技术效率	纯技术效率	规模效率	
1978	150.7	1027.5	0.323	0.995	0.324	irs
1980	150.0	1371.6	0.433	1.000	0.433	irs
1985	153.6	2564.4	0.791	1.000	0.791	irs
1986	184.2	2788.7	0.717	0.887	0.808	irs
1987	195.7	3233.0	0.783	0.935	0.837	irs
1988	214.1	3865.4	0.855	0.985	0.868	irs
1989	265.9	4265.9	0.760	0.859	0.884	irs
1990	307.8	5062.0	0.779	0.856	0.910	irs
1991	347.6	5342.2	0.728	0.794	0.917	irs
1992	376.0	5866.6	0.739	0.795	0.930	irs
1993	440.5	6963.8	0.749	0.788	0.950	irs
1994	533.0	9572.7	0.851	0.867	0.981	irs
1995	574.9	12135.8	1.000	1.000	1.000	—
1996	700.4	14015.4	0.948	1.000	0.948	drs
1997	766.4	14441.9	0.893	1.000	0.893	drs
1998	1154.8	14817.6	0.608	0.732	0.830	drs
1999	1085.8	14770.0	0.644	0.770	0.837	drs
2000	1231.5	14944.7	0.575	0.709	0.811	drs
2001	1456.7	15781.3	0.513	0.720	0.713	drs

年　份	原始数据		DEA 检验结果			
	财政支持农业支出（亿元）	第一产业GDP（亿元）	技术效率	纯技术效率	规模效率	
2002	1580.8	16537.0	0.496	0.765	0.648	drs
2003	1754.5	17381.7	0.469	0.790	0.594	drs
2004	2337.6	21412.7	0.434	0.957	0.453	drs
2005	2450.3	22420.0	0.433	1.000	0.433	drs
2006	3173.0	24040.0	0.359	1.000	0.359	drs
平均			0.662	0.884	0.756	

三　财政农村基础教育效率

表 4-3 的右侧显示了 DEA 模型估计的结果，2006 年农村基础教育达到技术有效、纯技术有效、规模有效，由于纯技术效率和规模效率值都为 1，因此这一年的技术是有效的，也就是说在同一投入水平下，2006 年的产出最大。1995～2006 年，如果考虑规模报酬，有 5 年是技术有效的，但规模效率低下导致这些年的纯技术效率不高，换句话说，规模效率低下导致基础教育供给的纯技术效率损失。1995～2006 年的技术效率平均值为 0.957，纯技术效率平均值为 0.646，规模效率平均值为 0.672，技术效率平均值大于纯技术效率平均值，说明农村基础教育的效率较高，但由于规模太小导致这些年的供给效率低下。

表 4-3　1995～2006 年财政农村基础教育供给效率分析

年　份	原始数据			DEA 结果			
	财政农村基础教育投入（亿元）	农村基础财政教育投入（1978 年不变价）	每百名农村劳动力中具有初中教育程度的人数	技术效率	纯技术效率	规模效率	
1995	308.52	0.777324	40.1	1.000	0.334	0.334	drs
1997	400.47	0.904246	44.3	1.000	0.390	0.390	drs

续表

年　份	原始数据			DEA 结果			
	财政农村 基础教育投入 （亿元）	农村基础 财政教育投入 （1978 年不变价）	每百名农村 劳动力中具有初中 教育程度的人数	技术 效率	纯技术 效率	规模 效率	
1998	435.57	0.993545	45.0	0.836	0.409	0.490	drs
1999	480.05	1.110713	46.1	0.948	0.476	0.502	drs
2000	534.10	1.230645	48.1	0.857	0.502	0.587	drs
2001	679.01	1.553799	48.9	0.963	0.610	0.633	drs
2002	824.66	1.90233	49.3	1.000	0.758	0.758	drs
2003	898.40	2.047869	50.2	0.953	0.805	0.844	drs
2004	1088.22	2.387495	50.4	0.971	0.878	0.905	drs
2005	1203.21	2.593125	52.2	1.000	0.950	0.950	drs
2006	1445.33	3.068641	52.8	1.000	1.000	1.000	—
平均				0.957	0.646	0.672	

　　图 4 - 1（a）中显示了 10 个样本数据中纯技术效率和规模效率基本一致的趋势，虽然技术效率较高，但规模不经济严重影响了纯技术效率。从规模效率的角度出发，从 1995 年开始规模效率逐步显现，不断加大的规模提高了农村基础教育的效率，这种效率提高是建立在技术效率一直处在一个较高水平的基础上的。

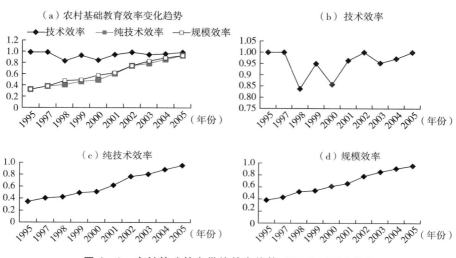

图 4 - 1　农村基础教育供给效率趋势（1995～2005 年）

四　政府农村公共卫生供给效率

1991~2006 年政府农村公共卫生投入及产出的情况如表 4-4 所示。

表 4-4　1991~2006 年政府农村公共卫生投入及产出情况

年　份	5 岁以下儿童死亡率（‰）	孕产妇死亡率(1/10 万)	卫生厕所普及率（%）	累计改水受益总人口（万人）	平均每千名农业人口乡村医生数（人）	财政人均农村卫生支出（元）	财政人均农村卫生支出(1978 年不变价)
1991	71.1	100.0	—	70555.0	1.39	19.8	0.088472
1995	51.1	76.0	—	79879.2	1.48	70.4	0.177375
1997	48.5	80.4	—	84843.0	1.45	109.8	0.248473
1998	47.9	74.1	—	86442.8	1.46	126.5	0.288549
1999	47.7	79.7	—	87607.9	1.45	133.2	0.308191
2000	45.7	69.6	44.8	88112.2	1.44	127.3	0.293318
2001	40.4	61.9	46.1	86113.2	1.41	140.9	0.322426
2003	33.4	65.4	50.9	87386.6	0.98	159	0.362434
2004	28.5	63.0	53.1	88451.5	1.00	171	0.375165
2005	25.7	53.8	55.3	88893.2	1.05	150.4	0.324138
2006	23.6	45.5	55.0	86405.3	1.10	250.9	0.532696

如表 4-5 所示，1991 年、2000 年和 2005 年的农村公共卫生财政支出达到技术效率、纯技术效率和规模效率，而且大多数年份的纯技术效率值均为 1，即纯技术是有效的。这 11 年的技术效率、纯技术效率和规模效率的平均值分别为 0.722、0.971 和 0.751，说明规模偏小使技术无效率。

表 4-5　1991~2006 年政府农村公共卫生供给效率分析

年　份	技术效率	纯技术效率	规模效率	
1991	1.000	1.000	1.000	—
1995	0.565	1.000	0.565	drs
1997	0.428	0.995	0.430	drs
1998	0.376	1.000	0.376	drs

续表

年　份	技术效率	纯技术效率	规模效率	
1999	0.356	1.000	0.356	drs
2000	1.000	1.000	1.000	—
2001	0.925	1.000	0.925	drs
2003	0.843	0.843	1.000	—
2004	0.840	0.843	0.996	drs
2005	1.000	1.000	1.000	—
2006	0.611	1.000	0.611	drs
平均	0.722	0.971	0.751	

　　图 4-2（a）显示了在农村公共卫生投入中，技术效率和规模效率是高度相关的，或者说，有技术效率支配规模效率的趋势。然而技术效率是波动的，2000 年以前技术效率是持续下降的，而 2000 年突然变为有效率，其原因在于从 2000 年起增加了农村卫生厕所普及率这一指标。之后公共卫生效率呈现下降趋势。

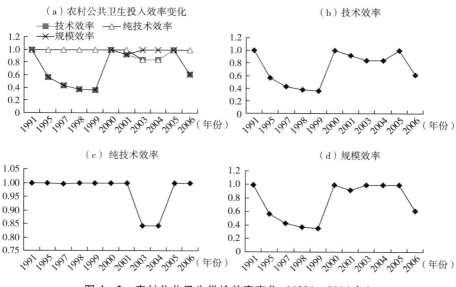

图 4-2　农村公共卫生供给效率变化（1991~2006 年）

第三节　基本结论

一　供给总量不足

DEA 效率分析模型的结果显示，总体上我国农村公共产品供给不足，规模偏小对农村基础教育的效率影响相当显著。如表 4 – 3 所示，1995 ~ 2006 年农村基础教育的技术效率平均值为 0.957，说明从投入产出角度来说，基础教育已经接近帕累托最优，即在一定的投入条件下产出能够接近最大化，但规模效率值仅为 0.672，也就是说 11 年间增加的资金并没有得到与之相对应的回报，规模的无效率导致纯技术无效率。DEA 是面向数据的，检验结果具有相对性，将这种效率的相对结果放到整个农村公共产品供给的大环境中，能进一步说明公共产品投入总量不足。

从总量上看，虽然从 1978 年至 2006 年，财政支农资金从 150.7 亿元增加到 3173 亿元，但相对于第一产业对国民经济的贡献及其基础地位而言，国家对农业的支持是明显不足的。第一产业占 GDP 的比重和农业支出占财政支出的比重变化如图 4 – 3 所示。来自基础教育和公共卫生的数据更加体现了农村公共产品投入的匮乏。占全部数量 80% 的农村适龄儿童，却仅拥有 30% 的教育经费；占总人口近 70% 的农民仅享受了约 30% 的公共卫生服务。不仅如此，事实上我国公共产品供给的整体不足更加大了农村公共产品的缺口。例如 1995 ~ 2002 年全国财政性教育经费总量投入缺口累计达 3515.4 亿元。①

二　技术效率不稳定

技术效率是指投入要素对产出的贡献水平，对财政支持农业生产、农

---

① 《让他们也有灿烂笑容——农村义务教育新政》，《中国经济周刊》2006 年第 12 期。转引自陈东《我国农村公共品的供给效率研究——基于制度比较和行为分析的视角》，经济科学出版社，2008，第 64 页。

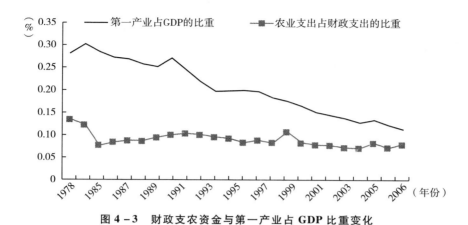

图 4 - 3　财政支农资金与第一产业占 GDP 比重变化

村义务教育、农村公共卫生等公共产品的 DEA 检验结果显示，我国农村公共产品的技术效率是不稳定的，即相同规模的财政投入不一定会有相同的产出，而且差距可能巨大。例如在财政支农资金的使用效率上，相对于最大产出的 1995 年，最低的 1978 年仅为 0.323，2006 年也仅为 0.359；在公共卫生投入方面，最低的 1998 年和 1999 年的技术效率仅为 0.376 和 0.356。技术效率的不稳定不仅表现在投入回报率的巨大差异上，还体现在发展趋势的不稳定上，增加了判断影响效率实现的因素的难度。技术效率的不稳定会直接影响规模效率，进而影响包含规模因素在内的纯技术效率。

三　供给规模无效率

农村公共产品供给规模无效率事实上就是结构无效率。

公共产品供给的总量在大幅度增加，但结构性矛盾十分突出。一是方式单一，在农村公共产品供给方式上，主要采用财政无偿拨款或直接投资的方式，财政贴息和补助等引导性投资较少，难以发挥资金的导向和杠杆作用；二是存在资金"错配"问题，资金有被挪用于其他投资领域的现象，一些不该由财政投资的产业和地区占有了大量的支农资金，导致本该由财政投入的领域得不到应有的投资；三是人员经费占有比例较高，国家用于农村公共产品供给的资金中有很大部分被用于人员供养及行政开支，而用于建设性的支出比重不高；四是投入结构不尽合理，例如财政支农资金中用于重点项目或工程的比重较高，而直接用于农业基础建设的比重较低，对农民的直接支持较为有限，支农资金的使用效益低下，没有真正发挥支持农民的作用。[①]

以四川省财政支持农业发展为例，进一步说明农村公共产品供给的规模无效性。"十五"期间，四川省财政支农资金总量达到414.8亿元，各项投入比例如图4-4所示。

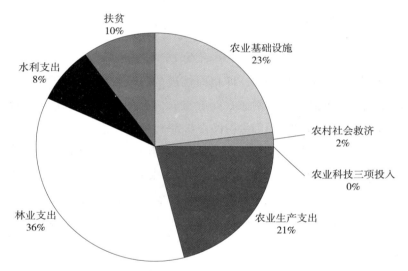

图4-4 "十五"期间四川省财政支农资金支出结构图

图4-4清楚显示，林业支出、农业基础设施、农业生产支出排名前三项，合计占总财政支出的80%，其中林业支出占支农总投入的36%，这种情况与5年来国家几大林业政策的逐步推广、实施密不可分。与之对比鲜明的是，财政对农业科技研发和推广的支持力度较低，农业科技三项投入比重偏低，5年合计仅为1.5亿元，不足1%。2001～2005年四川省财政支农构成情况如表4-6所示。

---

① 四川省社会科学院：《财政支农"民办公助"政策研究报告》，2007年10月。

表4-6　2001~2005年四川省财政支农构成情况

单位：万元

年　份	农业基础设施	农村社会救济	农业科技三项投入	农业生产支出	林业支出	水利支出	扶贫
2001	296249	5052	2578	81710	346587	66857	99322
2002	232457	12277	3325	83127	451922	76188	107202
2003	226478	20116	2922	268650	134184	82962	83680
2004	202579	19942	4382	328016	649456	95262	114412
2005	305862	38307	2293	416192	426012	108429	123912

从各项支农投入趋势来看，四川省财政支农资金中用于农业、林业、水利气象等部门的支出从2001年的49.52亿元增加到2005年的95.06亿元，其中用于农业生产的财政支农资金的增长幅度最大，2005年是2001年的5倍，用于水利部门的支出也有很大增长，而林业方面的支出虽然增幅较小，但其绝对数量仍然在财政支农支出中占重要的地位。由于农业基础设施是农民生产和生活不可或缺的物质载体和基本要素，并且国家通过发国债实施了积极的财政政策，四川全省用于农业基础设施建设的支农资金也有了一定的增加，从2001年的29.62亿元增加到2005年的30.59亿元。支农资金中用于农村社会救济的资金数量增长幅度最大；对农业科技三项的投入在近几年则没有明显的增加；用于扶贫的支农资金的增长速度不快，近几年只有20%左右的涨幅。[①]

供给规模无效率还表现为虚假规模报酬，尤其在财政支农资金的使用上表现得最为显著。1995年前后财政支农资金的规模效率发生逆转，到2006年跌入一个最低水平，在技术效率没有发生显著变化的环境下，这种逆转可以理解为1995年以前的规模效率是虚假的。这一判断能够从我国的财税体制改革中得到印证。1978~1994年，我国采取的是财政包干体制，即将用于农业基础设施建设的小型农田水利资金包干给地方，农村教育、卫生等支出责任也主要由地方财政承担。由于资金分属多个部门管理，政府各部门对政策的具体理解、执行和资金使用的要求各不相同，部门之间

---

① 四川省社会科学院：《构建财政支农资金导向性作用研究》，2006年10月。

缺乏有机协调，各自为政，难以形成合力，且重复和交叉问题严重。1994年开始的分税制改革，划分了中央和地方的事权范围，增强了中央政府的财政支付能力，使地方事权更加明确。此后一系列改革使财政支农资金的范围、投向、管理方法等发生转移，在挤出"泡沫"的同时并没有从根本上改变部门"多头"管理财政资金的状况，部门无效率直接导致公共产品供给规模的无效率。

第五章 农村公共产品效率评估二
——基于社会学方法的检验

第一节 参与式方法下的实证研究

一 四川省S县X乡A村的案例

（一）基本概况

1. 四川省S县基本概况

S县位于四川省西北部，阿坝藏族羌族自治州东部。境内最高点海拔为 5588 米，最低点为 1040 米。全县面积达 8519.2 平方公里。辖 6 个区，25 个乡镇，142 个村，306 个村民小组。2004 年末总人口 6.82 万人，其中农业人口 5.86 万人，劳动力 4.4 万人（外出务工 0.3 万人）。主要民族及宗教信仰见表 5-1。

表 5-1 S县民族概况

主要民族	宗教信仰	人口比例（%）
藏族	佛教	40
羌族	佛教、道教	8
回族	伊斯兰教	15
汉族		37

2004 年全县实现国民生产总值 43026 万元；工农业总产值为 17404 万

元，农业总产值为 7703 万元，林业总产值为 1500 万元，牧业产值为 6001 万元，粮食总产量达 2060 万公斤。2004 年农民人均纯收入为 1553 元。

S 县森林资源丰富，林地总面积达 489703.1 公顷。其中：林业用地面积为 242665.4 公顷，占总面积的 49.55%；森林覆盖率（有林地加灌木林地覆盖率）为 43.8%。林业对当地经济的贡献较大，1998 年天然林停采以前，林业对 S 县的利税贡献超过 400 万元。天然林禁伐后，S 县根据上级要求进行荒山造林、封山育林和森林抚育，年造林面积达 7000 亩。

目前 S 县的森林主要是国有林和集体林，此外还有属于个人的少量自留山和退耕还林地，主要构成情况如图 5-1 所示。

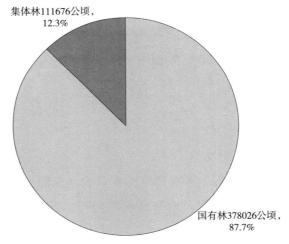

集体林 111676 公顷，12.3%

国有林 378026 公顷，87.7%

图 5-1　S 县林地权属构成

根据不同的林地林木所有权形式，S 县的森林资源管理方式也不同，国有林由林场或者 S 县林业局管理；集体林由乡林业员和村社干部共同管理；自留山和退耕还林地由个人管理。当地村民对森林资源的利用方式主要是砍伐修建房屋所需的林木、集体林中取柴、采摘林副产品（菌子、药材、野菜等）、敬山（宗教活动）等。

2. X 乡 A 村基本情况

A 村距 S 县城 70 公里。2004 年，全村有 3 个村民小组，共 221 人，47 户，均为羌族。A 村资源丰富，有耕地 903 亩，同时户均退耕还林地在 7

亩以上。森林面积 76300 多亩，其中集体林 4 处，为 800 余亩，此外还有集体草场 2 处，共 7000 余亩。2004 年全村农民人均纯收入达 1600 元。A村属于典型的半农半牧民族村。

新中国成立前 A 村聚居地周边的林地属于全村所有，全村共同使用、共同管理。20 世纪 70 年代林权划分后，村有集体林总体上由村主任和书记共同管理。由于集体林是按照居住地划分的，4 块集体林之间有国有林，因此 A 村按照 3 个组的居住地习惯性地将其划分给 3 个组管理。折价入股的管理方式保存至今，成为 A 村集体林管理的基础，村民习惯上认为林地属于公共资源，应由集体共同管理。A 村大致资源如图 5-2 所示。

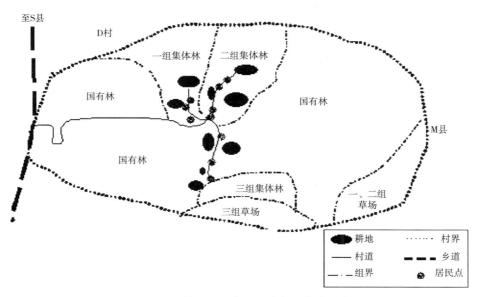

图 5-2　A 村平面示意图（由村民代表画出）

（二）评估过程

笔者在 S 县和 X 乡相关部门收集二手资料，并对关键信息人进行访谈。初步了解 A 村的概况、资源及其利用现状、在当地实施的相关政策（历史和现在的政策）和项目以及这些政策和项目对当地社会经济的影响、规划中的公共政策和公共产品供给情况、未来的发展趋势等。通过调查我们了解到 A 村现有公共产品的基本情况。A 村已经有大约 3 公里的村级公路（毛路），但只能通摩托车，不能通汽车，主要交通工具还是摩托车，其中 1 队有 3 台，2 队有 5 台，3 队有 5 台。只有 1 队有 1 台拖拉机，3 队有一辆农用车。全村基本通电通水，但不通电话，饮水也不卫生，还不是管道供水。有一个简易医疗站，由当地一个土医生自己修建，同时也是他自己的住房，没有药品等，只提供诊断和处方服务。村里有一所小学，但只有 1 年级和 3 年级两个班共 13 个学生。全村另外有小商店 5 个，其中 1 队 1 个，2 队 1 个，3 队 3 个。A 村在 S 县农牧局的帮助下，正在修建从村委会到 3 个生产队的支路，但由于资金不足，只能支付路面的挖掘费用，无法解决公路路面平整、排水沟和涵洞建设等问题，严重影响公路的有效使用。畜牧局在 A 村开展了小尾寒羊项目，鼓励村民养殖小尾寒羊，取得一定效果。S 县林业局计划在 A 村的国有林区开发森林公园项目，但仅是初步设想，没有进行可行性研究和制定具体的时间表。

我们在 A 村首先举行了社区大会，向参加会议的农户代表介绍了相关情况，确信 A 村村民的参与意愿后，开始对 A 村实施参与式的资源评估过程。

接下来，利用小组讨论的形式，将参加会议的全体村民分为妇女组、村干部组和一般村民组（男性），各组独立讨论 A 村农牧业生产和资源及利用情况，然后通过大会交流的形式让村民确认 A 村在自然资源及其利用方面的现状。

随后，通过对关键信息人的访问，如村社干部、老人、精英等，确认从 S 县和 X 乡收集到的资料，并进行有效补充。

同时采取实地调查和关键信息人/小组访谈等形式，实地考察 A 村森林资源、林副产品资源、土地（耕地）资源和牧场资源的情况，确认 A 村在森林资源及其使用方面的情况。表 5－2 是 A 村不同群体所确认的社区经济来源与自然资源及其利用现状。

表5-2　各小组对 A 村自然资源及其利用状况的讨论结果

	妇女组	干部组	一般村民组（男性）
主要经济来源	自己培育的树苗，但不好卖；挖药和采集野生菌子；养殖牦牛和山羊；种青笋和白菜，但市场不好	挖虫草；采集羊肚菌；养殖牦牛、山羊、马和猪	采集羊肚菌；养殖马、牛、羊等
目前森林资源的利用状况	木材（修房、烧柴）：主要来自社有林，但烧柴是国有林；采集野生菌子：羊肚菌、杂菌、蕨苔等；挖药：羌活、大黄、五加皮、木香、独活、细辛、三七、猪苓、当归等	采伐木材修房，民用材指标每年1户，但只有2003年和2005年给了指标，全村有50户，无法满足合理的木材需要烧柴；采药	砍柴（薪柴和建房木料）
公共产品需求	蔬菜种植技术；养殖技术；经济林木栽培技术；基础设施：饮水、照明、公路	粮食种植技术；蔬菜种植技术；药材种植技术；养殖技术；基础设施：公路、电话、饮水工程、围栏、村委会办公设备、医疗站、村小学维修、篮球场、森林公园	经济林木栽培技术；药材种植技术；养殖技术；基础设施：公路、电话、医疗站、饮水工程、篮球场

二　主要发现

2005～2007年，我们对四川省的松潘县、红原县、宝兴县、平武县，海南省的昌江县，湖南省的永顺县和炎陵县7个县12个乡60个行政村开展了参与式农村公共产品评估，主要有以下发现。

（一）政府供给的公共产品受到大多数农户的欢迎，但部分项目存在一定的不适用现象

例如松潘县畜牧局在推广新的畜牧技术和品种时，得到了绝大多数农户的欢迎，但被推广的小尾寒羊这一品种并不适合当地，过去参与养殖小尾寒羊的农户都失败了，山羊容易得病死亡，而且养殖山羊会破坏森林植

被，不利于可持续发展，农户更加希望养殖品种猪。

（二）政府主导供给农村公共产品的成本往往较高

一方面，农户认为政府是"外来者"，所提供的基础设施、农田水利等产品是免费的，因此不会关心究竟提供这些产品需要花多少钱，并总是希望得到更高级的产品。虽然政府在供给过程中也会进行调研以了解农户需求，但并不能完全把握农户的实际需求，而且政府的调研往往是片面的，更加注重村干部或者精英的需求，其结果就是政府所提供的公共产品存在浪费和利用不充分的现象。例如有的村社拥有非常漂亮的村委会办公楼，还有一整套图书室、乒乓球室，但村里的劳动力大多外出打工，村里的留守老年人和儿童对这些设施的利用率十分低。

（三）政府更多地介入地方性公共产品领域而不是全局性公共产品领域

几乎所有参与评估的调查点都存在这一问题，即政府更加倾向于提供符合局部集团利益的公共产品（甚至是私人产品），例如农村道路、小型水利设施、沼气池、水井等，可能的原因是这些公共产品是有形的，更容易在日后的政府绩效管理中占据优势。相对而言，那些收益相对间接的公共产品经常得不到足够的重视。例如村里的医疗站一般由私人开设，他们需要处理大量繁杂的事务，如农村妇女保健、计划生育、卫生防疫等，但医疗站的开支往往得不到政府或其他公共组织的资助，因此医疗站的医生必须自谋生路，常常要通过务农甚至打工来增加收入，医疗水平难以提高，公共卫生服务质量低下。而地方政府也互相推诿，一般的解释是，财政预算较少，没有上级政府的支持很难增加这方面的投入。

（四）社区公共产品自我供给困难，面对急需的公共产品难以采取行动，社区环境变得越来越差

例如在四川省宝兴县某村，全村只有一条沟渠，修建于20世纪50年代，由于年久失修，现在几乎不能使用，对村里的农业生产造成严重影

响。许多农户不得不改变传统种植习惯，改种对灌溉需求不大的农业品种。虽然很多农户希望种植制种水稻，但无法实现，这一问题一直持续到我们调研的时候仍然没有得到妥善解决。地方政府、村社干部和农户给出的解释是，当地政府了解村民的需求，明白沟渠在农业生产中的重要性，并认为原有沟渠覆盖面小，因此承诺为当地村民重新修一条沟渠以解决灌溉问题，但由于地方财力困难，这一承诺一直未能兑现。由于地方政府已有"承诺"，不少农户认为不需要自己出资修建，因此农户之间很难达成自筹资金合作维修的协议。

（五）外来者提供的公共产品与当地农户存在冲突

一个典型的案例是，四川省宝兴县某村的山顶上有一个巨大的天然石矿，一家外来公司（地方政府招商引资项目）将此石矿的开采权买到，并为此修了一条上山的道路，这条道路通过整个村，公司老板认为全村人都因此受益。但村民却认为，公司修的公路虽然带来了一定的便利，但拉矿石和开矿所产生的粉尘却使村民蒙受了巨大损失。这种情况在海南省昌江县某村也同样存在。

（六）社区在公共资源管理上存在优势

例如上述 A 村有三个组，每个组有集体草场，属于一个组的农户在公共草场共同放牧，农户之间经常互相照看牲畜，大大节省了劳动力，提高了劳动效率，而且共同放牧还可以抵御马贼，有效保护私人财产。农户之间通过自行约定，将各家牲畜数量限定在一定范围内，以保证草场的可持续使用。

第二节　基于参与式农村公共产品效率评估的基本判断

一　农户对政府供给公共产品满意度较高

就公共产品的目标而言，农民和政府并不是重合的，相反还可能存在较大矛盾。站在农民的立场，公共产品应该是实用的、能够带来效益的（最好有立竿见影的效益），而且对于集体成员来说是公平的。政府在供给公共产品时一方面需要考虑财政支付能力，另一方面倾向于上级的政策或"看法"。目标和意愿的不同必然导致评价标准的差异，进而可能会影响评价结果。传统的看法是政府与公众的效率目标存在差距，会导致政府"出钱出力不讨好"。然而，在调研时我们发现农户对公共产品的满意度与政府的投入成正比。另一个对四川省两个县农户的抽样问卷调查也得到几乎一致的结果。① 绝大多数农户对农村义务教育、医疗设施、农村公路、电气网的满意度较高，而对农村社会保障（包括各项保险）、农村水利设施以及农村科技推进的满意度相对较低，这与四川省在 2005 年后实施的加大农业基础设施建设、农村义务教育费用减免、实施农村合作医疗保险等政策或措施所期待的效果基本一致。在排除了农户对调查者存在隐瞒的可能性后，我们认为出现这样的结果有两个原因：一是政府的确加大了投入，采取措施改善农村公共服务，而且正如案例中发现的那样，一些公共服务是以超出农户实际需求的标准供给的，无论从历史经验判断（过去没有这种公共产品免费供给的先例，如免费的义务教育），还是基于实际使用的角度（存在一定的效率损失，如乒乓球室），都超出了多数农民的预期；二是从行为经济学的角度分析，农户在对公共产品的效果进行评价时，往往是以家庭资源禀赋为参照系的，对资源较为匮乏的农民来说，其对外来者提供的任何公共产品都是十分敏感的。因此，只要政府提供了公共产品，无论这个产品的最终结果怎样，往往能获得大多数农户的欢迎，例如A 村的小尾寒羊项目。

二　公共产品供给总量不足，结构不合理

从宏观数据来看，农村公共产品的供给总量是不足的，而且供给结构不合理，这是学者们的一致看法，参与式评估的过程和结果同样印证了这

---

① 2006 年开展的调研选择了两个具有代表性的点，分别是位于山区的民族县小金县和位于丘陵地区的农业市江油市。共有 13 个行政村 363 户农户参与问卷调查。

一判断。然而值得一提的是，与大多数学者的观点不同，参与式评估所体现的供给总量不足和结构不合理是基于新发现的总结。无论是由政府供给还是由社区自行解决的公共产品都存在不同程度的"不足"：绝对不足和相对不足。所谓"绝对不足"是指公共产品的缺位，包括公共卫生、农产品物流体系、市场信息平台等公共产品的缺失；"相对不足"是指那些已经存在的服务存在某些缺陷，如大多数农村主要的基础教育需求都能够得到满足，入学率几乎达到百分之百，农村基础教育的硬件设施近年来也得到较大改善，校舍、桌椅等基本能满足需求，但一些软件（如教学水平、管理等）还远未能达到农户的期望，完善的硬件设施是供给不足的。参与式评估中的半结构访谈使我们发现了结构不合理的另一种表现，即出于性别、受教育程度、贫富状况等方面的供给结构不合理。例如在湖南省炎陵县某村，当地政府出资兴建了村篮球场，以丰富村民的文体生活，这一产品的出现受到了村里包括孩子在内的绝大多数男性村民的欢迎，但却使女性村民十分反感，原因是妇女认为篮球场只能为男性村民服务，她们不能从中获益，这种公共产品的供给是不公平的，而且妇女还要承担因为男性村民打球而未能从事的农活和家务活。又如在农业技术推广方面，政府更加重视新技术、新品种的推广，这类农业技术往往具有高风险、高回报的特征，在树立政府形象和绩效评价上是十分有利的，但大多数农户更希望得到一些低风险的、基础的技术支持或者市场信息，可以说农业科研投入和农技推广的结构是不合理的。

三　公共产品体系中交易成本较高

农村公共产品供给中交易成本高是普遍现象，无论是社区以外的机构提供的公共产品还是社区自我供给的公共产品中都存在高交易成本，只是角度不同。交易成本被解释为讨价还价的过程中时间和资源配置成本以及实施过程中的管理和监督成本，还包括实施项目的机会成本。在外来者供给公共产品的过程中，讨价还价的机会极其有限，几乎不存在时间成本和资源配置成本，但是项目实施中的管理和监督成本却相对较高，尤其是在以分散性和不确定性为特征的农业经营中，外来者几乎没有办法监督工作人员的工作过程和效果，典型的高监督成本和管理成本的例子是农业技术推广和公共卫生宣传。更重要的是，外来者往往对社区的历史文化传统、资源禀赋等缺乏足够的认识，从而导致项目运行后面临不适用的尴尬。与之相反的是，社区自我供给的公共产品在实施过程中，"熟人社会"的管理和监督成本都很低，而且所提出的公共产品建设方案建立在对社区资源的充分认识的基础上，能够满足社区的需求。但现实是社区自我供给的公共产品往往因过高的讨价还价成本而在规划之初就流产了，比如农村税费改革后推广的"一事一议"制度。"一事一议"制度要求村组织在开展某项筹资活动前，必须首先征得全体村民一定比例（一般是70%）的同意，由于农户资源禀赋具有差异性，很多时候议题会达不到70%的同意率，而且即便同意率达到了70%，未投同意票的那部分村民也往往拒绝缴费。[1]因此，当前环境下的农村公共产品总是不可避免地存在高交易成本现象。

四　政府供给公共产品中"马太效应"显著

出于回报最大化的行为模式，政府总是更加倾向于将资源投入能够产生更多效益的地区和领域，这导致公共资源更多地流向资源丰富的地区和领域，"马太效应"显著存在。政府支持的农村发展项目都有明显的规模偏好倾向，特别是在出台各种支持农业产业发展的优惠政策时，都会规定对达到一定规模的农户进行奖励和贷款优惠[2]，公共资源更可能流向富裕农户，导致"富人更富，穷人更穷"。例如财政支持的农村基础教育经费包括四个方面：一是按照教师人头核发的教师工资；二是按学生人数和定额标准核拨的公用经费；三是按项目核给的校舍建设和维修改造经费；四是按学生人数核定的免费教科书资金和按困难学生人数核定的寄宿生生活补助。在教育单位建设中一些成本是不随着人数的增减而变化的，属于固

---

①　林万龙等：《农村公共物品的私人供给：影响因素及政策选择》，中国发展出版社，2007，第141页。

②　郭晓鸣：《农村社区发展的理念》，《中国乡村发现》2007年第4期。

定开支，贫困地区往往教师和学生人数少，所获得的教育经费相应较少，这必然限制基础设施建设，从而使这些地方的教育资源更加匮乏。公共卫生、技术、农产品市场和物流体系等也面临相同的问题。在区域资源分配上，"马太效应"同样显著。例如政府更加倾向于在拥有加工厂的富裕村落投资公路、灌溉设备等基础设施，因为这些地区往往被认为"由于经济活动频繁而更加需要"，相对而言，经济活动较少的地区会被排在靠后的位置。值得注意的是，现有的农村经济和社会制度使村集体经济来源匮乏，农民的主要收入来源于传统农业生产和外出务工，这样的村社通过自身供给公共产品十分困难，大都属于"外援型"，当得到外部援助时，就可以提供一部分公共产品及服务，而在得不到外援的情况下就无法进行自我发展。[①] 这类社区获得外界资源的途径有三种：一是被动接受型的体制内投入，即国家财政的固定投入，包括扶贫资金、国家专项建设资金等；二是主动化缘型的体制外投入，例如由村社的精英通过申请项目或者社会关系向政府和非政府组织（包括企业、境内外非政府组织、私人等）筹资；三是被动接受的体制外投入。这种环境会造成项目申请过程中的"马太效应"——有经验、有社会资源、信息来源渠道较多的社区往往比那些不具备这些能力的社区更能获得外界的支持。

五　社会排斥现象普遍存在

发生在农村公共产品领域的社会排斥现象表现在两个方面。

第一，以效率为借口排斥弱势群体的参与。例如 A 村有 5 户农户搬到村口居住，单独为他们铺设输电线和水管的投入产出效率太低，因此他们一直被排斥在这些项目之外，到现在都没有解决饮水和用电问题。

第二，农村中的弱势群体往往没有与村社内的优势群体一样的表达意愿的机会。例如政府机构在制定公共产品供给规划时，常常听了村干部的介绍就拍板，或者随便找几户农户进行"调研"，这些农户可能具有区位

---

① 周秀平、刘林、孙庆忠：《精英"化缘型"供给——村级公共产品与公共服务的典型案例分析》，《调研世界》2006 年第 5 期。

上的优势（比如住在公路边，易于入户访问），也可能是村里的富人或能人，或者有表达清晰（比如会讲普通话）、思想"正派"的优势。而处于偏远地区的贫困的或者残疾的农户在调研中经常被忽略。

此外，还有一种特殊的社会排斥，即村社里的强势群体被拒绝参与项目或参与项目后被指责。例如在现有的行政体制下，村委会被扭曲成"政府职能转移的承接者"的角色，村民对村干部的信任度较低，因此在一些需要公众表达的项目中，村干部经常被排斥在外。

六 公共产品的持续发展能力不足

在评估过程中，我们观察到由外界提供的公共产品往往维护和修缮困难，这不仅包括由政府提供的基础设施如道路、水渠等，也包括人民公社时期建设的一些基础设施，不同程度地存在坏了没人修、平时无人管的现象，直接导致物品"提前退休"，进而降低产品的使用效率和回报率。

第六章　农村公共产品效率低下的根源分析

第一节　农村公共产品制度设计滞后

一　我国农村公共产品制度变迁

根据我国不同时期的社会体制和经济发展状况，农村公共产品制度变迁可划分为四个阶段。[①]

（一）封建及半封建社会时期

经济发展、国家富强是我国几千年封建社会政治和道德的基础，"仓廪实"和"衣食足"都要靠农业的发展来实现，农业是整个国民经济中基础的、决定性的生产部门，"重农抑商"是这一时期经济发展的基本特征，农村公共产品主要围绕增加农业产量、提高农业生产效率展开。虽然每个朝代的农村公共产品制度都包括对农村社会治安的管理，以达到维护统治阶级利益的目的，但归根结底也同样是为了发展农业经济。大型农田水利工程建设和仓储运输成为农村公共产品官方供给的主要内容，例如都江堰水利工程、运河和黄河历年治水等都是由财政出资并派驻专员负责实施的。

[①]　陈锡文（2005）根据国家与农民的"取予"关系、政策的内容变化、经济体制和财政体制的沿革，将新中国成立后农村财政政策划分为五个阶段。参见陈锡文主编《中国农村公共财政制度：理论·政策·实证研究》，中国发展出版社，2005。

　　然而，封建时期由财政供给的农村公共产品仅限于此。"皇权止于县政"，隋朝以后各朝各代限于设置成本，乡村组织不作为一级政权被设置，而是在县府领导下，采取以乡绅为主体的基础设施和公共服务供给模式。这一模式的特点是由乡绅承担管理职责，乡绅根据自身实力、能力及偏好，自理乡村公共事务，通过乡规民约实现"德业相劝，过失相规，礼俗相交，患难相恤"[①]。与农民生产生活密切相关的小型农田水利设施、私塾等，几乎都是乡绅根据自身意愿做出的贡献，具有较大随意性，尤其是教育、卫生等公共服务更多的是作为一种私人物品而存在，在公共产品的管理上也呈现松散的结构。

　　连年战争导致半封建社会时期的中国财政入不敷出，财政支出中虽然包括内务费、抚恤费、教育费等各项支出，但数额微不足道（最高年份也仅占财政收入的 1.6% ）[②]。只有到了生死存亡的危急关头，财政才会拨专款用于农村公共产品供给，例如 1931～1933 年的严重水患使政府不得不投资"导淮工程"。正是由于政府的无能和不作为，这一时期的农村公共产品筹资渠道呈现多元化特征，形成了以乡绅为主体，以社区农民自发联合供给为主，以各种非政府组织或慈善机构为辅的公共产品供给方式。

　　古代地权私有，乡村由乡绅管理，公共产品的概念十分模糊。例如教育，由乡绅开办的供社区使用的学校被称为"私塾"，私塾的供给者有权力决定将哪些人排除在私塾之外，而使用者（农民等）也往往认为私塾是属于供给者的私人产品。因此这一时期的农民是公共产品的实际使用者，有时也是成本负担者，但其需求往往是模糊的，可以说农村公共产品需求不是与生俱来的，是在社会发展到一定阶段——人们聚集在一起形成社区后的产物。随着漫长的封建社会各种组织和制度的不断改革和变迁，农民对公共产品的认识逐步清晰，需求也日益明确。

---

①　樊宝洪：《乡镇财政与农村公共产品供给研究》，中国农业出版社，2007，第87页。
②　樊宝洪：《乡镇财政与农村公共产品供给研究》，中国农业出版社，2007。

（二）人民公社时期

新中国成立后，首要的任务是社会主义改造，将组织制度逐步从合作社演变为人民公社，"一大二公"的农村集体所有制度确立并保持至 1978 年。这一时期，国家在经济上面临"一穷二白"的困境，在高度集中的计划经济体制下，作为国民经济的主导产业，农业担负起为工业化道路提供积累的重任。为推进工业化进程，国家以低价农产品的形式汲取农业积累，财政主要是安排少量的资金支持、恢复农业生产，很少有其他支出用于农村教育、卫生、文化等农村社会事业，虽然 1958～1961 年发生了严重的灾害，国家持一种更为现实的农业发展观，财政安排了一部分资金用于支持人民公社改善农业生产条件，发展农业生产，但财政对农业的投入份额仍然非常小[1]，除了大江大河的治理、救灾和大型水库等少量农业基础设施由国家财政出资安排外，其余大量公共产品的筹资和提供都由公社完成。人民公社、生产大队和生产队之间不仅政权划分，其间也有较强的经济联系。表 6 - 1 较为全面地显示了人民公社时期农村公共产品的两大筹资渠道：国家财政预算和制度外筹资。[2]　合作化农业发展战略的核心是动员大量的农村劳动力到一些劳动密集型的投资项目中去劳动，如灌溉、洪水控制等[3]，农村公共产品供给主要依赖农民自身。"自力更生为主，国家支援为辅"形成了农业、农村的事务主要依靠农民自己的历史观念。

表 6 - 1　人民公社时期主要农村公共品的筹资渠道[4]

公共产品项目	筹资渠道
社队兴办的小型农田水利工程	凡是社会有能力全部承担的，应自筹解决；对困难社队，国家给予必要补助

---

[1]　陈锡文主编《中国农村公共财政制度：理论·政策·实证研究》，中国发展出版社，2005，第 44 页。

[2]　叶兴庆：《论农村公共产品供给体制的改革》，《经济研究》1997 年第 6 期。

[3]　林毅夫：《制度、技术与中国农业发展》，上海三联书店，1992，第 18 页。

[4]　林万龙：《中国农村社区公共产品供给制度变迁研究》，中国财政经济出版社，2003，第 53 页。

续表

公共产品项目	筹资渠道
所有水利工程	新中国成立 30 年兴修的水利工程，国家总投资 763 亿元，而社队自筹及劳动积累估计达 580 亿元
教育部门兴办的农村中小学	国家预算支出为主，社区集体支出一部分，个人承担少部分
农村社队集体办学	集体负担为主，国家财政给予必要补助，另有个人负担少量学杂费
公社卫生院	实行"社办公助"，主要依靠公社集体经济力量
农村"合作医疗"	由大队统筹全体农民的医疗费用，基本医疗服务费用主要由社区集体承担；财政补助用于培训医务人员和支持穷队办合作医疗
大队卫生所	几乎完全靠集体经济投资和维持
公社范围内农业事业单位	国家财政预算内经费及公社社有资金
公社文化和广播事业	公社社有资金为主，国家预算内支出适当补助

值得注意的是，虽然国家对农业的投入远远小于从农业中汲取的积累[1]，但有赖于组织制度所具有的政治动员力量，这一时期农民被组织起来，进行了大规模水利和农田基本建设。与之前的任何制度安排相比，公社制度在将劳动力资源配置于公共产品的生产方面确实具有最大潜力[2]，对提高农业生产效率起了重要作用。虽然高度集中的计划经济生产方式极大地降低了缔约成本，但是由于集体利益被无限扩大而个人权利被忽视，公共产品生产过程中的监督和检查成本大幅增加。总体说来，公社时期农村公共产品的供给主体是政府和集体，但给农民造成了沉重的负担，"大锅饭"性质的集体主义经济使农民不是单纯的经济体，对利益的分配反应较为迟钝，对公共产品的需求偏好不明晰，甚至不存在对公共产品的需求。

（三）1978 年到税费改革前

家庭联产承包责任制的实质是农村产权结构的变化，是一种宪法秩序

---

[1] 据计算，到 1978 年，国家从农业中汲取的积累大约为 6000 亿元。陈锡文主编《中国农村公共财政制度：理论·政策·实证研究》，中国发展出版社，2005，第 44 页。

[2] 林万龙：《中国农村社区公共产品供给制度变迁研究》，中国财政经济出版社，2003，第 52 页。

层次的制度变革。因此家庭联产承包责任制的制度绩效深刻体现在：它为农村经济的发展提供了基本的制度保证，使得农村中多种制度安排和多样化经济活动的出现成为可能。实施家庭联产承包责任制后农村经济的巨大变化可以概括为：农村经济实现快速增长；经济活动趋于市场化；农村产业结构趋于多元化；农户收入大幅增长，收入来源多样化，收入差距拉大。农户收入大幅增长同时意味着农户财富的增加。[①]

人民公社时期超过 90% 的财产属于集体所有，实行政社合一的组织制度，加上按工分分配的分配体制，能够确保农村公共产品的有效运行。实行家庭联产承包责任制以后，75% 的财产归农户家庭支配，乡镇及村组对农户的组织约束力大为减弱，由此使公社时期农村社区公共产品供给制度的制度依存不再存在，原有制度安排不再有效。[②]

筹资能力随着筹资主体的变化而快速下降。与家庭联产承包责任制时期的筹资主体相同，公社时期的农村公共产品的建设来源主要是农民自身，但这种资金筹措方式是隐性的和间接的，是以集体的再分配形式出现的。实行家庭联产承包责任制后，农民拥有自己的生产和生活资料，从集体中脱离出来，成为相对独立的经济利益体。从本质上说，农村公共产品的筹资主体从一个变成了两个。

首先是农村公共财政投入方式发生重大变革。为改变人民公社时期的工农业交换不平等的状况，增加农民收入，国家财政支农资金大幅增加[③]，财政高度集中的统收统支管理体制被财政包干体制所替代，中央财政和地方财政在农业、农村方面的支出侧重点也得到相应的明确，各有不同。最为显著的是，将用于农业基础设施建设的小型农田水利资金包干给地方，农村教育、卫生等支出责任也主要由地方财政承担。20 世纪 90 年代中后

---

① 林万龙:《中国农村社区公共产品供给制度变迁研究》，中国财政经济出版社，2003，第62~69 页。

② 林万龙:《中国农村社区公共产品供给制度变迁研究》，中国财政经济出版社，2003，第70 页。

③ 林毅夫有不同看法，他认为"随着生产组织的变革，公共部门对农业的投资，在绝对量和相对量上都下降了"。林毅夫:《制度、技术与中国农业发展》，上海三联书店，1992，第108 页。

期到税费改革前，我国农村"社会经济矛盾紧张，甚至在一定程度上出现了治理危机"[①]。财政体制改革逐步展开，推动了与社会主义市场经济相适应的现代财税制度逐步形成，促进了农村财政政策的转变。[②] 财政用于农业、农村的支出逐步增加，加大了对农业农村基础设施、生态建设的投入力度，在支农资金结构上减少了对农产品生产领域的支持，加大了对农业农村基础设施建设、农业科技进步、农业抗灾减灾、农村扶贫开发、生态建设和农村改革特别是农村税费改革的支持。特别的，1983 年正式废除了人民公社，乡镇作为基层政府逐步建立了乡级财政和相应的预决算制度。到 80 年代中后期，在经济基础较为薄弱的地区，大多数乡镇选择了"定收定支、收入上缴、超收分成（或增收分成）、支出下拨、超支不补、结余留用、一年一定"的形式，来稳定乡镇的收入来源，满足本地区经济发展和各项事业支出的需求。[③] 乡镇财政的工作任务、收支范围、管理体制和办法以及组织机构等被明确和完善，乡镇财政的实力迅速增强。1994 年分税制改革对地方财政尤其是基层财政具有极大的影响，乡镇财政不断发展壮大。据统计，1996 年全国乡镇财政决算总收入大幅超过改革前的水平[④]，极大地促进了农村经济的发展，同时新的税收制度强化了税收杠杆的规范性、统一性和宏观调控功能，对建立社会主义市场经济体制是十分必要和有益的。

伴随着农村财政制度的改革，农民必须缴纳一定数量的税收和税外费

---

① 林万龙等：《农村公共物品的私人供给：影响因素及政策选择》，中国发展出版社，2007，序言。

② 这些改革主要是：1994 年以分税制为核心的财政管理体制改革；1998 年起的积极的财政政策；2000 年起财政支出改革、税费改革、公共财政框架的构建。陈锡文主编《中国农村公共财政制度：理论·政策·实证研究》，中国发展出版社，2005，第 44 页。

③ 陈锡文主编《中国农村公共财政制度：理论·政策·实证研究》，中国发展出版社，2005，第 59 页。

④ 1996 年乡镇财政收入完成 1242 亿元（其中预算内收入达到 802 亿元，预算外收入达到 440 亿元），占县乡两级收入比重为 48.3%。而 1992 年的数字是，乡镇财政总收入为 660 亿元，其中预算内收入 472 亿元，占县乡两级财政的 45%。陈锡文主编《中国农村公共财政制度：理论·政策·实证研究》，中国发展出版社，2005，第 61 页。

用及劳务费用①，用于农田水利基本建设、植树造林、购置生产性固定资产、五保户供养、合作医疗保健、村干部报酬、乡村两级办学、计划生育、民兵训练、修建乡村公路等各种用途，几乎涵盖了农村公共产品的所有方面。从改革初期到税费改革前，农民负担的增长速度超过农民收入的增长速度，农民税外负担沉重。据统计，"七五"期间全国农民上缴的村提留和乡镇统筹年均增长 20.1%，从 1993 年到 1998 年，全国提留统筹费用由 380 亿元增至 729.7 亿元，按人均计算的提留统筹费由 44.6 元上升至 84 元，而"两工"以及"以资代劳"的数量也不断攀升。且负担主体不平衡，地区经济发展水平越低、人均纯收入水平越低和产业结构层次越低的地区，农民负担越重。②

　　从本质上说，农民负担的税费是农民对其消费的公共产品的支出。虽然这一时期乡镇财政大幅度增加，农民支付水平不断提高，但农村公共产品的质量和数量没能达到理想状态。以农业基础设施建设为例，人民公社时期农村集体是农村基础设施投资的主体，1978 年以前农村集体的投资约为 800 亿元，这主要来源于农村集体投入的"公积金"部分，同时发动大量农村劳动力参与农业基础设施建设，使农村基础设施供给水平持续上升，机耕面积占有效灌溉面积的比例不断提高，水利建设也卓有成效。③改革后农村基础设施建设投资总量长期不足，在结构上偏重大江大河治理，全国大多数农村地区供水、供电条件差，水利设施年久失修、设备老化现象严重，新增项目不多，抗御自然灾害风险能力不强。农村卫生和社会保障供给水平低下更加剧了二元社会的矛盾。虽然农村"普九"教育取得了极大进展，小学的入学率超过 99.1%，初中入学率也达到 85% 以上

---

① 《农民承担费用和劳务管理条例》（1991）规定，"农民所承担的费用和劳务，是指农民除缴纳税金，完成国家农产品定购任务外，依照法律、法规所承担的村（包括村民小组）提留、乡（包括镇）统筹费、劳务（农村义务工和劳动积累工）以及其他费用"。

② 陶勇：《农村公共产品供给与农民负担》，上海财经大学出版社，2005，第 14~19 页。

③ 农业部财务司：《中国农业资金问题研究》，中国人民大学出版社，1991；李先念 1979 年在全国农田基本建设会议上讲话的节录；张军、何寒熙：《中国农村公共产品供给：改革后的变迁》，《改革》1996 年第 5 期。转引自陶勇《农村公共产品供给与农民负担》，上海财经大学出版社，2005，第 105 页。

（截至 2000 年底）①，但这是建立在公共教育私人产品化的基础之上的。

更加尖锐的矛盾是农民负担与农户对农村公共产品的需求不匹配，许多税外费用实际上并未转化为农民所需要的公共产品服务。② 一是根本就没有形成供给，二是所提供的公共产品与农民的需求不符，或者是超出了农民的需求能力，如某村小学要求每位学生支付 50 元定制校服，某乡不顾当地实际情况修建高等级公路等。

事实上，伴随着农民拥有的社会和经济资源的逐步增加（或者说私人产品实现了"从无到有"），农民对公共产品的需求也发生了显著变化。一是经历了"从无到有"的转变。公共产品是私人有效投入的现行条件③，良好的设施能扩展生产活动收益的边界，从而影响主体的投资行为，而公共教育、科研推广、农村居民卫生保健状况的改善，也越来越被证明是农村经济增长的源泉，日益成为农村持续发展的内生变量。当生产经营权和收益权归农户个人所有后，农户的生产行为得到了前所未有的激励，对与个人经营密切关联的公共产品的热情也前所未有地高涨。二是农户收入水平提高和经济市场化诱发了对公共产品的新需求。④ 在温饱问题解决后，农民开始追求生活质量的提高，对健康、文化生活等方面的需求大量增加。随着农村经济与社会的发展，农民对一些新型产品如通信、电力等产品的需求也逐步增加。

（四）后税费改革时期

从人民公社时期到家庭联产承包责任制实行，农村公共产品供给制度发生了变迁，从筹资主体到筹资方式都发生了显著变化，但从本质上说，两者的筹资主体都是农民，筹资方式不过是从隐性转变为显性而已——农民为公共产品支付的费用并未发生根本变化。据林万龙统计⑤，人民公社

---

① 陶勇：《农村公共产品供给与农民负担》，上海财经大学出版社，2005。
② 林万龙：《中国农村社区公共产品供给制度变迁研究》，中国财政经济出版社，2003。
③ 张军、蒋维：《改革后中国农村公共产品的供给：理论与经验研究》，《社会科学战线》1998 年第 1 期。
④ 林万龙：《中国农村社区公共产品供给制度变迁研究》，中国财政经济出版社，2003。
⑤ 林万龙：《中国农村社区公共产品供给制度变迁研究》，中国财政经济出版社，2003。

时期农民每年须为公共产品支付的成本平均占农民人均纯收入的 24.8%（不包括这一时期大量参加公共产品建设的免费劳动力），而在家庭联产承包责任制下这一数字为 22.6%。显而易见，人民公社时期农民负担重于家庭联产承包责任制时期，但由于支付的显性化，在家庭联产承包责任制下农民对这一负担十分敏感，且"一事一费"制度下设立项目的部门缺乏缴费者的有效监督，具有强烈的收费动机，同时自上而下的强制性供给决策机制使农村公共产品供给存在缺位、错位或者超前现象，公共产品的供给者与使用者之间的矛盾凸显，由此引发了以减轻农民负担为主要目标的农村税费改革。

从 2000 年在安徽试点，农村税费改革经历了正税清费和减免农业税两个阶段，到 2006 年 1 月 1 日宣布废除农业税条例，农民彻底告别了在中国持续 2600 年的"皇粮国税"时代。这"第三次农村革命"的意义是间接的、长远的和传导性的[1]，给农民带来了看得见的利益，提高了农民投资公共产品的积极性，一些公共产品供给主体实现上移（如农村义务教育、医疗卫生等由中央和省级部门承担主要责任）或外移（如引进社会资本进入公共产品领域），使农民得到了更好的公共产品服务。但农村税费改革并未从根本上改变农村公共产品的供给方式，自上而下的决策机制被延续下来。农村税费改革带来的更多是挑战。[2] 一方面，税费改革后公共产品制度外筹资渠道更加狭窄，原有的各种行政事业收费、教育集资、摊派、罚款都被取消，乡镇财政缺口主要依靠财政转移支付填补，辅以"一事一议"的村民集资形式。在这种模式下，绝大多数乡镇政府的公共产品供给能力和积极性受到打击。另一方面，税费改革也并未显著提高制度内乡镇公共产品的供给能力。

在这种压力下，财政支农政策发生重要转变。随着"三农"问题成为经济工作的重中之重，国家对财政支出方向做出战略性调整。一是实施公共财政覆盖农村政策，新增教育、卫生、文化支出，主要用于农村，同时在基本建设投资包括国债资金方面加大了对农村公共基础设施建设的投

---

① 樊宝洪：《乡镇财政与农村公共产品供给研究》，中国农业出版社，2007。
② 樊宝洪：《乡镇财政与农村公共产品供给研究》，中国农业出版社，2007。

入；二是改变财政支农方式，对农民实行直接补贴，农民从国家财政用于农业、农村支出中得到的直接收益比重大幅度上升；三是改革农业税制，取消除烟草外的农业税。①

同时，农村公共产品供给决策机制也在进行尝试性转变，其中最重要的是推行"一事一议"制度。"一事一议、筹资筹劳"的适用范围是村内农田水利基本建设、道路修建、植树造林、与农业综合开发有关的土地治理项目，以及村民认为需要兴办的集体生产生活等其他公益事业项目，符合当地农田水利建设规划、政府给予补贴资金的相邻村共同直接受益的小型农田水利设施项目，在一定条件下也可纳入筹资筹劳的范围。范围内的项目应当经村民会议讨论通过，或者经村民会议授权由村民代表会议讨论通过，并特别规定在议事过程中要充分发扬民主，吸收村民的合理意见，在民主协商的基础上进行表决。②

与农村税费改革相适应的是农民对公共产品的需求也在发生变化。从需求结构的角度出发，税费取消加上农业直接补贴在减轻农民负担的同时增加了农民的可支配收入，城市化进程的加快也刺激了农民多渠道投资的热情，信息、技术等公共产品逐渐成为农民最紧迫和最主要的需求。"一事一议"使农民从原有的强制性支付转变为主动性支付，这一制度设计充分暴露了公共产品领域的"搭便车"心理，农民更加倾向于隐瞒自己的真实需求，对实现公共产品效率来说难度加大了。

二　制度设计存在缺陷导致农村公共产品效率低下

社会经济技术环境在不断变化，农村公共产品效率的影响因素不是一成不变的，而是有着明晰的时代烙印，在不同时代起着关键作用的影响因素是不同的。通过梳理不同阶段我国农村公共产品的制度设计，能够从历

① 陈锡文主编《中国农村公共财政制度：理论·政策·实证研究》，中国发展出版社，2005，第45页。
② 《国务院办公厅关于转发农业部村民一事一议筹资筹劳管理办法的通知》（国办发〔2007〕4号）。

史的、全面的视角出发，分析影响、制约农村公共产品效率的深层次因素。

　　我国农村公共产品从来都是私人产品的附属。在封建社会时期，"普天之下莫非王土"，整个社会都属于封建统治者，包括土地、大江大河在内的自然资源和包括人民、社会制度在内的社会资源都是属于统治者的"私有财产"，所谓的"私有物"可以在任何情况下收归统治者所有，从这个意义上来看，封建社会时期根本不存在公共产品，所有的产品包括大江大河的治理、农田水利建设都是"大家庭"（或称大家族）内部的产品。

　　新中国成立后，私有制很快变革为公有制，无产阶级不拥有任何生产生活资料，所有产品都属"公有"，即国家所有或集体所有。城市和工业的产品属于国家所有，这一部分产品理应由政府供给。1957 年之前，我国在农村大力推广三个级别的合作社形式，农民之间简单的劳动互助属于初级的合作形式，在此基础上形成的常年的互助组，把劳动互助与提高技术和少量的公有财产相结合，属于较高级的合作形式。第三种形式是以土地入股的农业生产合作社，扩大了常年互助组的形式和范围，这类高级合作社在合作组的基础上，有了某些公共的改良农具和新式农具，有了分工分业或兴修了农田水利设施，引起了生产商统一利用土地的要求。虽然这是在土地私有基础上的合作社，但土地经营须统一计划，劳动力须统一调度，除去一些特殊情况，这种形式的合作能够使地尽其用，同时发挥劳动分工的积极性，因而使农业产量和农民收入大大增加。农民有权选择加入各种形式的合作社，也有权决定是否加入合作社，在加入合作社以后，他们也可以选择退出。无论哪种合作社都被要求严格遵循自愿和互利两条原则。这一时期的农村公共产品往往是"为了扩大再生产的需要，并根据组员和社员的完全自愿，可以民主议定的方式，组织资金，增购公有的生产工具和牲畜"[①]。这一时期的农业合作社是一个集体所有制或半集体所有制组织，在国家经济计划的指导下具有生产经营的相对独立性。从 1958 年夏开

---

　　① 《中国共产党中央委员会关于农业生产互助合作的决议》，这个决议于 1951 年 12 月 15 日中共中央以草案形式发给各级党委试行，至 1935 年 2 月 15 日中共中央通过成为正式决议，并做了部分修改。

始不到半年时间，农村生产关系发生了根本性改变，全国74万多个农业生产合作社，改组成了26000多个人民公社，人民公社是政权组织的基层单位，公社的生产资料和产品逐渐由集体所有向全民所有转变，公社成员不允许从生产队自由撤出，也不存在选择权。这一时期所有产品均是"公共"的，人民公社的生产、交换、消费和积累都必须归入国家计划管理。

对比人民公社时期和封建社会时期的"产品"供给，两者处于两个极端点上，从产权的角度上说公共产品的供给者和使用者是统一的。除了资源约束，供给者几乎不受任何约束。供给什么、供给多少、供给的质量和水平、什么时候供给以及供给和管理的方式均由一方说了算，供给不足、缺失、错位等问题得不到有效的监督，供给效率无从谈起。从使用者的角度来说，两者本质上是相似的，使用者都没有权力做出选择，尤其是在人民公社时期，使用者没有私有财产，从事农业劳作获益与否并不重要，因此更加缺乏对公共产品需求的激励。

"公共"性质的人民公社直到家庭联产承包责任制时期才彻底改变。实行家庭联产承包责任制后，农民获得了包括房屋在内的各种生产生活资料的私有产权，一方面大大激励了农民的生产积极性，另一方面也暴露出农民生产分散化与农业基础地位的矛盾，小农经济天然地在抗御风险、统筹生产以及劳动力分工方面效率低下，因此对农业基础设施的需求急剧加大。同时新的制度也激化了农民日益增长的物质文化需求和相对滞后的农村社会建设以及城乡发展不平衡的矛盾，使得农民对公共产品的需求达到了前所未有的高度，并且这种"需求"会随着收入差距的扩大、市场化和城市化水平的提高逐渐加剧。从这个角度出发，家庭联产承包责任制改革诱致了农民对农村公共产品的需求从无到有、从混沌到明晰的质变。

农村税费改革前，与人民公社时期相同，农民依然是农村公共产品成本的主要支付者，所不同的是从原先隐性的、间接的、以"公有"为掩盖的支付转变为显性的、直接的、以税和费为表现形式的支付。[①] 那么农民在自我供给的同时是否充分体现了需求偏好呢？要研究这个问题，需要深

---

① 林万龙：《中国农村社区公共产品供给制度变迁研究》，中国财政经济出版社，2003。

入了解税费改革前的收费方式及用途。

按照国家有关法律、法规和行政规章等政策规定，农村税费改革前，农民的合法负担项目包括：①依法缴纳的有关税收，包括农业税、农业特产税、屠宰税、耕地占用税等；②国家规定的粮食、棉花等主要农产品定购任务；③依法承担的村提留和乡统筹费、劳动积累工和义务工；④按照国家有关规定，农民应当承担的其他费用，包括教育集资、按规定审批的行政事业性收费以及政府性基金等。此外农民还须为各种政府摊派、社会集资、罚款等支付高昂的成本。这些资金主要用于各项农村基础设施建设、农村教育、卫生、文化等公益事业，还包括部分乡镇冗杂的机构管理开支。农民负担的税费额度由政府相关部门制定，无论出于何种原因，部门在制定税费额度时并未考虑实际情况，即不管是否与该村有关，费用都实行统一标准。虽然采取乡镇、村定点收取，由农户主动送缴的方法，但在实际中，主要由村干部承担收缴责任。据调查农户主动送缴税费的只占40％，最少的村只占10％，主要还是依靠村干部分工包户不厌其烦地登门催缴，最多的农户村干部要跑上10多次，还有部分农户由于种种原因不愿意缴纳。在这种情况下，农民对支付费用的项目不清楚，对税和费收缴后的用途不了解，更无须谈农村公共产品供给是否建立在需求基础之上了。关于农民支付的税费用于农村公共事业的效果，政府部门和学术界都进行了大量的调查和统计，基本的结论是，农村税费不仅大大加重了农民负担，对社会秩序造成隐患，而且使农村公共产品的供给总量不足，在供给结构上更加侧重于那些看得见、摸得着、易出政绩的"硬产品"，忽视了具有长期效应的如农业科技推广、农产品市场信息等建设①，出现公共产品供给错位，农民需求得不到有效满足。

"第三次农村革命"——农村税费改革就是在这种多方面矛盾尖锐的背景下出台的。改革深刻地影响了农村公共产品的供给方式，原先由农民主要负担的教育、医疗卫生、文化等公共产品转而由政府承担，社区受益的公共产品按照"一事一议"原则安排，逐渐形成了以政府为主体的农村

---

① 朱国云：《多中心治理与多元供给——对新农村建设中公共物品供给的思考》，中国劳动社会保障出版社，2007。

公共产品供给制度。新制度下农民无须承担任何税费就可以享受多种公共
服务，然而改革并未从根本上改变供给制度，农民只是在经济上得到了之
前为城市和工业所做的无私贡献的补偿。因为改革并未从根本上改变需求
与供给之间的错位或者不畅通的状况，改革后的公共产品供给方式依然是
"自上而下"的，"一事一议"也遭遇重重困难，在实际工作中难以实施，
农村公共产品的供需矛盾依然存在。

第二节　农村公共产品利益相关者角色错位

一　利益相关者的角色

当前主要利益相关者的问责关系如图 6 - 1 所示。

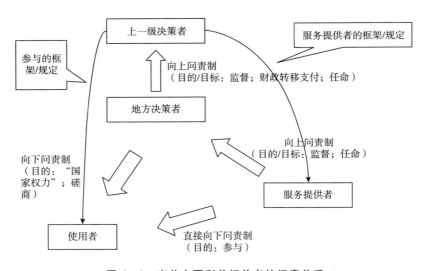

图 6 - 1　当前主要利益相关者的问责关系

资料来源：世界银行东亚与太平洋地区编著《改善农村公共服务》，中信出版社，2008，第
7 页。

（一）政府的角色

萨缪尔森提出政府对市场经济应负有提高效率、增进平等以及促

进宏观经济的稳定与增长三项职能①，通过促进竞争、控制诸如污染这类外部性问题以及提供公共产品来提高效率应当是政府首先要具备的基本职能，因此国家是在垄断的条件下通过合法的强制力量供给公共产品的组织②。当然新公共管理学认为没有任何逻辑理由证明公共服务必须由政府官僚机构来提供，因此必须打破政府在公共服务中的垄断地位，建立公私机构之间的竞争③，但由于存在市场失灵，且农村公共产品对象具有特殊性，政府在农村公共产品供给中的资源垄断者的角色是难以改变的。

为了执行全国性政策，我国建立了一个广泛的授权制度。中央政府将权限授予省级政府，依靠省级政府履行其职责；省级政府授权给地方政府，并依靠它们履行其分配的职责，这样依次按等级向下授权。在这种组织结构中，中央政府在制定国家发展计划中起关键作用，中央政府为公共服务制定了政策框架、战略规划、政策法规和标准规范，并为国家重点服务项目设定了最低服务标准。通过多项税制改革，中央财政收入占全部财政收入的比重逐年提高。为了弥补地方政府的财力缺陷和调节地区间公共服务水平的差距，中央财政向地方财政提供补助，除了实行税收返还和过渡期转移支付制度外，还采取专项补助办法帮助地方政府落实中央的重大决策，此外还设立特别国债以支持西部地区的基础建设和经济发展。这种层级制的行政管理主要依靠强有力的监督和评估机制，该机制能够为政策制定者提供关于政策执行和效果的及时而准确的信息，在需要调整政策时发出预警，并要求地方政府对结果负责。监督的重点是项目的实施，对财务信息、投入和产出实施重点跟踪，但对过程、质量和影响的监督通常非常薄弱。实际上一些对中央和地方的统计

---

① 〔美〕保罗·萨缪尔森、威廉·诺德豪斯著《经济学》（第 16 版），萧琛译，华夏出版社，1999，第 27 页。

② 〔日〕速水佑次郎著《发展经济学——从贫困到富裕》，李周译，社会科学文献出版社，2003，第 282 页。

③ 林万龙等：《农村公共物品的私人供给：影响因素及政策选择》，中国发展出版社，2007，序言，第 2 页。

年鉴的分析研究表明，中央重点监督的领域也并不可靠，[1] 而且数据的跟踪往往不具有持续性和系统性，运用数据开展的评估通常是短期的和独立的（不与其他部门联合评估），这是导致地方政府"短视效应"的重要因素之一。地方政府一方面要确保中央方针政策和国家法律法规的有效实施，另一方面要承担本地区具体的管理工作。[2] 换句话说，中央政府向省级政府授权并布置任务，而具体工作则依靠省级政府完成，省级政府可以决定将工作分配到更低级别的政府。在这个庞大的组织中，省级政府起到的是上传下达的纽带作用：它既要传达中央政府的政策，也要对其进行调整，以便使其适合在当地执行，这在一定程度上可以缩短中央政府和地方政府之间的距离。作为政策传递的延续，地市级政府具有类似于省级政府的职能。同省级政府一样，它们要解读上级政府制定的政策，制定开支标准、提供配套支持并监督项目的实施，同时向上级部门汇报工作。县级政府作为基层政府，负责与农村社区社会保障和经济发展有关的几乎所有的公共产品供给。

以农村基础教育为例来直观地说明各级政府部门在农村公共产品供给的角色和地位（见图6-2）。

我国农村基础教育实行在国务院领导下，由地方政府负责、分级管理、以县为主的体制。国家确定义务教育的教学制度、课程设置、课程标准和审定教科书。中央和省级人民政府要通过转移支付，加大对贫困地区和少数民族地区义务教育的扶持力度。[3] 省级和地（市）级人民政府要加强教育统筹规划，搞好组织协调，在安排对下级转移支付资金时要保证农村义务教育发展的需要。县级人民政府对本地农村义务教育负有主要责任，要抓好中小学的规划、布局调整、建设和管理，统

---

① 世界银行东亚与太平洋地区编著《改善农村公共服务》，中信出版社，2008。

② 《关于深化行政管理体制改革的意见》，2008年2月27日中国共产党第十七届中央委员会第二次全体会议通过。

③ 国家对农村基础教育的支持来源于转移支付和专项投入。专项投入专款专用，起到了良好的效果，根据有关统计，2003年有22个义务教育专项资金的项目，但这些项目提供的资金数量比较低，对教育的全部拨款总计只有40亿元，仅占教育预算开支的1%，或全部教育支出的0.65%。

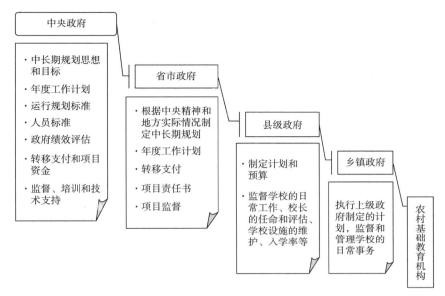

图 6-2　中国农村基础教育的各级政府角色

一发放教职工工资，负责中小学校长、教师的管理，指导学校的教学工作。乡（镇）人民政府要承担相应的农村义务教育的办学责任，改善办学条件，提高教师待遇，同时负有维护学校的治安、动员适龄儿童入学等责任。

相对于受益者和其他供给者，各级政府在农村公共产品供给过程中同属于一个利益集团，但其角色和地位并不总是一成不变的，财权和事权的不同使各级政府之间总是处于一个动态博弈的过程。

中央政府在制定政策时总是从总体利益出发，有时会牺牲局部利益以保证整体利益的实现。例如新中国成立后的经济发展战略一直是以工业为主，实行"统购统销"和最严格的户籍制度以保障工业部门有充足的发展积累，在这个过程中，农业和农民无疑是"全局利益"的牺牲者。改革开放后，又以沿海地区和经济特区为发展重点，实行非均衡的发展战略，中西部地区成为东部地区实现"先富"的牺牲者。在我国中央集权制下，不同地区或者不同部门在这种"全局利益"的指导下，不得不考虑上级政府的偏好，以更多地获得在本地区实现发展的机会。[①] 地方政府的财权、事权和"人权"（组织）在很大程度上取决于中央政府的决策，就像有一张无形的网套在地方政府身上，诱使其进行决策时放大中央政府的需求而忽略下级政府以及处于弱势的农民的需求。将更多的资源投入上级政府更加"喜闻乐见"的公共产品建设中，在诸多农村公共产品项目中，最受青睐的是那些"看得见、摸得着"的基础设施，而那些回报期长、效益不显著的项目，往往投入较低。例如林业支出、农业基础设施、农业生产支出排名为"十五"期间四川省财政支农支出的前三项，合计占总财政支出的80%，其中国家林业政策引致的林业支出占支农总投入的36%，与之对比显著的是，财政对农业科技研发和推广的支持力度较低，农业科技三项投入比重偏低，5年合计仅为1.5亿元，不足1%。

　　理论上说，地方政府在公共治理时更多地考虑中央（上级）政府的需求，那么结果应当是更多地体现上级政府的愿望，更好地执行上级的项目。然而现实却是相悖的，很长时间以来中央的政策难以在基层得到执行。[②] 从客观上来说，地方政府财政资源不充足和上级政府项目执行困难是主要原因，但这种来自客观的挑战是受主观思想控制的。农业税取消后，地方政府的收入除了转移支付和专项资金外，更多地依靠工商企业税收，这成为地方政府创造良好环境以吸引企业的诱因，因此地方政府具有强烈的将资金投入能够创造更多利润的工商业和城市基础设施建设的冲动。地方政府财政支农支出占地方财政支出的比重连年下降，从1991年的9.6%下降到2005年的6.5%。[③] 在资源有限的背景下，中央的转移支付更多的是抵消了地方政府的原有开支，而且在中央不断进行改革加大直接投入的情况下，地方政府很容易产生投机心理，从而抑制了它们努力扩大供给的动机。例如从对农村基础教育书本费进行补贴到全部免除学杂费，几

---

① 也有学者将这种博弈称为"嵌套博弈"，因为各级政府间的权力及资源分配是自上而下的约束关系，下级政府实际上是上级政府的派出机构，上级政府作为博弈规则的制定者对博弈均衡能够产生关键影响。见黄晓红、李继刚、崔浩《嵌套博弈视角下的农村公共产品治理机制研究》，《浙江社会科学》2008年第1期。

② 世界银行东亚与太平洋地区编著《改善农村公共服务》，中信出版社，2008，第41页。

③ 1991～2006年各年的《中国统计年鉴》。

年时间内政策一直在变，农民减轻了负担，获得了实在的收益，但给地方政府造成了一种错觉，即认为中央会在短期内解决问题，因此地方政府自然会降低解决农民基础教育问题的努力程度，将更多资源放在国家不可能在短期内解决的问题上。

相对于纵向的政府体系，在公共产品的政府供给系统中还存在横向部门之间的角色分配和利益博弈。从中央到地方再到最基层的乡镇，每一级政府都有一套"五脏俱全"的系统，它们负责各自地域范围内公共产品的供给。在庞杂的政府体系提供面面俱到的公共产品的同时，各个部门之间的职权也存在不可忽视的交叉现象。例如四川省在农村劳动力转移就业培训资金的管理上，涉及农民工培训的单位达 10 多个。除财政外，农办、农业、扶贫、劳动、林业、水利、科技、工青妇、残联等许多部门都有自己的经费和培训任务。资金分散，多头管理，部门利益倾向严重，而且每个部门的标准和使用方式各自为政，在一定程度上造成培训市场的混乱和被培训者的迷茫，同时增加了组织运行成本，造成了一定的体制性资源流失，财政资金的整合和引导作用受到削弱。

（二）集体的角色

广义地说，农村社区可以是一个自然村或几个自然村、居民区或民族聚居区，也可以是某一工程项目的受益群体，还可以是某一跨区域的自治群体，也就是说，社区是指某一地域上的社会生活共同体，这个共同体居住在某一共同的区域、有一定的社会生产关系、由一定的社会组织化行为连接。① 从这个意义上说，传统上所认为的村只是社区的一部分，各种专业合作组织、一些自然村都可以称为社区，甚至因为某一项公共产品凝聚在一起的群体也是社区的一种表现。由于发展中国家信息不充分，市场和政府常常面临失灵，社区为纠正市场和政府的失灵，进而支持现代经济发展，提供了极为需要的组织原则，因此发展中国家为发展所设计的经济体制，不能只是市场和政府的结合，而必须是包括社区在内的三

---

① 韩伟编著《农村社区发展项目管理》，四川大学出版社，2006，第 45 页。

个组织的结合①。然而在我国农村社区的角色和作用并未得到应有的重视。

村庄是社会最基本的功能单位，在社会经济文化等方面属于功能完整的单位，是包括人口、地域及社会关系的社会实体。② 因此作为民主自治组织，村天然地具有社区的特征，但村级社区并未向速水所称的那样发挥"纠正和补充市场和政府失灵"的作用。土地改革后，为快速恢复生产，同时强化农村治理，自然村被合并或改为生产队，实施"三级所有、队为基础"的体制。在特殊的背景下，村级社区具有组织农业生产和宣传学习上级政策等功能，此外这一时期的小型农田水利的规划、生产、监督和管理的组织动员工作均由生产队自行决定、自负盈亏。这一时期的生产队基本具有农村社区的功能，在当时的社会经济环境下，发挥了重要作用，居于农村生产生活的基础地位。家庭联产承包责任制强化了以家庭为单位的生产关系，相应的，村级社区的地位和作用被虚化和弱化，收取农村税费成为这一时期村的最主要职责。为了更顺利地收取税费，村组织也会主动地在资源许可的条件下为村民提供一些社区公共产品，但这些公共服务更多地参考村里强势集团的意见，例如村主任的亲戚或者富裕家庭。取消农业税以后，村的资源更加有限，随着县乡政府越来越强的考核和管理，村级组织更多地被纳入县乡政府的管理中，以完成县乡政府的任务作为自身的主要任务，村级组织自身的社区动员能力进一步弱化。加之村级组织经济筹措能力下降，村级组织在农村社区公共品供给体制中逐步淡出，其供给目标逐渐与县乡政府的农村公共品供给目标相一致。村级组织公共品供给职能的弱化使得农村社区公共品供给主体体系发生变化，从而也带来农村公共品供给效率目标的变化。

（三）农村居民的角色

农村居民是农村公共产品的使用者和直接受益人，政府或其他组织为农村提供的公共产品的资金来源是个人，因此也可以把农村公共产品供给

---

① 〔日〕速水佑次郎著《发展经济学——从贫困到富裕》，李周译，社会科学文献出版社，2003。

② 费孝通：《江村经济——中国农民的生活》，商务印书馆，2001。

视为需求者对供给者的委托，从供求两方面来说，农村居民都是农村公共产品体系的核心。

土改后到实行家庭联产承包责任制前，村民对公共产品的供给是隐性的和间接的，他们的生产产出被"统购统销"，其中一小部分被返还用于一些公共产品的资金来源，同时他们还要被组织起来为公共产品提供劳动力。实行家庭联产承包责任制后到税费改革前的20多年里，村民仍然支付了绝大多数的农村公共产品成本，这种支付因制度变迁而显性化了。随着减轻农民负担的政策一项项落实，现在村民对公共产品的支付已经大大减少了，与之相一致的是村民在公共产品体系中的作用越来越小。主要表现在以下三个方面。

第一，信息传递的脱节。不同于私人产品可以通过市场机制体现其需求，公共产品更多地需要依靠使用者的参与和表达来反映需求。信息沟通机制的不健全制约了村民的信息表达和反馈，村民表达的渠道十分有限，通常只是信访以及被动地接受调查。而政府和事业单位也并没有对村民的需求和期望做出反馈，他们更多地遵循"向上负责"的原则，同时他们也很少将收集和分析的信息、数据与使用者分享，进一步抑制了信息的流动。

第二，个人的趋利心理导致"搭便车"行为。作为理性的经济人，村民行为的出发点是利益最大化原则，在没有进一步的制度约束或激励的条件下，他们更倾向于隐藏自己的需求偏好，从而达到"搭便车"的目的。当每个人都以此为行动依据的时候，以村民为核心的公共产品体系就会随之瓦解，典型的例子是伴随着税费改革开始的"一事一议"制度。

第三，市场经济中精英和能人效应进一步削弱了村民的核心地位。农村社区的精英往往是强制性制度变迁（自上而下）的推动者和诱致性社会变迁（自下而上）的发动者。[1] 他们是农村社会发展的支柱，最熟悉农村社会底层的生存状态，他们对农村社会结构带来了微妙的变化。社区精英在社区内是被大多数村民认可，甚至是推崇的，他们几乎理所当然地成为

---

[1]　刘会苏、李汉铃、新望：《对苏南农村社区领袖的观察与研究》，《中国农村观察》2003年第2期。

村民的代表，他们是农村中的"中产阶级"和"小众"，往往是农村中的核心人物，他们对公共产品的需求与处于社会底层的众多农民差异巨大，他们的崛起进一步削弱了更多人表达需求的能力和意愿。

（四）事业单位的角色

对农村公共产品的研究大多集中在政府供给效率或者农民的需求表达通道上，事业单位作为大多数公共产品的实际服务者的地位往往被忽视。

我国的事业单位是指国家为了社会公益目的，由国家机关举办或者其他组织利用国有资产举办的，从事教育、科技、文化、卫生等活动的社会服务组织，[①] 参与社会事务管理，履行服务职能，宗旨是为社会服务，主要从事教育、科技、文化、卫生等活动。与农村相关的事业单位有：农林牧渔水事业单位（如技术推广、良种培育、综合服务、动植物防疫检疫、水文等）、教育事业单位（如中小学校、职业培训机构等）、卫生事业单位（如医院、计划生育事业单位等），以及环境保护、体育和文化事业单位等。根据 2008 年的统计数据，在全国范围内有超过 100 万个事业单位，拥有近 3000 万名雇员，占公共雇员总数的 3/4（不包括国有企业和军队），大多数事业单位的运营都在农村地区，超过 80% 的事业单位隶属于县和乡政府，雇员人数占全国事业单位劳动力总数的 65%。事业单位的资金来源渠道大致有三种：政府财政供养、自筹自支和自筹与财政补贴相结合。我国绝大多数的事业单位都属于第一种，由财政供养且受政府监督和管理。

随着经济改革和政府体制改革的深入，事业单位也经历了一系列与市场经济发展相适应的改革。国家允许事业单位在保证社会效益的前提下，根据国家规定向接受服务的单位和个人收取一定的费用。在这种情况下，事业单位有着强烈的趋利动机。第一，作为公共服务的执行机构，事业单位几乎得到了所有国家的公共产品投入资金，然而这些资金不足以应付巨大的公共开支。第二，政府和公众对收费的监督和对农村事业单位的监管质量低下，国家在放开事业单位收费控制的同时，并没有加强对公共服务

---

① 《事业单位登记管理暂行条例》，国务院令第 411 号，2004 年。

提供者的监督和问责。[①] 第三，权责不对称也是事业单位强烈的趋利动机的重要诱因。

在这种趋利动机的支配下，被服务者除了支付公共产品成本（税收）以外，还必须承担为提高事业单位收入水平或福利待遇而产生的所谓"超额利润"部分。这在对农公共服务上更加突出。以农村劳动力培训为例，作为劳动力输出大省的四川，其对于农村劳动力转移就业培训方面的投入年年递增，但总体说来，投入依然较少，相对数量更小。2004 年四川省级财力用于农村劳动力培训的经费为 6100 万元，按培训 500 万人次计算，人均培训费用为 12.2 元；如果以四川 2004 年劳务收入 576 亿元来计算，每 1 亿元的收入中培训投入仅为 10.6 元。调查显示，目前的培训经费无论是"阳光工程""劳务扶贫工程"，还是财政、扶贫等部门下达的专项培训经费，落实到每个受训农村劳动力头上都远远不够，缺口很大。以"阳光工程"为例，政府为每个农民补贴 100 元，但教材费、实习耗材费、教师课时费、技能鉴定费、水电费、住宿费、误工餐费、就业中介费、暂住证费、就业安置带队教师的差旅费等是一笔很大的数目，大大超出政府的补贴。虽然培训项目要求地方政府提供配套经费，但是在一些财力较为紧张的县，基本无专门的经费投入和配套，培训资金缺乏保障。而接受培训任务的培训机构，特别是中等职业学校多数由原来办学困难的普通中学改制而成，除国家级和省级重点职业学校外，大多数师资十分缺乏，尤其缺乏一些业务理论水平高、专业技术强的高级技工教师。同时，一些培训学校校舍简陋，实验实习设备也大多是生产一线淘汰下来的旧次设备，缺少现代职业技能教育所必需的配套设施，有的学校缺乏起码的教学、实习、实训设备，更谈不上教学设施和教学手段的现代化。学校为了完成任务指标，或者受利益驱动，不免会出现缩短培训时间、减少培训学时、降低培训标准等情况，使培训的质量降低、层次不高、流于形式。培训后的农村劳动力的实际动手能力较差，经考试取得技术鉴定等级证书的比例较低，2004 年四川省参加农村劳动力培训后获证比例仅在 30%

---

① 世界银行东亚与太平洋地区编著《改善农村公共服务》，中信出版社，2008，第 57 页。

左右。在实践中，教育培训资源闲置和过度竞争的矛盾并存：一方面，一些已有一定规模的教育培训机构任务不饱满，资源闲置，利用率低；另一方面，各种挂牌培训机构应运而生，造成重复建设，加剧了培训市场的无序竞争。对农村劳动力培训的前期宣传和后续服务体系不完善，系统的就业服务信息体系尚未建立，信息难以深入边远的乡村农户，造成农村劳动力培训、输出组织工作的困难。一些地方对培训市场缺乏有效的监督管理，培训市场的秩序较为混乱，各种培训机构为争夺生源增加招生成本，进而加大农村劳动力的培训负担。同时，经过培训后的农村劳动力不仅办证成本高，而且存在环节多、重复办证的问题。据调查，一个农村劳动力培训后办理技术等级鉴定证书的费用普遍为 120～600元，一些具有特殊要求的如安监、建筑、卫生等行业，办理上岗证需要的鉴定费在 300 元以上。[①]

　　从根本上说，事业单位为农村提供的公共产品价高质低的根源在于其尴尬的角色。过去事业资源由国家单一计划配置，社会转型引致了事业服务转而由市场、社会和行政共同配置，当前事业单位在法律上有国有制、服务实体、事业法人、行政主体等多种界定[②]。通常事业单位与政府之间的界限是模糊不清的，事业单位就像是政府职能的延伸，为公众提供公共服务，其人员和资金计划特征显著，事业编制和行政编制互相挤占或转移现象较多，就这一点来说，事业单位缺乏调动机构在品牌和质量上下功夫的激励机制，短视倾向严重。另外，一些事业单位具有多重功能，对事业单位的管理模式仍然套用行政机关的管理方式，事业单位承担了部分行政管理职责，也在客观上增加了事业单位的运行成本。事业单位在国家的允许和鼓励下开始了市场经济之路，从理论上来说接受服务者必须向服务供给者支付成本，这也是事业单位向使用者收费的依据，然而我国在将事业单位"推向市场"的改革过程中，并没有建立必需的监督和监管框架，这不可避免地导致事业单位用"利益动机"取代"以服务为导向"的原则，

---

① 徐薇、张鸣鸣等：《农村劳动力培训长效机制研究》，农业部软科学课题，2005。
② 赵立波：《论我国事业单位改革的三大基本原则》，《中共福建省委党校学报》2007 年第 4 期。

很多事业单位已经变得高度地以商业为导向，将收费当作为职员涨工资的工具，从而产生了显著的负面影响。[①]

（五）其他利益相关者的角色

越来越多的非政府部门进入农村公共产品领域，尤其是在市场机制主导下，企业发挥了重要的作用。例如通信、电力、国家大型水利建设、教育、医疗等各个领域都能够看到企业的身影。当然企业不是慈善家，它是以利润最大化为行动准则的，相对于城市，农村市场是一片未被开垦的处女地，在这里的回报更为可观，从这个意义上讲，企业有强烈的动机进入这一领域。理论上说这是市场调节机制在发挥作用。

非政府组织在农村公共产品体系中的角色越来越清晰。例如在我国一直活跃的农村社区发展组织，是以农村社区居民的整体福利发展为目标的一种非政府组织，这些组织强调用参与式的理念和方法开展资源管理、社区发展与管理、社会林业、小流域治理、小额信贷、农村医疗等方面的项目，以求在尊重当地社区的知识传统和平衡生态系统的前提下，通过当地社区成员自主参与项目的决策、实施、利益分配及监督和评估，帮助社区实现可持续的、成果共享的、有效益的发展。

加大政府公共财政的投入是一个重要方面，但不是问题的全部。如果政府能够采取合适的公共政策，在农村公共物品的私人供给中起正确的引导作用，就能创造条件诱导农村公共产品供给制度的诱致性创新。[②]

二　利益相关者投入分析

经济政策决定了财政对农业支持和保护的力度。图6-3显示了各个时期财政支农资金规模和农业支出占财政支出的比重。

---

① 世界银行东亚与太平洋地区编著《改善农村公共服务》，中信出版社，2008，第58页。
② 林万龙等：《农村公共物品的私人供给：影响因素及政策选择》，中国发展出版社，2007，前言，第1页。

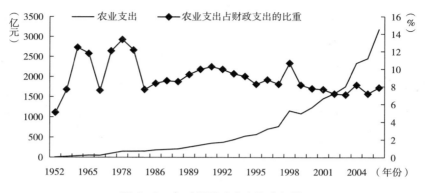

图 6 - 3　各时期财政支农资金规模

资料来源：《中国农村统计年鉴》（2008 年）。

新中国成立以后国家对农业的支出一直处于上升趋势，实行家庭联产承包责任制以前长期的重工业优先政策导致农业支出规模总体较小，这一时期国家从最初的仅支持农业基础设施建设和农业事业发展，拓宽到支持农业科技研发以及农业生产更大的范围，农业支出占财政支出的比重有较大幅度提高，1978 年的财政支农投入是恢复时期的 16 倍多，占财政支出的比重也翻了一番多。1978 年后，国家农业政策发生巨变，国家财政加大了对农业生产资料和农产品价格的补贴力度，同时实行财政地方包干。特别是农业基本建设和小型农田水利补助费包干给地方，使得农业基本建设支出和支援农村生产支出减少，增减相抵，扣除财政用于农产品的补贴，这一时期的财政支农资金总量与前期基本持平。1986 年的 1 号文件在肯定原有的"一靠政策、二靠科学"的同时，强调增加投入，实施农业综合开发政策，这标志着我国财政支出中对农业的支持上了一个新的台阶。"七五"时期开始，国家财政中用于农业基础设施的投资、支援农村生产的支出、农林水气等部门事业费、财政扶贫支出几乎都是成倍增长，如果加上农产品价格和农业生产资料价格补贴，国家财政在各方面投入农业的资金占国家财政总支出的比重一直在稳步提高。特别是 1998 年以来，国家实施积极的财政政策，一方面通过发行特别建设国债，支持包括重要水利工程设施建设在内的农业基础设施建设，另一方面在预算内增加支援农村生产的支出、农林水气等部门事业费、财政扶贫支出、农业综合开发支出，还相继设立了水利建设基金和粮食、棉花等主要农产品风险基金。[①] 80 年代改革以来是中国经济社会发展的黄金时期，经济总量增长了 70 倍，已经跃居世界第三大经济体，产业结构日趋合理，人民生活水平大幅提高，农村也发生了翻天覆地的变化，初步形成了适合我国国情和社会生产力发展要求的农村经济体制。但是农村依然面对不少困难和挑战，特别是城乡二元结构造成的深层次矛盾突出。农村经济体制尚不完善，农业生产经营组织化程度低，农产品市场体系、农业社会化服务体系、国家农业支持保护体系不健全，构建城乡经济社会发展一体化体制机制的要求紧迫；农业发展方式依然粗放，农业基础设施和技术装备落后，耕地大量减少，人口资源环境约束增强，气候变化影响加剧，自然灾害频发，国际粮食供求矛盾突出，保障国家粮食安全和主要农产品供求平衡的压力增大；农村社会事业和公共服务水平较低，区域发展和城乡居民收入差距扩大，改变农村落后面貌的任务艰巨。[②] 在这种现实背景下，从 2004 年至今，国家连续 6 次出台 1 号文件，从调整农业产业结构、提高农业综合生产能力建设，到建设社会主义新农村和现代农业，全方面覆盖了农村、农业和农民生产生活。当前财政支持"三农"政策包括两大类，一类是支出政策[③]，主要方式为投资、补助、补贴等，基本涵盖了中央财政支持"三农"的各个方面；另一类是税收政策，主要方式是轻税、减免、退税等。多管齐下，财政中农业支出达到前所未有的规模，年均增幅达 17.56% 。

　　与此同时，针对我国农村基础设施薄弱的状况，国家逐年加大了对农

---

①　陈锡文主编《中国农村公共财政制度：理论、政策、实证研究》，中国发展出版社，2005，第 117 页。

②　《中共中央关于推进农村改革发展若干重大问题的决定》，2008 年 10 月 12 日中国共产党第十七届中央委员会第三次全体会议通过。

③　中央财政现有直接支持"三农"资金 15 大类，包括基本建设投资（国债资金）、农业科学事业费、科技三项费用、支援农村生产支出、农业综合开发支出、农林水气等部门事业费、支援不发达地区支出、水利建设基金、农业税灾歉减免补助、农村税费改革转移支付、农产品政策性补贴支出、农村中小学教育支出、农村卫生支出、农村救济支出、农业生产资料价格补贴。陈锡文主编《中国农村公共财政制度：理论·政策·实证研究》，中国发展出版社，2005，第 46 页。

村供水供电、道路交通等公益性设施的投入。据统计，1998～2001 年，仅国债资金中用于农村电网改造和贫困县公路的投入就达 1893 亿元，涉及全国所有的县。①

政府对农村基础教育的投入逐年增加，从 1994 年的 485.5 亿元增加到 2007 年的 2839 亿元，这得益于农村义务教育体制改革。农村税费改革以前，农村义务教育经费的主要来源是县乡两级财政预算内拨款、乡统筹经费中的教育费附加、村教育集资、中小学杂费、学校勤工俭学收入、借债、捐赠等，基层政府承担了主要责任，据统计乡财政在发展农村义务教育中的投入占财政总投入的 78%②。农业税取消后，农村基础教育职责上移，中央和省级财政的支付力度大幅提升。尤其是 2006 年新的《农村义务教育法》颁布，明确规定国家将农村义务教育全面纳入财政保障范围，义务教育经费投入实行国务院和地方各级人民政府根据职责共同负担，省、自治区、直辖市人民政府负责统筹落实的体制，管理以县为主，所需经费由各级人民政府根据国务院规定分项目、按比例分担。2007 年农村义务教育财政性经费投入总额达 2839 亿元，比 2003 年的 1143 亿元增加 1696 亿元，年均增长 25.5%。③

在现行的农村医疗卫生体系中，国家财政投入严重不足，且政府财政预算补助主要用于解决县、乡卫生机构离退休人员工资，用于卫生机构开展业务和改善服务设施的资金较少；预防性公共卫生支出较少，医疗性支出较大；城乡公共卫生投入严重不平衡，20 世纪 90 年代末占全国总人口 70% 以上的农民，却只享受了政府对卫生事业总投入的 20%。

国家财政对农村公共产品体系的支出还包括扶贫、农村社会保障、救灾、农村环境保护等方面，是农村公共产品资金来源的主要渠道。

农村居民投入是农村公共产品体系建设的另一大资金来源。以农村卫生为例，政府的卫生资金主要用于农村医疗卫生机构人员经费、基本建设

① 陈锡文主编《中国农村公共财政制度：理论·政策·实证研究》，中国发展出版社，2005，第 117 页。
② 陶勇：《农村公共产品供给与农民负担》，上海财经大学出版社，2005，第 60 页。
③ 《教育部财务司田祖荫在教育部例行发布会上的权威发布》，2008 年 10 月 11 日。

经费、公务费和业务费，以及特定的卫生项目等。农村集体经济的弱化导致农村医疗卫生由原先的合作供给转变为以私人或个体卫生室为主体，其在公共卫生领域发挥了重要作用，例如为农民提供最基本的医疗服务、村一级的防疫和妇幼保健服务等。与之相一致的是农民自费医疗的比重不断上升，1990~2006 年，虽然国家的农村卫生财政投入不断增加，但农民负担的部分并未显著下降，如表 6 - 2 所示。

表 6 - 2　中国农村卫生费用

年　份	农村人均医疗保健支出（元）	农村人均卫生费用（元）	农村人均医疗保健支出占总费用的比重（%）
1990	19.0	38.8	0.49
1995	42.5	112.9	0.38
2000	87.6	214.7	0.41
2003	115.7	292.8	0.40
2004	130.6	335.2	0.39
2005	168.1	377.4	0.45
2006	191.5	442.4	0.43

资料来源：《中国卫生统计年鉴》（2008 年）。

与农村卫生状况相似，农村养老保障的大部分也仍然是由农民支付的。

此外，私人投入、非政府组织捐赠等也是农村公共产品体系建设的资金来源。

三　利益相关者角色错位是农村公共产品效率低下的根源

在土地集体所有的基础上，我国的村民自治制度发生了深刻的变化。《中华人民共和国村民委员会组织法》（1998）将村民自治组织——村民委员会定性为"村民自我管理、自我教育、自我服务的基层群众性自治组织，实行民主选举、民主决策、民主管理、民主监督"。村委会直接掌握全国 18 亿亩耕地以及上百亿亩山林和水面的巨量集体资产，国家需要通过某种制度安排直接或间接地影响和监控这些集体资产①，因此在赋予村民委员会民主自治权利的同时，又赋予了其行政权力，要求"协助乡、民族乡、镇的人民政府开展工作……宣传宪法、法律、法规和国家的政策"，村民委员会成为市场经济中具有双重矛盾身份、既代表农民又协助政府工作的"怪胎"。

在市场经济中，消费者有权力也有能力在竞争的市场中各取所需，这使产品的供给者自觉遵循市场规律，尽可能为消费者提供低成本、高质量的产品和服务。但作为市场失灵的产物，公共产品的供给者几乎不具有竞争对手，消费者也基本上没有能力选择或拒绝所提供的公共产品。尤其是对于我国西部农村来说，这个地域的农民具有典型的小农经济特征，生产分散，独立的个体在大市场面前处于弱势，他们几乎不具备与公共产品供给者就公共产品供给的数量多寡、质量高低、是否满足需求等进行讨价还价的能力，在现有情况下只能依靠外在力量将其凝聚起来。从供给主体的政府角度出发，政府掌握大量的公共资源，在公共产品供给过程中，担任着资源掌握者、项目可行性分析者、项目实施者以及项目审计和验收官的多重角色。这就像一场只有一队人的足球比赛，这队人自己踢球，自我守卫，自行管理和裁决，甚至连观众都是自己人。从理论上说，村民自治组织代表农民利益，是将农民力量集结起来的最可依赖的组织，它应该能够表达农民的意愿与需求偏好，能够代表使用者和纳税人（都是农民）监督和审计供给者的行为和管理方式。然而事实上肩负着行政职能的村民自治组织"政（村委）会不分"，这一制度不仅混淆了政府与村民自治组织各自应该担负的管理职能，还虚置和干扰了村民参与农村社区管理的民主权利，而生活在这种体制下的集体土地的真正所有者——农民成为实际的也是唯一的受害者。这种缺乏有效激励和压力机制的供给模式，使供给者在使用纳税人也就是农民的资源时，往往从其自身利益出发，在供给前难以做出满足各地不同需求的决策，在项目实施过程中缺乏有效的监督和激励，在项目实施后存在审计验收同体化问题。

---

① 史啸虎：《中国土地改革六十年》，《经济管理文摘》2008 年第 1 期。

更加值得注意的是，集体的无效率组织会增加公共产品供给系统的负担，因为无论是基础设施、社会保障还是农业技术的有效设计和实施，都要求因地制宜，换句话说，公共产品的设计和管理必须符合使用者的利益。在缺乏来自农民组织压力的情况下，国家系统的设计倾向于受工程标准支配，文化制度等非工程因素则容易被忽视。速水在论述对土地设施进行有效的资源配置时谈到，在具有丰富劳动力和稀缺资本的经济中，缺少社区集体的积极参与和组织压力，会导致诸如灌溉设施的公共产品系统偏向于集中建立大容量工程，其结果是对于一个既定量的公共资源配置来说，每一单位的公共产品所服务的范围缩小了。为此，他引用了帕克（1980）对这一问题的阐述：①

"通常地说，在国家系统的发展中，人们观察到如下一系列事件的过程。在这个系统中政府可能首先修筑一级和二级干渠，期望地方社区将完成三级干渠和农场沟渠。如前所述，部分由于缺乏乡村组织和领导人，地方社区未采取行动。农民可能缺乏组织能力，或者甚至缺乏完成该项工作所需的简单的挖沟和平整设备以及技术工具。在很多情况下，由于很差的水管理，基本上可能无利可得。农民责怪灌溉当局，而后者反过来责怪农民。在对这个系统未很好地发挥作用的抱怨中，国家灌溉管理部门能够做出的反应是，进行更多的资本投资，从事土地平整工作，修建三级干渠和农场沟渠。每公顷建筑成本成倍增加。

如同修建一样，管理和维持灌溉系统的主要弱点似乎是制度或组织上的，而不是技术上的。运送到每个农场的水不能以仪表计量。一般是按平均每公顷面积收费，通常只能弥补管理与维修成本。但是，那些管理灌溉系统的人没有采取任何步骤来定量供应水和保证它的公平分配。干渠上有的农场浪费水，干渠下游的农场却不够用。该体系运行效率远低于最初可行性研究所设计的标准。

---

① 〔日〕速水佑次郎、〔美〕弗农·拉坦著《农业发展的国际分析》，郭熙保、张进铭等译，中国社会科学出版社，2000，第382页。关于水利制度改革问题的讨论，见丹尼尔·布鲁姆利、唐纳德·泰勒和唐纳德·帕克《水利改革和经济发展：发展中国家的水管理的制度方面》，《经济发展与文化变化》第28卷（1980年1月），第365~387页。

主要负责设计和运行该系统的工程式的思想影响着国家灌溉系统设计之间的选择。一个系统越是现代化越好……倾向于工程效率和资本集约度的这种自然偏向，被个人经验加强了。那些负责该系统的人知道，更为劳动集约的解决办法不会产生什么效果，因为获得农民的积极参与是困难的。由此可见，灌溉网的现有组织与制度结构以及送水的人与最终用户之间很弱的联系，就成为灌溉系统的设计、运作和维持社会利益最大化的最终障碍。"

一个现实的例子能够作为速水和拉坦观点的佐证。政府投入大量资金、技术、人力在农村修建的道路、饮水设施等农村基础设施，由于缺乏必要的管护制度，在使用几年以后就陷入瘫痪状态。比如农村提灌站多数位于丘陵地区，主要依靠县、乡尤其是村组管理和维护，由于社区在日常使用中缺乏必要监督和维护，没有管理制度或无专人管理，频繁更换操作人员，因此提灌站运行不正常，缩短了使用寿命和降低了使用效能。①

---

① 四川省社会科学院农村经济研究所：《财政支农 "民办公助" 政策研究报告》，2007 年 10 月。

第七章　农村公共产品效率增进：主动参与模式的理论基础和实验

第一节　主动参与模式构想

中国村落农民，历来善分不善合，善分并非中国农民独有的特征，中国农民天然的弱点在于不善合。[①] 毛泽东时代分散的农户被史无前例地组织起来，形成了以社为基础的集体组织，共同生产、统一分配，实现了几千年来中国农民的最大愿望——"耕者有其田"。然而这种依靠强大的个人魅力和新政权带来的新鲜空气所形成的集体制度并不具有强大的生命力，它很快被农民满足了基本生存后的发展需要冲击得体无完肤，经济跌落谷底，农村生产失去活力，耕作者消极怠工。这必然引起经济和社会制度的大变革。在现在的土地承包制下，市场经济使农民中的一部分人先富了起来。然而不可忽视的是中国农业最大的问题是人均耕地面积过少，粗放式的土地耕作方式显然不适合中国国情，只有不断加大土地中的要素投入，才有可能从土地中获得合理回报。随着社会进步和市场经济竞争机制的不断完善，单纯依靠"胆大心细"和"误打误撞"致富的可能性越来越小，只有具备良好素质（身体素质、技术素质和心理素质等）的人才拥有在竞争中胜出的机会。总而言之，只有不断优化和改善农村公共服务（无论是产业服务还是素质服务），才有可能改变农村落后、

---

① 曹锦清：《黄河边的中国——一个学者对乡村社会的观察和思考》，上海文艺出版社，2000，第166页。

农民生活水平低下的面貌。

在现阶段，我国农村公共产品不可能像发达国家那样"按需供给"，只能从提高效率入手。如前所述，当前影响农村公共产品体系效率的根源在于农村社区组织的功能缺失和能力缺陷。正如社会普遍认为的那样，中国农民只知道自己的眼前利益，看不到长远利益，更看不到建立在长远利益基础上的共同利益。他们的基本特点是无力在各自利益的基础上，通过平等协商的途径建立共同的合作组织，并通过有约束力的章程与领导来解决自己的共同事务，也就是说，分散经营的农户在客观上存在共同利益，但在主观上无法形成共同利益的意识，这就决定了农民只能依赖别人来认识并代表他们的共同利益。① 公共产品所具有的共同利益特质事实上就是分散农户共同利益和个人利益相结合的客观表现。不同于普遍认为的"公共产品真实需求表达困难"的观点，本书认为市场经济下的分散农户，由于处在完全市场竞争环境中，资源禀赋是其摆脱贫困、走向富裕的客观条件，在只有联合才能发展的情况下，他们能够清晰地判断和表达个人需求偏好，在一定的制度和规则环境下，能够将这种个人偏好转化为集体偏好。

对这一假设的证明将按照以下顺序进行：

个人需求偏好的基础和形成→个人偏好在集体中的表达→集体偏好形成的可能性→集体偏好形成的前提和基础。

第二节　主动参与模式的理论基础

一　个人需求偏好形成的基础

我们的基本假设是人们倾向于选择在他们看来具有最高价值的那

---

① 曹锦清：《黄河边的中国——一个学者对乡村社会的观察与思考》，上海文艺出版社，2000，第 167～174 页。

些物品和服务，也就是说人们总是选择自己最偏好的消费品组合。① 然而，消费者的价值取向和目标往往是多元的，不仅受到多方面因素的制约，而且处于变动乃至彼此矛盾的状态之中；消费者的知识、信息、经验和能力都是有限的，他不可能也不期望达到绝对的最优解，只要找到满意解即可。因此现实生活中作为管理者或决策者的人是介于完全理性与非理性之间的"有限理性人"。在实际决策中体现为：决策者无法寻找到全部备选方案，也无法完全预测全部备选方案的后果，还不具有一套明确的、完全一致的偏好体系，以使它能在多种多样的决策环境中选择最优的决策方案。② 也就是说，在一定的收入水平下，消费者可以购买数量繁多的商品，即消费束中包含的元素可能是很多的。为了使分析简单化，我们假定消费者在某一种公共产品 X 和与其相关的私人产品 Y 之间进行选择。显然，这样的假定是非现实的，但在以后的分析中我们可以看到，这种只有两种商品的选择理论可以被用来说明多种商品的情况，因为这样的假定既不失一般性，又可以使分析大大简化。下面就以农田水利设施和农户自家的水井为例进行分析。

假定农户甲处于缺水的丘陵地区，要进行农业生产必须大量用水。在没有农田水利基础设施（X）而且甲也并未在家打井找水（Y）的情况下，甲必须每天步行 1 小时到邻村去取水。如果能在地里修渠挖沟，就能解决生产用水问题，还能引水到家，解决生活用水问题；如果在自家打井则首先方便家里用水，生产用水也只需花费少量劳力挑水解决。对于甲来说，完全满足的总效用 U 等于从打井中得到的效用 U_X 和从沟渠中得到的效用 U_Y 的组合。无差异曲线上的任一点组合对于甲获得的效用是没有差别的。

在实际生活中，沟渠长度、深度、布局以及质量等都会产生不同的使用效果，沟渠修建的不同级别对甲的效用会产生不同的影响，同样状况也适用于水井。假设级别 I 的沟渠与级别 IV 的水井相组合，级别 II 的沟渠与级别 II 的水井组合对甲的效用是无差别的，两种组合的效用能够相互

---

① 〔美〕保罗·萨缪尔森、威廉·诺德豪斯著《经济学》（第 16 版），萧琛译，华夏出版社，1999。
② 〔美〕赫伯特·西蒙著《管理行为》（第 4 版），詹正茂译，机械工业出版社，2007。

替代。

进一步加入一种公共产品（如修村级公路 R）来考虑。无论从哪个角度考虑，修公路和建水渠都对农业生产和农村发展起着至关重要的作用，两者缺一不可。如果没有水渠，甲需要每天花大量的时间挑水以满足生产和生活的需要，每天都要走村上已经形成的机耕道，因此他会认为现有的道路基本能满足需要，但没有水渠不仅会使他家投入大量的劳动力，而且会严重限制农业生产，生活质量也得不到提高。两者对甲的效用是无差别的。

但是修沟渠还是修公路问题迟迟得不到解决，甲终于决定自家先修水井以满足需要。水井修好后，甲的家庭生活用水问题得到解决，农业生产用水用不了多少时间也能全部灌溉完毕，因此甲的劳动力得到很大释放，他决定利用农闲时间到邻村的工厂打零工。在这种情况下，沟渠和公路对甲的效用发生了逆转，甲会更加倾向于选择公路建设。如同沟渠和水井的效用无差异一样，在这个时候，不同级别的沟渠和公路对甲来说又形成了一个新的无差异组合。第 I 级别的水渠加上甲现有的水井，不仅能完全满足生产生活的需要，还有可能改变种植品种，甲可以选择种植效益更突出的经济作物（如蔬菜），他的活动基本局限在村里，对公路的需要大大降低；第 II 级别的水渠则只能满足现有生产的需要，如果有一条质量过得去的公路（如第 II 等级的公路），他就能每天往返于工厂和家里，利用农闲时间打工。如果水渠质量很差（IV 级），那么他需要一条高质量的公路，以便利用交通工具往返，节约的时间还可以帮助家里从水井挑水以满足生活需要。也就是说，I 级水渠和 IV 级公路组合和 IV 水渠与 I 级公路组合带给甲的效用是没有区别的。

这样简单的只有两个公共产品的分析可以进一步拓展到多个甚至全部公共产品效用分析上。

进一步考虑资源约束问题。假设甲投入 10 单位资源（包括资金、劳动力、时间等）修的井能够完全满足生产生活的需要，投入 8 单位资源修的井能够基本满足需要，投入 5 单位资源修的井只能满足生活需要但无法满足生产需要。在现有社会资源条件下，投入 10 单位资源能够得到一个完美的沟渠，不仅可以满足生产需要，同时可以满足农户的生活需要。如果只投入 5 单位资源，沟渠的效果仅能满足生产需要，农户的生活需要只能另觅他径。在现有的公共产品和私人产品组合下，农户甲达到了帕累托最优，而修渠的效率也达到了最大化。

效用无差异曲线可以帮助我们理解农户的偏好表示。一个典型的例子是，为什么家住公路边的农户对新修公路的意愿较低呢？从农户自身出发，他拥有在公路边的房子（私人产品），使他能够方便地使用已经存在的公共产品，相比房子距离现有公路较远的农民来说，新修公路对他的效用不大，因此其对于新修公路（公共产品）的需求就降低了。在偏好表示上，对于公路的需求自然就排在较低位置。

推而广之，对于农村庞杂的公共产品项目来说，其偏好表示是与单个农户的资源禀赋成反比的，农户资源禀赋越多，与之相关的公共产品需求偏好强度越低。也就是说，农村公共产品供给作为一种社会经济制度，必须与农村社会生产力的发展水平相适应。[1]

另一个值得关注的问题是，公共产品与私人产品的转换问题。在实际生活中，公共产品与私人产品的界限并不像理论上描述的那么明晰，这在本书开篇对农村公共产品的定义中已经明确提出。通过相同过程的逻辑推论，我们发现在公共产品与私人产品发生转换的情况下，上述判断依然适用。

还有一个值得一提的问题是公共产品中的消费者扰动。无差异曲线下农户私人产品的水平对公共产品偏好的影响，可以称为公共产品中的消费者自身扰动。换句话说，对于每一个独立的农户，在公共产品供给的一定水平下，公共产品的消费状况取决于这个农户私人产品的消费内容和水平。显然，不同的消费水平会有不同的物品组合。因此公共产品消费受消费者自身的扰动体现在消费者的消费水平与内容和与之相应的"公私"两种物品的组合。[2] 必须关注的是，公共产品具有对所有成员的消费无排他性，也就是说，任何一个成员都可以与其他成员一样消费公共产品而不需

---

① 李燕凌：《农村公共产品供给效率论》，中国社会科学出版社，2007，第 50 页。

② 李军：《中国公共经济初论》，陕西人民出版社，1993。

额外支付成本。因此，不同于私人产品，公共产品不仅存在消费者自身扰动，在许多实际情况中，其他人对公共产品的消费或者说某项公共产品的消费现状也会影响消费者行为。

社区是在相互影响密切的基础上通过相互信任联系在一起的一组人。① 在经济发达地区，社区一般由居住地、教堂、工作场所等渠道形成，而在经济欠发达的西部地区，社区的形成更多地依赖于血缘和地缘上的嫡亲关系，尤其是由这些嫡亲关系联结起来的部落和村庄，社区也指由共同的利益和信任所联系形成的形形色色的合作组织。在经济发展滞后和农村土地权属稳定的地区，更容易形成一种稳定的结构，在农村社区内，人与人之间的联系十分紧密，甚至为数众多的农村社区就是由一个家族形成的。在这样的社区中消费者扰动现象会更加显著。

正因为效用价值取决于私人产品的水平，且在一定条件下公共产品与私人产品可能发生转换，根据效用偏好是效用价值的直接表现，可以说私人产品的数量和质量直接决定了个人效用偏好的理性表达。

农业生产和农村生活的分散性决定了以家庭为单元的组织形式对农村公共产品具有强烈的依赖性，市场化程度越高，农户家庭规模越小，对农村公共产品的依赖程度就越深。反过来说，随着市场化程度的不断提高，农村公共产品供给效率对私人产品的生产水平的依赖程度在不断加深。家庭制下的农民是一个享有剩余权利的人，因而他比在集体制下获取信息的激励更高，对信息的利用也更有效。② 通过对农村公共产品与私人产品以及农村公共产品之间的效用无差异的论证可以发现，究竟该在何种时候、采用什么方式、选择哪种公共产品这样的问题具有实际意义。更重要的是，前文的论述表明资源禀赋是公共产品效率的重要因素，它决定包含有

---

① 〔日〕速水佑次郎著《发展经济学——从贫困到富裕》，李周译，社会科学文献出版社，2003，第283页。

② 林毅夫在《中国的家庭责任制改革与杂交水稻的采用》（林毅夫：《制度、技术与中国农业发展》，上海三联书店，1992，第135~158页）一文中，以中国杂交水稻的研发和推广为例，提出这一假设，通过从湖南省收集的县级市建树列数据来检验这一假设，经验证据表明，排除政治压力对经济理性偏离的影响，农民受盈利的激励，能够理性选择信息，并尽可能最大化利用信息。

限成员的社区对公共产品需求的表达。

二 一次性博弈的集体需求偏好均衡

在尊重个人权益与做出集体决定之间存在基本的矛盾，换言之，没有一个集体决议机制能与尊重个人并存。[①] 但是完全不尊重个人权益的集体决议是难以实现集体利益的。前文的论述证明了在农村社区公共产品需求偏好表示过程中，产品使用者——农户能够根据自身禀赋和预期对产品效用做出准确的判断，尤其对公共产品的序数效用相当敏感，这是集体偏好能够准确表达的前提条件。社区内每个成员都希望得到对自己效用最大的产品，基于条件的不同，效用偏好也可能是完全不同的。然而，农村公共产品天然具有的非竞争性和非排他性，使每个人都可以平等地消费自己范围内的公共产品，并且为此付出成本。当每个农户都希望用最小的成本（或者无成本）消费最大效用的产品时，分歧就产生了，令每个成员都满意的集体偏好难以形成。

假设社区内有 n 个成员，每个成员可以在 s 个公共产品中做出独立的偏好选择，且本次选择不受之前选择的影响，对以后的选择亦不存在影响。s_i 表示第 i 个成员认为对自己效用最高的公共产品，也就是第 i 个成员的偏好选择。

$S = (s_1, \cdots, s_i, \cdots, s_n)$ 是社区内 n 个成员的偏好集。

现在考虑只有两个人 A 和 B 和两种公共产品 X、Y 的简单情况，假设 X 和 Y 带给 A、B 的收益（或支付）如下表所示：

	X	Y
A	5	2
B	2	5

如果是私人产品，则 A 和 B 通过选择 X 或 Y 方案的收益为：

---

① 〔印〕阿马蒂亚·森著《以自由看待发展》，任赜、于真译，中国人民大学出版社，2002。

		A	
		X	Y
B	X	(5，2)	(2，2)
	Y	(5，5)	(5，2)

很明显，（5，5）是存在的唯一纯策略，在这点上达到纳什均衡，双方各取所需，能够得到最大效用。然而不同于私人产品，公共产品需要双方取得一致意见才能实施，如果双方意见不一致，各自只愿意支付各自的一部分，那么公共产品无法提供，因此，对于公共产品来说，A、B所做选择的收益如下：

		A	
		X	Y
B	X	(5，2)	(0，0)
	Y	(0，0)	(2，5)

如果B认为A会选择X时，B选择Y，那么A、B都将一无所获；但如果B也选择X，选择X带给A的收益是5，B的收益是2，整个集体的收益将为7，远高于两者选择不一致时的收益为零的情况。反之亦然。因此在这个博弈模型里，存在（5，2）和（2，5）两个最优策略。如果不考虑支付状况，对于两人来说，只要形成共同的意愿，选择X或者Y对两人都是没有区别的。只有在达成一致的情况下，公共产品才能实现帕累托效率。

如果选择X，A比B将多支付3，但是在未来A和B所享受到的服务是没有差别的，想到这里A觉得不公平，他想如果选择Y的话，就能比B少支付3，但却能获得和B一样的服务，那我为什么不选择Y呢？A在这种考虑下选择了Y。同理，如果B是理性的，他会选择X。最终的结果是，A和B作为理性人，都希望以最小的支出换取最大的效用，两人都不愿意付出比别人多的成本却享受与他人相同的待遇，因此无论X还是Y都会被放弃，集体收益和个人收益均为零。

上述情况是处于一个典型的非合作一次性博弈的环境中，A、B都能够根据自身获利或支付情况来进行理性选择。如果两人的选择能够带来集体收益的增加（每个人的效用增加），那么当然是令人愉悦的。即便是做了最坏的选择，对两人来说也是维持现状，情况既没有变好，也没有变差。"与其不能达到最好，那就保持现在的样子吧，至少我没有付出什么"，大多数人遇到这种情况都会如此安慰自己。

三　长期的集体博弈均衡

在一次性博弈的情况下，社区成员往往从自身利益出发，寻求付出最少而收益最大的途径，所能得到的唯一结果就是陷入"困境"，每个成员都站在其他成员选择的角度上考虑，希望能够"搭便车"。虽然这种选择是基于个人理性做出的，但对于集体来说效用只能是零，而个人也远未达到最大效用。有没有个人理性与集体理性达到一致的可能呢？

现有制度安排使得农村社区的结构是长期稳定的，社区成员不能自由选择自己的居住地和经营环境，成员脱离社区需要付出极大的交易成本；成员之间处于平等地位，由于居住地的集中或亲缘关系的存在，成员之间的信息沟通成本极低；任何一种公共产品只能由成员自己支付，且无法由某一个成员独立提供。这些条件构成了一个无限次重复博弈环境。在这种无限次重复博弈环境下，成员的沟通成本接近零，这就有力地保障了成员之间能够进行协商、谈判，联合选择行动，共同分享利益，对不合作成员进行可信的惩罚，这构成了一个合作博弈问题。现在证明在一个有 n 人参加的合作博弈中，存在博弈的均衡点，也就是存在使集体选择最优的点。在每一次（t）选择开展某一项目时，前一次（$t-1$）的 n 人博弈的结果都能被观察到，对于处于不同立场的成员 S_i 来说，他之前的行为能够被其他人观察到，而他也能充分了解其他人在之前博弈中的行为选择。在无限重复博弈 G（∞）中，由 $t+1$ 阶段开始的每个子博弈都等同于初始博弈 G（∞），即 G（∞）= G（$\infty-t$），博弈 G（∞）到阶段 t 为止有多少不同的可能历史过程，就有多少从 $t+1$ 阶段开始的子博弈。

根据无名氏定理，在一个有 n 个参与人的无限次重复博弈中，如果在每一次重复中，博弈的行动集是有限的，则只要满足三个条件，在任何有限次重复博弈中所观察到的任何一个组合都是某个子博弈精练纳什均衡的唯一结果。这三个条件是：①贴现因子 δ 接近于 1，这保证了未来利益的驱动会制约成员现在的选择；②博弈在任何一个重复阶段上结束的概率为 0 或为一个充分小的正数，与一次性或者有限次博弈相比，长期的未来惩罚造成的威胁可能使成员做出完全不同的行动选择；③严格占优于一次性博弈中的最小最大（minmax）得益组合的那个得益组合集是 n 维的，最小最大得益是指假定某一成员不合作时，在所有其他成员都各自选择惩罚这一成员的战略时，这一成员可能得到的最大惩罚。换句话说，无限次重复博弈中的子博弈精练纳什均衡实际上是成员相互合作的结果，要使合作成功，其战略中必须有惩罚措施，当然这个惩罚措施必须由其他成员一致实施，否则惩罚可能失效。如果说一次性博弈实质上是机会主义者的机会所在，那么重复博弈所进行的就是人类行为和心理的理性考验。

下面是对无名氏定理的证明。

在无限重复博弈 G（∞）中，设（e_1，…，e_n）为 G 的纳什均衡收益，存在可能的（x_1，…，x_n）为可行收益，且 $x_t > e_t$。

首先考虑触发策略，参与者 i 在第一阶段选择合作策略，如果其他人也采用合作策略，那么 i 在当期获得的收益为 x_1。如果在 s 期 i 采取了背叛策略（即不合作），i 在 s 期的收益为 d_s（$d_s > x_s$），那么在 s 期以后，其他人都将采取不合作策略，那么 s 期后其他参与者都将采用 G 中的纳什均衡。

假设其他所有人都采用触发策略。如果 i 采用合作策略，那么他获得的总收益贴现是：

$$R_i = \frac{x_i}{1 - \delta} \tag{7.1}$$

如果 i 在第 t 期选择背叛策略以获得当前阶段 d_t 的收益，这会触发其他人在 t 期以后都将选择背叛策略，于是 i 在 t 期以后所能得到的收益将是 e_i，因此 i 的总收益贴现为：

$$R_i = \sum_{s=1}^{t-1} \frac{x_{si}}{1 - \delta} + d_{ti} + \sum_{j=t+1}^{n} \frac{\delta}{1 - \delta} e_{ji} \tag{7.2}$$

由于与背叛前的收益是一样的，因此将式（7.2）简化成 i 在第一期就采取触发策略：

$$R_i = d_i + \frac{\delta}{1-\delta}e_i \tag{7.3}$$

当且仅当

$\dfrac{x_i}{1-\delta} > d_i + \dfrac{\delta}{1-\delta}e_i$ 即 $\delta \geqslant \dfrac{d_i - x_i}{d_i - e_i}$ 时，i 会一直选择合作。

也就是说，当贴现因子 δ 接近 1 时，i 会有足够的利益驱动其选择合作策略。

需要注意的是，在触发策略发生之前的 $t-1$ 次博弈中可能出现的过程有两种：一是 $t-1$ 之前都是采取合作策略，那么第 t 期开始的纳什均衡仍然是触发策略；另一种可能的历史过程是在 t 期的博弈之前有过背叛策略的出现，对于 t 期开始的子博弈均衡策略是具有惩罚性措施的触发策略。因此触发策略是无限次重复博弈中的子博弈完美纳什均衡，并且能实现平均收益。

在这里有必要对发生在农村公共产品集体偏好中的"合作"给予解释。在中国现代汉语词典中，合作一词的基本含义是：人们（或组织）为了共同目的一起工作或共同完成一项任务。在国外，合作一词是指共同行动或联合行动。也就是说合作是人们或组织为了实现统一目标，相互帮助、共同行动的一种方式。"合作"并不是自然的产物，而是社会的、经济的行为，是人们为了共同的目的或利益联合起来的行为。合作有时候需要牺牲个人的利益以实现集体的利益。在农村公共产品偏好选择中，所有的成员都选择同一个公共产品项目，并支付预先规定的成本，是一种合作；所有的成员联合一致拒绝某一个项目，也是合作的表现。合作的目的是获得总的收益最大化，如果共同选择项目并支付费用，那么项目实施后所带来的收益减去支付的费用所得就是集体收益；拒绝某一项目所节约的支付费用也可以看作合作带来的收益。

现在需要进一步研究，是什么促使合作行为的形成呢？

首先是人们对风险的态度。传统经济学的基本假设是人都是理性的，因此人都是厌恶风险的，即人们面对任何不确定性选择时都是风险规避型的。随着对人类行为研究的深入，我们发现人们并不总是厌恶风险的，只有在面临收益的时候才是风险规避型的，一个人在面临损失的时候，他是风险喜好型的；而且一定量的财富减少所带来的痛苦与等量的财富增加给人带来的快乐是不相等的，前者大于后者（前景理论，Prospect Theory）。

其次，人们在对事物进行选择时，其实质是对未来效用的判断，也就是一种预期效用的贴现判断。人们对未来效用的判断实际上以当前的偏好为参照，换句话说，前期决策的实际结果影响后期对风险的态度和决策，前期行为导致盈利可以使人们的风险偏好增强，还可以平滑后期的损失；反之会加剧以后亏损的痛苦，风险厌恶程度也相应提高。

最后，合作行为具有天然的优势，因为合作策略可以和其他策略并存，合作行为总是不影响其他行为的选择。而且在农村公共产品供给的纳什均衡中，对单个农民来说，随着他所在的联盟规模和农民前期投入的增长，他将用越来越少的代价获得公共产品，也就是说单个农民获得所属集体的公共产品将越来越容易，而集体的公共产品总供给水平则由各农民的纳什均衡的供给规模决定[①]。

只有合理的激励（惩罚）制度才能实现合作行为，继而才能实现集体选择的最优，换句话说，合作行为下的集体选择才可能实现最优。要实现集体选择最优，则必须使集体中的成员有合作行为，合作行为产生的关键在于合理的机制。

实行家庭联产承包责任制以来，农村制度变革导致农业生产率大幅度提高，农村剩余劳动力能够自由地在产业和区域间实现转移，现有的户籍制度仍然是农民迁徙的障碍，却普遍地使农村社区保持相对稳定。这很容易在社区成员中产生信任、依赖或者互相监督等各种各样的影响，且这种影响不会是一次性的，很可能会长期持续下去。因此有必要从长期的角度分析社区集体需求偏好的一般均衡。

农村社区层面对公共产品需求的内容是多元化的，涉及生产生活的方方面面，农田水利设施、农业科技信息、通信、电力、农村医疗卫生和社会保障、文化生活等无一不是农村公共产品的范畴，且随着经济发展和社

---

① 李强、郭锦墉、蔡根女：《我国农村公共产品的自愿供给：一个博弈分析的框架》，《东南学术》2007 年第 1 期。

会制度变迁，公共产品的内容也在不断更新。对于一个结构稳定的集体来说，从长期看其对公共产品选择的内容有所不同，但每一次的社区成员结构是相同的，所有的成员都可以观测到过去其他成员的选择，因此前一阶段的行动选择会对随后的博弈结构产生影响。当博弈重复无限次时，有可能形成社区的合作博弈，一次性博弈所带来的困境就能够解决。因为博弈没有最后期限，社区成员预期到合作虽然可能会使短期利益受损，但从长期看可能会产生较大利益，因而选择合作的可能性更大。

合作建立的基础是对未来良好回报的预期或者对未来可能的惩罚风险的规避，在这个基础上建立起来的合作是稳定的，能够阻止其他不合作策略的侵入。农村社区成员选择合作前首先要确定的是合作后未来收益一定远远大于单家独立行动的收益。前文已述，农村公共产品由私人供给具有可能性，但私人供给的成本相当高，且效益外溢性很强，成为事实上私人供给的障碍。如果由受益成员集体支付，一方面，每个成员的支付将远远小于独立支付，从而提高相对收益；另一方面，针对非集体成员也可以实现较好的排他性，成为真正意义上的集体公共产品。

尽管公共产品的特性是无排他性和无竞争性，且强调的是集团内部的公平性，但由于人类在个人偏好、能力、禀赋上具有异质性，同时如前文所述，在市场经济制度下，个人所拥有的私人产品的多寡不同，集团成员对公共产品的质和量的需求难以完全相同。假设在有限的资源下，只能提供 A 和 B 两种公共产品之一，由社区内部成员的统一需求而定。大多数的成员倾向于选择 A，成员甲觉得选择 B 比 A 能够获利更多，因此会反对选择 A，这种意见不统一的情况会导致 A 和 B 都无法实施。其他成员就不得不决定是继续选择 A 还是转而投向 B，如果给予甲的补偿成本低于实施 A 所获得的收益，那么集团内部大多数成员会通过给予甲补偿以实施 A，但如果补偿成本过高，集团其他人会放弃 A，同时也有可能因其他原因不选择 B。这样会使甲重新考虑他的选择——究竟是应当遵照个人意愿选择 B 还是照顾集体利益选择 A。如果坚持选择 B，A 肯定不能实施，而 B 能否实施也很难说，同时有可能伤害集团的团结性以及降低其他成员对自己的信任度，这样会使以后自己在集团内的工作开展起来不那么顺利，他有可能失去下一次选择中的支持度，从而降低预期收益。当预期损失的折现值大于这次的选择时，甲就会遵循大多数人的意愿选择 A。合作环境一旦建立起来，就具有强稳定性，只需要一个很小的合作群体，就有可能侵入一个大的自私的世界，而一旦合作的群体成长起来，这个群体便是稳定而难以被侵入的。而且合作的行为模式能够较好地和大多数对策共存，从长期来看选择背叛不太可能比选择合作获得更多的福利。[1]

四　实现合作的基础

马克思所谓的农村社区与资本主义的趋利主义的不同在于，社区更多地倾向于帮助那些具有共同血缘和地缘关系的人，而不是通过利润和成本做出行为选择。与之持相似观点的蔡雅诺夫（A. V. Chayanov）认为小农经济有自己独特的运行逻辑和规则，它对最优化目标的追求和对利弊的权衡，体现在对消费满足程度和劳动辛苦程度之间的估量，而不是利润和成本之间的计算。此后斯科特（J. C. Scott）延伸了马克思和蔡雅诺夫的观点，认为小农经济行为的动机与"谋利"的企业家的行为动机有很大差异，在小农特定的生存环境中，其规避风险的主导动机和与自然的互惠关系，体现的是小农对抗外来生计压力的一种"生存理性"。典型的情况是，小农耕作者力图避免的是灾难性的歉收和绝产，通过冒险发大财对他们来说是不切实际的想法。从表面看，社区的确是内部成员集体利益的代表，并不像企业一样明确地将追逐利益作为行动的准则，但并不能以此判断社区不具备经济理性。事实上，在社区互助的背后仍然是经济理性在发挥作用，社区成员往往是在权衡利弊后做出的互助选择。速水佑次郎在考察了菲律宾和印度尼西亚农民的 hunusan[2] 制度后，认为这种制度是特定经济和

---

[1]　董志勇编著《行为经济学》，北京大学出版社，2008，第107页。

[2]　存在于东南亚传统的 hunusan 制度中，每个村民都能参与收割，并按照常规得到所收稻谷的1/6。速水分析，这一制度的深刻原因并不来自地主对雇工的同情心或者富裕农户对贫困农户的无私帮助，而是源于农业生产自身具有高风险，而对于农业的保险和担保机制不健全，hunusan 制度是社区农户分散农业风险的一种机制。

技术条件下产生的理性选择，而且随着外在条件的变化，制度也会发生相应变化。

相反观点是小农是类似于资本主义企业家的"经济人"。舒尔茨（T. W. Schultz）认为小农并不是没有经济理性的另类，他们同样富有进取精神，尽管他们由于技术和资本的限制，经济规模较小、收益较低，但其生产趋近一种既定条件下较高效率的"均衡"水平，一旦有新的经济刺激，小农一样可以进行传统农业的改造，而不需要外来的集体组织。波普金（S. Popkin）分析小农的政治行为时则更进一步，认为小农简直就可以比拟为一个"公司"的投资者，他们的行动选择，完全是在权衡各种利弊之后为追求利益最大化做出的。黄宗智（1986）[1] 通过对 20 世纪 30 年代华北农民卖粮行为的研究，认为表面上的悖论实际是农民不得已的理性选择。在对长江三角洲小农家庭进行研究后，蔡雅诺夫和舒尔茨都把部分因素孤立化和简单化以突出其中的逻辑联系，现实中的农民理性是基于生存理性的经济理性。

农民经济理性的显著表现是生产队时期与实行土地家庭联产承包责任制后的农业生产率的巨大差异。从 20 世纪 50 年代合作化运动后到 70 年代末家庭联产承包责任制改革前，中国农业一直是在生产队体制下组织的。在这一体制中，由于缺乏有效的监督和自愿入社机制，社员发现个人的偷懒行为并不会减少自己的收益，他们"在他们所面对的约束下作出了最优的选择"[2]，而在家庭承包土地进行农业生产后，多劳多得成为新的收入分配原则，勤奋的劳作会更加有利可图，在此认识下，社员会更多地选择加大劳动、资本的投入，从而使农业生产力快速提高。

农民的理性首先表现为对收入差距的敏感，并因此迅速采取行动。另一个显著的例子是近几年出现的"民工潮"和"民工荒"现象。20 世纪 80 年代后期 90 年代初以来，国家逐步解除了各种限制农村劳动力流动的政策，加大了改革力度；同时，沿海各大中城市相继开放，私营以及三资企业的兴起产生了大量的劳动力需求。我国农村富余劳动力出现转移和自

---

① 黄宗智：《华北的小农经济与社会变迁》，中华书局，1986。
② 林毅夫：《制度、技术与中国农业发展》，上海三联书店，1992，第 68 页。

由流动，不仅在规模和数量上空前发展，而且出现了跨区域、跨省级的流动。根据第五次全国人口普查信息推算，全国总迁移人口为 13116 万人，其中省内迁移为 9724 万人，跨省迁移为 3392 万人。在省内迁移人口中，52% 为农村到城市的移民；在跨省迁移人口中，78% 为农村到城市的移民，全国大约有 7600 万农村劳动力处于流动状态中。多项研究表明[1]，随着国家一系列惠农措施的出台，沿海和城市企业在提高农民工待遇方面进步迟缓，越来越多的农民认为进城务工的获利性（生活成本的不断上升与收入的停滞不前相比较）处于下降状态，而有意识地了解其他经济区的获利情况，从而做出理性选择。

在四川开展的一项调查[2]也支持了这一判断，接受访问的农户表现了对收入差距的敏感，通过外出打工、电视、广播、亲朋相传等多种信息渠道，农户强烈感觉到内陆与沿海、农村与城市之间存在较大收入差距，这种认识成为大规模的农村劳动力外出务工的直接诱因。值得注意的是，仍有 66.8% 的农户认为所在村的农民收入存在差距。据访谈得知，不少农民认为先富起来的农民是由于外出打工致富的，这种认识更激发了农村劳动力外出务工的热情。

农民的经济理性是显性激励机制顺利实施的前提，这是社区实现合作的基础。合作的目的是使博弈结果对所有参与人均有利，是实现集体效益和效率。现实情况是，冲突是永恒的，而合作是暂时的、有条件的，有时可能是困难的。合作强调的是集体理性、公正和公平，而非合作强调的是

---

① 田永胜、蔡昉：《如何使劳动力要素价格不再被扭曲》，《光明日报》2004 年 10 月 19 日；蔡昉、都阳、王美艳：《劳动力流动的政治经济学》，上海人民出版社、上海三联书店，2003；江南：《用工短缺"考"浙江》，《人民日报》2004 年 9 月 26 日；刘声：《四大原因造成部分地区民工短缺》，《中国青年报》2004 年 9 月 8 日；程蹊、尹宁波：《农民工就业歧视的政治经济学分析》，《农村经济》2004 年第 2 期；姜长云：《农民的培训需求及培训模式研究（总报告）》，《经济研究参考》2005 年第 35 期；劳动和社会保障部：《关于民工短缺的调查报告》，《中国劳动和社会保障报》2004 年 9 月 12 日。

② 这项调查开展于 2006 年，选择了四川经济水平居中的江油市和较为贫困的小金县作为调查点开展问卷调查，在江油选取 205 户，小金县选取 158 户农户作为调查对象。在回答收入差距问题上，83.9% 的农户认为内陆与沿海收入差距较大，91.55% 的农户认为城乡收入差距较大。在对收入差距的认识上，贫困地区和富裕地区的农户基本没有差别。

个人理性、个人最优决策。现代经济学认为，解决个人理性和集体理性的冲突不是否认个人理性（如果一种制度安排不能满足个人理性的话，这种制度就不可能有效），而是设计一种机制，在满足个人理性的前提下达到集体理性。① 制度决定了集体的激励或惩罚结构，它通过提供激励与约束，界定成员的行为选择空间及各参与者之间的关系，从而约束机会主义行为，减少不确定性，降低交易费用。② 农村公共产品具有显著的合作剩余空间，且这一空间可以被成员无差别地消费，在这种环境下，形成稳定合作的基础就是所有成员都能够有公平的机会对选择规则提出意见和看法，每位成员都能够根据自己的效用和价值判断，对候选方案做出"认可"（即同意）或"否定"的判断，然后集体才能根据各候选方案所得到的"认可"程度，确定选择结果。在国家层面上，对外在性的公共治理主要有四种方法：罚款、补贴、管制和法律仲裁。③ 这四种方法都在不同层面发挥着作用，例如对于农村教育中存在的显著外部经济特征，财政支付补贴能够给穷人以平等的机会接受教育，发挥潜能，但不能否认的是，如果不加选择地实施补贴，将可能导致学生失去学习的动力和压力，从而大大降低投入效率。相同的道理，在一个符合合作博弈假设的农村社区，如果不能确定一个有效的公共管理制度，将大大降低社区的合作可能性。

通过制定和实施充分合理的政策或者规则能够完全规避"囚徒困境"所引起的经济无效率，但是任何一种规则都不可能尽善尽美，对于经济生活中尤其是复杂细微的农村生产生活不可能面面俱到，而且也很难随着环境变化而迅速做出反应。社区内合作行为的产生在一定程度上是隐性社会资本发挥作用的结果。社区成员间的关系不是单纯的经济关系，而是包含复杂社会关系在内的多重交流的关系网。例如婚丧嫁娶时宴请宾朋、急需资金时互相借贷，都是社区关系的体现。多重关系和长期稳定的结构的基础就是信用，这

---

① 张照贵：《经济博弈与应用》，西南财经大学出版社，2006，第10页。
② 黄珺、顾海英、朱国玮：《中国农户合作行为的博弈分析和现实阐释》，《中国软科学》2005年第12期。
③ 李军：《西方市场失败理论及其借鉴意义》，《中国社会科学院研究生院学报》1989年第5期，转引自李军《中国公共经济初论》，陕西人民出版社，1993，第63页。

是一种类似于公路、水利设施等基础资本的社会资本。① 这种资本能够降低集体利益形成过程中的交易成本。例如某人在一次经济活动中为了个人利益而损失了集体利益，在"熟人"社会，他可能受到来自非经济领域的惩罚，比如不被邀请参加此后的集体活动，或者在急需帮助时无人伸出援手等，此人会因为贪图一时的个人利益而受到今后长期的来自非规则范围内的惩罚，他为此将付出远远大于一次性收益的成本。这可能的高额成本对成员来说是不可承受的，因此当成员进行选择时，他往往会因惧怕未来要付出成本而选择合作。正是基于社区成员对他人的信任，认为他人也会和自己一样选择合作，社区的合作会产生并长期持续下去。一系列试验证明，在小型的具有相同行为模式的稳定社区中，公共产品的资源提供会大大增加，各种合作性行为的约束也更严厉。小型的稳定社区或许还能够使个人行为自愿地符合集体的规范并使每个人自愿地为社区这一局部的公共物品的供应做出贡献。②

第三节　主动参与机制的实验——基于58个村的实验

一　实验说明③

（一）实验的目标价值

总体目标是"通过为不同收益群体提供多种天然林资源可持续经营的

---

① Kenneth J. Arrow, "Limited Knowledge and Economic Analysis," *The American Economic Review*, Vol. 64, No. 1, Mar. 1974, pp. xiii – xiv + 1 – 10; Paul Seabright, "Managing Local Commons: Theoretical Issues in Incentive Design," *The Journal of Economic Perspectives*, Vol. 7, No. 4, Autumn, 1993, pp. 113 – 134; Yujiro Hayami, "Toward the Rural – Based Development of Commerce and Industry: Selected Experiences from East Asia", The World Bank, 1998; 等等。

② 〔美〕丹尼斯·穆勒著《公共选择》，张军译，上海三联书店，1993，第16页。

③ 根据《欧洲委员会与中华人民共和国"天然林管理项目"财政协议》，从2003年到2009年在中国四川、湖南和海南的3个省、6个县、58个行政村实施中欧天然林管理项目。项目活动分四个模块：（1）支持可持续的天然林管理；（2）支持邻近天然林和天然林内乡村的社区发展活动；（3）培训省、县级的项目工作人员、直接的项目受益者和非项目直接相关的其他社会人士；（4）各项目协办办公室管理的改善和机构建设。本实验是基于第（2）项的内容和目标于2005年11月开展的。

试验和示范，提高环境的稳定性，促进当地社区的可持续发展"。社区发展模块的目标是改善项目区村民的生计条件，提高与以社区为基础的森林资源可持续经营相适宜的机会，发展和改善土地利用方式。

（二）规则

由外界（中欧天然林社区发展项目）提供 2 万元人民币，社区百姓可以自行决定建设内容、建设方法，甚至投票方式都可以自行选择。前提是只有超过社区 2/3 的农户达成一致意见才能动用这 2 万元建设基金，并给出承诺，如果本次的建设能够成功（即令社区内大多数人感到满意，且那些不满意的人的情况并没有变坏），那么还将在下一轮项目中进一步提供帮助。这里下一轮项目被定义为未来两年内的微型基础建设或者小型生计替代项目。但是如果社区内成员不能就 2 万元的投向达成共识，那么这 2 万元将被收回，且不会再有进一步的资助。

二　实验过程和结果

仍以上述 S 县 X 乡 A 村为例。实验于 2005 年 10 月 10 ~ 12 日在 A 村开展，在项目专家的指导下，以村代表大会的形式展开，主要包括社区资源评估、发展意愿识别、发展项目筛选以及项目确定四个阶段。最初的准备工作是，确保全村 3 个组都有超过 2/3 的代表参会，并且对这些代表充分披露相关信息，使其明确实验的规则和目标。由于缺乏必要的通信设备，大会由村委会负责通知到每个家庭，共有来自三个组的 76 个农户代表参加本次实验，达到预定计划。社区内没有任何一个人或者家族能左右其他人的选择。

（一）实验第一阶段：社区资源评估

利用小组讨论的形式，将参加会议的全体村民分为妇女组、村干部组和一般村民组（男性），独立讨论了 A 村农牧业生产和森林资源及其利用情况，然后通过大会交流的形式让村民确认了 A 村在自然资源及其利用方面的现状。不同的组别对收入来源和资源利用情况的认识略有差别，但能达成共识。收入来源渠道主要是种植业、林副产品采集（野生菌和药材，出售）、畜牧业（牦牛、山羊，出售）以及退耕还林（还草）项目补贴。资源利用方式主要是放牧、砍柴以及利用木材建房（有指标，不能随意使用）。

（二） 实验第二阶段：发展意愿识别

根据 A 村群众对社区经济和资源状况的确认，通过小组讨论（包括妇女组、村干部组和一般村民组的小组讨论形式和关键信息人／小组访谈）的形式，了解 A 村不同群体和农户类型对社区发展项目活动的意愿，最后通过社区大会进行公开修订和确认。

在 A 村社区大会上得到群众一致确认的社区发展项目意愿如下：

1. 修建小桥；

2. 完善 3 公里村道；

3. 为新建的三个队的公路修建排水沟、涵洞和保坎；

4. 修建村医疗站，包括两间房，可以提供一般的输液、常见病治疗诊断与药品销售等服务；

5. 为 A 村入村口自愿搬迁出去的 5 户人解决饮水和用电问题；

6. 为 3 个生产队修建人饮工程（妇女特别强调）；

7. 为全村安装电话；

8. 硬化村小学的篮球场；

9. 修建 7000 亩或 100 公里长的围栏草山／牧场。

通过排序确定修建从村口到居民居住地的几座小桥是最为紧要的需求。几座小桥的位置如图 7 - 1 所示。

分组讨论结果如表 7 - 1 所示。

表 7 - 1 待选公共产品项目意愿详情表

	意　愿	是否受益	预算 （由组员估计）
一组	a，b，c	a，b	估计水泥 5 吨 3000 元，铁板 3.5 米 ×5 米共 12 张 8000 元，工字钢 5 米 ×12 米大约 8000 元，木料 10 立方米 620 元，焊工工资 1000 元，总计大约 21000 元

续表

	意　愿	是否受益	预算（由组员估计）
二组	a，b，c，d	a，b	需要水泥 10 吨大约 4400 元，工字钢 128 米大约 16000 元，木料 10 立方米大约 600 元，铁板 28 张大约 8000 元，总计大约 30000 元
三组	a，b，c，d	a，b，c，d	35300 元，其中：村民投工约需 10000 元，钢材 4 吨和铁皮 1 吨约 17500 元，水泥 12 吨约 4800 元，砂石运费 3000 元

S县X乡A村小桥区位示意图

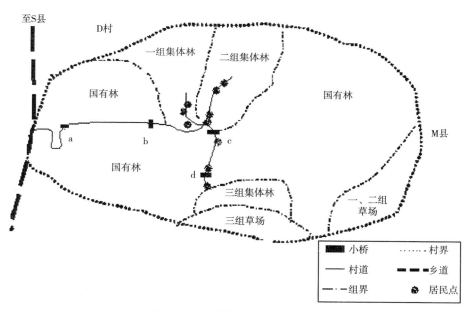

图 7-1　A 村待建小桥区位示意

　　讨论结果是，全村都愿意修建 4 座小桥，矛盾在于超出 2 万元项目经费的部分，不受益的小组不愿意集资，受益小组也认为他们不应该独自承担这部分费用，他们认为其他小组也可能会使用这些设施。

　　第一天商讨热烈，但没有取得最后的结果。第二天和第三天小组之间进行了充分的沟通和协调，最后一致同意先修桥 a 和桥 b，桥 c 和桥 d 将在下一阶段的基础设施建设中得到解决。此外，a 和 b 的主要负责人、材料采购方法和地点、投工投劳方式、监督和验收方法和人员以及有可能超出的预算等都在大会上达成了共识。

(三) 实验第三阶段：项目筛选①

根据项目的基本要求，结合 A 村的自然和社会经济状况，社区发展专家会同 S 县相关官员在咨询了 S 县相关技术和政策管理部门意见的基础上，对 A 村社区群众提出的社区发展项目意愿进行了筛选。其中认为项目不应支持或者应该获得支持条件的项目及其意见如下。

1. 修建两座小桥项目：有确切的预算和超出部分的筹资方式，并得到全村一致同意，予以支持；

2. 修建 A 村医疗站的项目：应该确保该村的"土医生"获得了国家的医生资格证书，以及开发出 A 村全体村民认可的针对该医疗站管理的具体管理办法才能给予支持；

3. A 村入村口 5 户农户的饮水和用电问题：不应该支持，因为人口少，又很分散，投资大受益面太小，同时占用社区发展项目的指标（水项目和电项目）；

4. 为全村安装电话：不应该支持，投资大，回报不具体、不真实；

5. 硬化村小学的篮球场：不支持，投资比较大，而且方便男性，妇女认为会增加她们的家庭工作负担并且她们根本不能受益；

6. 修建 7000 亩或 100 公里长的围栏草山/牧场：不应该支持，因为投资很大（至少需要 60 多万元）。

(四) 第四阶段：项目确定

2005 年 10 月 15 日，社区发展专家与 S 县相关人员一起在 A 村召开了社区发展项目确定大会，全村有 76 个村民参加了会议，其中 26 个是妇女，显示出社区群众对社区发展项目的兴趣与支持。

社区发展专家和社区发展官员首先将 A 村自然资源评估和社区发展项目识别的情况做了详细介绍，并根据项目的要求和 S 县相关技术部门的意

---

① 此项目筛选方案由供给方的专家给出。

见，对 A 村社区发展项目的筛选情况和结果做了介绍，得到了全体参会村民的认可后，请全体村民通过男女分组和三个生产队分组的形式对所有保留下来的社区发展项目进行优先排序。下面是经过全体参会村民认可的社区发展项目及其排序结果（按得票结果的优先顺序）。

1. 修建 2 座小桥，全体通过（76 票）；

2. 下一阶段小型基础设施建设：

（1）完善 3 公里村道，包括必要的路面整理、排水沟和另外 2 座小桥等：59 票（其中女 25 票，男 34 票）；

（2）为新建的三个队的公路完善排水沟、涵洞和保坎：54 票（其中女 21 票，男 32 票）；

（3）修建村医疗站（包括两间房）：全体同意作为第三个优先项目；

（4）入村 5 户人的水电问题：19 票（其中女 4 票，男 15 票）。

三　主要发现

（一）资源禀赋是需求的决定因素

实验中所有参与者的需求表达无一例外地印证了这一推论，即农户的需求是以所拥有或者能被利用的资源为参照系的，处于不同环境的农户对公共产品的需求具有差异性。通过观察发现，"有限理性"的农户表达需求的时候以参照点为尺度，实际情况与参照水平之间的相对差异比实际的绝对值更加重要。农户在选择公共产品项目时，会充分考虑自己未来的支付，供给方只是为项目点提供一定数额的资金（2 万元），这些资金只能提供有限的公共产品，很多基础设施、灌溉建设所需的资金会超过 2 万元，剩余部分则需要农户自筹。大部分社区的做法是将选择项目的预算控制在 2 万元左右，也就是说，假如面对两个公共产品项目，A 项目是最为需要的，但需要 4 万元预算，B 项目是次需的，但预算能控制在 2 万元，在这种情况下，社区农户会更加倾向于选择 B 而不是急需的 A。从需求结构来看，也充分体现了资源禀赋的决定性。例如家里有孩子上小学的农户会优先选择维修村小学校舍，妇女会选择那些风险较小的劳动密集型农业生产项目的技术支持（如蔬菜种植、养猪等），富裕家庭更加倾向于选择高风险但有高附加值的项目（如药材种植、树苗等），那些有老人的家庭更愿意首先解决村卫生站的问题。

（二）社区博弈存在均衡点

开展小型项目的100多个村都在规定时间内顺利完成了参与式的项目讨论和确定，超过半数的项目是村民代表全票通过，不少项目还是在社区百姓追加投入的基础上被确定的。实验的过程和结果充分证实了在农村社区内部合作机制是存在的，这种合作机制能够实现社区成员的公共产品偏好。

实验表明，只要有合理的制度设计，成员是乐于表达自己的真实需求，并且能够通过内部协商解决筹资、管理和监督等一系列问题的。正如前文所提到的，信任是社区内实现合作的基础。

与一般的观点不同，实验过程显示了民主决策下的交易成本并未显著增加。在基于合作的公共产品决策过程中，由于充分体现了参与精神，尊重社区不同结构百姓的习惯、思维、性别、家庭结构等要素，大大激励了社区百姓思考和表达的热情，在交易成本并未显著增加的情况下，大大降低了未来的项目实施成本。例如在其中一个决定修建村级公路的项目点的过程中，为了保障项目的顺利开展和管理，村委会召开了村民大会，成立了"公路建设领导小组"，落实了具体分工、责任明确到人，有效地组织管理项目，同时村民共同商讨制定了"崇兴村关于公路管理的规定"，并将该规定纳入了村规民约。可以预见，由于村民的广泛参与，未来实施过程中的监督成本和管理成本也将大大降低。再比如在决定开展饮水工程的项目点中，有的村修建水池时，村民集思广益、合理设计，将水池划为3个小水池，逐步过滤，这不仅保障了水的卫生，还方便了清洗水池；有的村使用镀锌管，发现预算时没有计划防锈油漆，于是村民自己出钱购买防锈油漆，镀锌管上了防锈油漆后能够保障水管不生锈，同时有利于防冻，确保水管能长期使用；有的村边实施项目边学习，学习简单的水管安装技术、维护管理技术等。

（三）合理的制度设计是实现农村公共产品效率的必要条件

合理的制度设计能够有效阻止公共产品支付中的"搭便车"行为。社区内人们的生产生活相互影响，产生相互信任，在共同情感和偏好的基础上，对那些希望通过"搭便车"以达到私人利益最大化的人的惩罚有独特的方式，这也是"社区相对于市场和国家的比较优势"①，而且原则上一个稳定的多数派联盟能够沿着帕累托可能性边界将少数派后推到他们的良心或宪法所能允许的范围之外。②

一个很有代表性的案例是社区道路建设。在成都平原，某村社的机耕道由社区成员自愿投票并投资投劳修建，其中一户农户认为机耕道不从他家门口过，他家也没有拖拉机等交通工具能够使用到这条路，而且他还有一条小路可以使用，因此拒绝投工投劳，并发誓说今后绝对不使用这条路。其他村民在协商无果的情况下，垫支了本应由此农户负担的修路成本。路修好的两年里，这家农户履行诺言，没有使用过这条路。两年后农户的女儿出嫁，男方家里派了几辆车来接新娘，全村人将婚车堵在村外，禁止其使用机耕道，农户恳求社区其他成员网开一面，并承诺付出当初修路的双倍成本，才被允许使用道路。在整个社区的监督下，违背集体意愿的人付出了更大的代价。

林区百姓具有管理森林的经验，他们能够利用传统知识按照林木生长特点利用和管理森林资源。虽然林区百姓对森林资源的利用是初步的、粗放的，但是百姓普遍具有森林资源利用的传统和现代的知识。山林权属下户之后百姓运用自己的知识进行有选择的伐木、砍柴。例如在松潘县牟尼乡中寨村延续并发展了新中国成立前就存在的乡规民约（田间管理模式），每年由村上的 6 户进行退耕还林地、耕地、集体林地、集体草场的管理，大大提高社区资源的管理和利用效率，同时也加强了村社的自身建设能

---

① 在与市场的私人品供给和国家的全局性公共品供给相比较，社区具有比较优势。〔日〕速水佑次郎著《发展经济学——从贫困到富裕》，李周译，社会科学文献出版社，2003，第288 页。

② 〔美〕丹尼斯·穆勒著《公共选择》，张军译，上海三联书店，1993，第34 页。

力。传统知识更多地强调如何合理利用森林资源而不是粗暴破坏。例如平武项目点的每个寨子都有属于自己的神山，在白马藏民的心目中神山是神圣不可侵犯的，每年农历二月初一敬神山。神山上的一草一木乃至一颗石头都是不能乱动的，神山就成了保护得最好的森林，可以很明显地看到神山上的树木比周围的树木长势更好。

第八章　主动参与模式的实现路径

第一节　主动参与模式的实现思路

一　将以人为本的科学发展观作为核心指导思想

　　农村公共产品需求是建立在资源禀赋基础上的，资源禀赋既包括那些"看得见、摸得着"的自然和社会资源，例如土地、现有的公共服务、劳动者的家庭收入等，更包括那些容易被忽视的隐性资源，例如农民的公民权利。不了解这一点，所谓的"建立以需求为主导的农村公共产品供给体系"不过是纸上谈兵。以人为本的价值观是我国从古至今历代传承的社会思潮，是西方人本主义反对迷信、张扬人性的具体体现，是马克思主义唯物史观的一项基本原则。在当前强调以人为本的科学发展观，就是强调人民群众创造历史、推动社会进步的人类社会发展规律。它全面回答了公共资源的属性问题，强调公共产品是为公众发展、靠公众发展、由公众分配的一系列基本问题。因此，应当把人民的利益作为一切工作的出发点和落脚点，不断满足人们的多方面需求和促进人的全面发展。[①]

二　将统筹兼顾作为根本方法

　　主动参与模式的实质是不同利益主体从自身资源禀赋出发，调动一切

---

① 《胡锦涛在中央党校省部级干部进修班的重要讲话》，2007 年 6 月 25 日。

积极因素，最大限度地发挥主观能动性，主动协调利益关系，组织资源进行合理配置，是具有综合性和系统性的发展模式，需要统筹兼顾各方的比例结构及其效益关系。在农村基础设施和公共服务体系建设中，在增进效率的同时要兼顾公平；在考虑经济效益时，必须统筹兼顾社会效益、生态效益、人力资本效益等；在利益分配方面，要统筹兼顾国家利益、集体利益和个人需求，还要将长远利益、中期利益和短期利益相结合，通盘布局。

三　以可持续发展为目标

可持续发展的含义是不超越现实阶段和能力的发展，在发展的时间序列上，强调今天对资源的使用不应减少未来的实际收入，在横向上强调同一代人中一部分人的发展不应当损害另一部分人的利益。构建主动参与模式须以经济社会生态的全面可持续发展为目标，要促进人与自然的和谐，实现经济发展和人口、资源、环境相协调，坚持走生产发展、生活富裕、生态良好的文明发展道路。

第二节　利益相关者角色的重新定位

正如前文所论证的那样，在理论上农村集体有实现公共产品效率的职责和功能，但在中国这一功能由于角色的扭曲被忽略了。从这个意义来说，集体效率实际上是公共产品效率的基础。因此重提集体功能成为理顺公共产品利益相关者的博弈关系、实现效率的路径选择。首先需要的就是对社区集体角色进行重新定位，进而使农村公共产品利益相关者的地位和作用明晰化。

与私有制国家不同，我国的农村社区首先是集体概念，农村主要资源（如耕地、建设用地、水面等）的所有权都归集体，大多数农民还有一个身份是"集体经济组织成员"。因此，农村社区集体首先是独立的主体，对外部（包括政府、企业、非政府组织等）而言应当是谈判者和沟通者，而不是单纯的政府的传话筒或外来企业的"打工仔"。基于"集体"的特殊性，在对内（包括集体经济组织成员、社区居民）关系上，目前的集体至少应有如下几种角色：社区规则的制定者和监督者，以规范和监督成员行为；社区公共产品供给的组织者和协调者，以提升资源配置效率，降低组织成本。

在公共产品供给过程中，农户应当具有多重职能：不仅是产品的支付者、使用者、管理者和受益者，更应当是公共产品供给的决策者、监督者以及项目实施过程中的管理者。其中特别值得一提的是，农户作为公共产品的受益者，不应是被动受益，而应是建立在真实需求基础上的，利用项目获得经济和社会的、短期利益和长期利益相结合的受益。

政府是最重要的外来者，明确这一点基本认识后，政府就能够容易地将角色从主导者转变为协助者了。在项目规划、实施以及管理的整个过程中提供可靠的信息、先进的技术，确定以效率为出发点和最终目的的管理方式，为缺乏知识和技能的相关者如农户、企业或者其他组织提供必要的培训。此外，作为协调人，当利益相关者之间出现矛盾和冲突时帮助协调各方面的关系。通过协调和服务，建立与社区农户平等合作的伙伴关系，最终建立在自主管理方面自信、自立、自主、自强和可持续发展的主体。当然作为公共资源的最大掌握者，政府应当为农村公共产品提供力所能及的资金、物质支持，将公共资源更加合理有效地配置，实现社区和农户长期受益。①

第三节　强调集体的主动性

一　集体是天然的效率团体

作为一个社会组织系统，农村社区的功能是"诸多功能交互汇集的总

---

① 政府在协助建立完善的公共产品体系时，需要注意工作方法的改变，例如由关心少数拥有较多话语权的农户（例如富人和精英）转变为更加关心农村中的弱势群体（例如妇女和穷人）的需求。而且要强化制度的规范化监督，使群体行动正规化。

体反映"[1]，立足于不同的角度，其理论功能是不同的。从农村社区在公共产品方面发挥作用的角度来看，其具备以下基本功能。

（一）组织效率

农村社区最基本的功能应该是组织而不是管理。根据我国行政划分，乡镇为基础行政单元，村则是村民自治组织。村民自治组织体系主要由村民会议、村民代表会议、村民委员会和村民小组构成，这四种组织被分为权力机构和工作机构。村民自治组织是村民群众实行村民自治的组织依托。其功能是为村民自治提供组织条件，以实现村民自我管理、自我教育、自我服务和促进社会全面进步的目的。村民自治组织体系的功能，与各个组织角色按一定方式形成的机构密切相关，不同的角色组合形成不同的组织结构。权力机构和工作机构在组织中的力量不同决定了社区实现的功能差异。[2] 从理论上说，无论哪种组织结构社区都能且必须实现其组织功能。

小农社会的农业经营特点是生产和劳动的分散性，以及生产过程和结果的不确定性。在耕地稀缺的中国，集体劳作制度已经被证明是无效率的，要用稀缺的耕地解决庞大的人口需要问题，采用以家庭为单位的农场经营方式是更加有效的[3]，因为它解除了对劳动者的一些不必要的约束，降低了管理和监督成本[4]。然而，家庭农场制度存在先天的缺陷，劳动者之间因信息障碍，劳动生产率提高较慢，增加了规模不经济的成本，最重要的是使很多规模经济中的私人产品转变为公共产品。例如在大农场经营活动中，农场主有能力并且有动力来改善农场里包括灌溉设备在内的基础设施并对雇工进行技术培训，但这在小农环境中几乎是不可能做到的，因为有成本限制。从博弈论的角度出发，小农经济很容易陷入"囚徒困境"，而无法充分实现劳动效率。而且历史也不断证明，没有组织的小农面对公

---

[1] 刘敏主编《中国不发达地区农村的社会发展》，中国经济出版社，1990，第104页。

[2] 徐勇：《中国农村村民自治》，华中师范大学出版社，1997，第93页。

[3] 〔日〕速水佑次郎、〔美〕弗农·拉坦著《农业发展的国际分析》，郭熙保、张进铭等译，中国社会科学出版社，2000。

[4] 林毅夫：《制度、技术与中国农业发展》，上海三联书店，1992，第68页。

共资源时会无约束地利用资源直到资源耗竭，也就是所谓的"公共地悲剧"。因此除非有社区机制组织家庭农场进行合作，否则家庭农场就不可能把它们的生产能力充分发挥出来。① 从这个角度来说，社区必须实现其组织功能，以减少与劳动分工相联系的成本，以及合理配置资源以兼顾长期和短期效益。

社区是天然地具有组织功能的，因为建立在血缘或者共同地域基础上的社区比任何外来者更加了解资源状况，也更加具有配置资源的动力。作为一种过程，社区"组织"的目的是纠正市场和政府"失灵"问题，尤其是避免上述以家庭为单位的农业经营中的效率损失问题。以四川省红原县为例，20世纪70年代末80年代初，牧区实行了家庭草场承包制，激励了牧民的生产积极性，牲畜数量不断攀升，牧民生活得以改善。但随之也出现了一系列问题，其中劳动力配置效率低下问题尤为突出，游牧使劳动力必须随着牲畜不断迁徙，过去在部落时代和集体经济时代，妇女照顾家庭、男性放牧，形成了一套具有效率的劳动分工，新制度下牲畜数量多而劳动力缺乏的家庭在游牧时力不从心，而那些牲畜数量较少的农户则存在劳动力浪费的现象。在这种情况下，社区将村里的劳动力组织起来重新分工，结合政府的"牧民新村"工程，让老人和儿童定居，将村里的青壮年劳动力进行合理分配，在提高村民生活水平的同时，大大减少了与劳动分工相联系的成本，实现了规模经济。

从功利主义的角度出发，人们总是倾向于那些能够直接受益的行为。行为经济学告诉我们，人们的行为选择往往与其受教育程度、信息接收度、收入水平、职业预期等密切相关。普通村民在公共产品和服务的需求上，比较注重产品是不是"实惠"。相对而言，那些要经过较长时期才能体现出效益的产品或服务往往得不到村民的青睐。建立在自治基础上的村级社区，通过组织工作能够将长期利益明晰化，克服短视倾向。

---

① 〔日〕速水佑次郎著《发展经济学——从贫困到富裕》，李周译，社会科学文献出版社，2003，第294页。

（二）公共资源的管理效率

在公共资源的管理方面，社区显然比政府更具有优势。这一论断的前提是农业生产的外部性和社区监督的有效性。

一方面，条块相连的农业生产使得农村家庭之间互相影响，生产经营方式可能对别家产生正的外部性。一家使用新种子获取好的收成会使相邻的一家获取信息；在河边栽树发展林业生产会减少水土流失，增加渔业收入。另一方面，农业生产对自然环境具有高度依赖的特质，反过来说，对自然环境也具有不可忽视的负外部性。例如使用农药会伤害来此觅食的鸟，害虫没有了天敌；上游使用河水过量灌溉，会导致中下游干旱；对林木的过度砍伐会导致山洪暴发，等等。对于以家庭为基本单元的小农经济来说，每个农户开展的经济活动对资源的影响是很小的，甚至可以忽略不计，但是当农户的个体行为变成一般做法后，这种微小的负外部性会从量变到质变，对资源的破坏最终会达到无法弥补的地步。那么如何来化解小农生产与外部性的矛盾呢？对农业生产的外部性实施产权界定的成本显然过高，更好的办法是对农户进行有效监督，使负外部性降到最低。前文说到，农村社区的形成往往是以血缘或者传统地缘关系为基础的，在此基础上形成的信任和合作意愿相当牢固，传统的村规民约更容易得到认同并遵守。同时也由于社区内"熟人"的存在，人们的生产和生活不得不考虑"熟人"的看法，进而能够对产生负外部性的行为进行一定的约束。另外，人们往往习惯于评论社区内他人的行为，而且会很快达成此人行为"端正"或者"不端"的共识，以此判断今后对此人采取合作还是不合作的态度。在这种氛围下，社区的机制就很容易有效运行，农业生产和农民生活的负外部性能够得到抑制，正外部性行为也会得到鼓励。

那么为什么会有"公共地悲剧"呢？Garrett Hardin（1968）在论述这一问题时得出结论，"在共享公有物的社会中，每个人，也就是所有人都追求各自的最大利益。这就是悲剧的所在。每个人都被锁定在一个迫使他在有限范围内无节制地增加牲畜的制度中。毁灭是所有人都奔向的目的地。因为在信奉公有物自由的社会当中，每个人均追求自己的最大利益。

公有物自由给所有人带来了毁灭"。① 然而，社区并不信奉"公有物自由"，相反，社区认为公有物是属于社区内所有人的，每个人在使用公有物时必须考虑他人的感受，因此相对于私有物，社区内的公有物是最没有自由可言的。当"公有物自由"这一前提不再存在的时候，社区内每个人都只能以社区最大利益为目标，没有办法利用稀缺资源无限制地增加私有财产，公共地悲剧因此能够避免。

如果把公共资源交给政府管理，相对于联系紧密的社区而言，政府是不折不扣的"外来者"。单家独户的负外部性往往是不明显的，如果能够便捷地获取"外来者"的东西而增加自身收益，农民就会想方设法利用这些资源。受人力和预算的限制，政府对小农户的监督效率不高，这更加剧了负外部性的溢出。此外，政府往往出于贸易、规划或者利益的考虑，突然变更其管辖的公共资源的使用方式，这在一定程度上会影响农民的预期，也会导致农民采取破坏公共资源的行动。这方面显著的例子是20世纪中国林业的发展。林权历经数十次变迁，一方面，造成林地、林木权属的混乱，诱发山林权属纠纷；另一方面，百姓对未来森林的权属没有强烈的认识，影响林农对国家政策的信任，不仅打击了林农抚林育林的积极性，而且对未来预期的不确定性也激发了林农无节制利用资源的行为。

因此，没有理由否认农村社区有可能形成妥善经营公共财产资源的能力②，社区天然地具有对公共资源进行管理的功能。

（三）农村关系的维护与调整效率

农村社区比城市生态系统具有更加开放的特点，也更加能够容纳其他生态系统。在农村社区中建立稳定的生态关系主要取决于系统结构的改善与调节，良好的农村社区生态系统应具有合理的结构，最大限度地发挥其特定功能。社区的人类活动设施要与生态型农业设施高度协调，居住房屋与道路交通、通信系统，污物处理与生态系统的物质代谢和能量循环等都

---

① G. Hardin, "The Tragedy of Commons," *Science*, 1968.
② 〔日〕速水佑次郎著《发展经济学——从贫困到富裕》，李周译，社会科学文献出版社，2003，第297页。

要结合起来。① 当前我国的农村社区正在发生一系列变化：社区结构系统由封闭化趋于开放化，劳动人口群体由同质化趋向异质化，社区经济活动由简单化趋于复杂化，社区组织由行政归属型趋于利益归属型。② 这些变化反映了我国经济社会的转型，也进一步提高了社区在农村关系维护与调整上的职能要求。

在过去简单的社区关系中，传统的维护与调整方式是由乡规民约、受尊重的长辈等对社区进行自我纠正，在维护和调整内部关系方面，这种方式直到今天依然发挥重要作用。例如在海南很多农村里，老人在当地很受尊重，以前村里的大事都由有威望的老人共同商议决定（妇女无权参与），虽然现在村里实行民主决议，但老人的意见还是会起很大的作用。社区内的乡规民约不仅依赖个人良心与道德准则，在经济社会，更多的时候是依赖于严格的监督和奖惩原则。有相关的实例表明，如果村里已经存在社会组织，如宗族组织（比如海南的老人会），那么这些村更有可能提供质量较好的公共产品。如果村里之前不存在这些组织，那么由外部创立的本地机构需要仔细挑选人们需求很高的服务，并且下力气进行广泛的倡导和信息普及。③

二　集体效率存在产生偏差的风险

（一）社会形态和文化传统的影响

人民公社时期的农村组织方式剥夺了成员退社的自由，构成了社员在生产中的一次性博弈，被证明是农村生产率低下的根源。④ 由于缺乏管理和监督的主动性，交易成本很高。从理论上说，这一时期的农村公共产品效率是低下的。但是一个未经检验却被普遍接受的观点是：相对于家庭联产承包责任制而言，人民公社时期的农村公共产品具有明显的供给优势，

---

① 刘敏主编《中国不发达地区农村的社会发展》，中国经济出版社，1990，第76页。
② 马芒：《农村人口的地域分布与职业分化》，《中国发展观察》2006年第12期。
③ 世界银行东亚与太平洋地区编著《改善农村公共服务》，中信出版社，2008，第80页。
④ 林毅夫：《制度、技术与中国农业发展》，上海三联书店，1992。

前者在公共产品上更加缺乏效率。这一结论在现实中得到了印证，事实上很多农村的基础设施都是人民公社时期修建的。这一有悖理论判断的结果，其原因在于那种特殊的历史形态。

与实行家庭联产承包责任制以后的时期相比，人民公社时代的"比较优势"在于强大的政治力量和动员能力，这种力量能够在经济建设中发动"人海战术"，在一定程度上扫除由资源匮乏所产生的发展障碍，而且高度集权的国家体制能够将劳动者以行政化的方式组织起来，劳动者被强制地组织生产，在这种环境中，他们除了完成国家计划外没有选择的余地。同时还可借助几千年农户经济内在具有的"不计代价的劳动替代资本投入"的机制来缓解突然出现的资本极度稀缺问题[1]。在这种强制组织和被动劳动的环境下，人民公社时期建设了大量的农业基础设施，许多农村道路也是在那个时候形成的。可以说是特定的社会形态影响了那个时代的公共产品供给状况。

值得注意的是，作为一个千年古国，中国独有的文化传统在农村公共产品体系上产生了不可磨灭的烙印，这其中最主要的是群居社会的互助性和均等性。很大一部分农村公共产品来源于互助行为，例如为外出务工人员的子女（农村留守儿童）开设的幼儿园。而均等性则往往产生负面影响，"一事一议"制度难以实施的根源就在于农村均分成本、平均受益的思想。

正如前文所述，农村公共产品是社会发展到一定阶段的产物，它受到那个时代的社会形态的深刻影响，有着一个地区的特有的文化烙印。

（二）"精英"和"能人"的力量

在中国广大村民中，自己的利益和困难与共同利益和困难之间，似存在一条难以跨越的鸿沟。"没人管事"与"没有办法"成为广大村民的习惯用语，就是上述状况的反映。不过，在村落文化内部，有时会孕育出一种"能管事"且"有办法"的人物，这种人物不是村民协商选举产生的，

---

① 温铁军：《中国农村发展的另类解读——"中国经验"、"比较优势"与乡建试验》，《理论前沿》2008 年第 13 期。

而是自己冒出来的。他们有能力认识全村的共同利益，并有能力带领村民实现这种共同利益。这种人物越是无私，就越能代表共同利益，越能赢得村民的信赖与尊重，从而凝聚起一股强大的集体力量，他的威望与智慧成为公共事业发展的基本保障。[1] 例如，没有集体产业且资源稀缺的河北龙村，公共产品供给的筹资主要来源于村庄精英——女村主任的四处"化缘"。1993 年以前，龙村的公共产品极其稀缺，半山腰的小学濒临倒塌，村路几乎无法行车，灌溉水的缺乏使得四周荒山无法得到开发……1993 年原来的妇女主任当选为村主任，当选后的第一年她就做了三件大事，一是将村里的主干道铺成石子路，二是买来油布盖好村里小学校的房顶，三是打了几口井，解决了村民的饮水问题。1994 年参加了"农村妇女发展与对策研讨会"后，她开始筹资新建村小学。1995 年因担任妇女主任期间组织妇女在山上种植生态林而获得世界妇女大会"生活创造奖"，并于当年建成了龙村小学教学楼。1996 年从香港乐施会拉来 25 万元港币赞助，为村里引进小尾寒羊项目，带领村民从贫困走向温饱。1998 年 1 月当选省人大代表，并在同年至 2000 年分四段铺设了全县第一条由一个村庄独立修建的水泥路。这期间她又组织村民打了 5 口机井，解决了村里灌溉水不足的问题。与此同时，她还于 1999～2001 年开始策划耗资 500 万元的大西梁生态园开发工程，修建了 4000 多米盘山水管。2003 年修建了 5000 多立方米蓄水池及上山高低压线路。2004 年村里在生态园修建了 3000 多平方米的旅游住房和 1000 多平方米的葡萄长廊，完成了 5.7 公里的上山砂石路面的铺设，并修建了用于防洪的顺水墙……可以说，龙村公共产品与服务的供给历史正是女村主任的治村史。[2]

三　集体的拓展和自我纠正

社区诞生于经济活动，其原则和功能在经济体制的不断变革中发展和完

---

① 源自许平中的博客，题名为《当代中国农村的经济学解读》，2005 年 3 月 28 日。
② 周秀平、刘林、孙庆忠：《精英"化缘型"供给——农村公共产品与公共服务的典型案例分析》，《调研世界》2006 年第 5 期。

善。在现代社会中，与市场和政府一样，作为第三类组织的社区有自己的规律，这种规律能够成为根治市场和政府失灵的"良药"。但是社区并不总是有效的，它也存在失灵的可能，这种失灵的原因主要有两个。第一个原因是由社区本身的缺陷所引致的。社区的规模往往不会很大，会发生规模无效率的情况，那些长距离的跨区域活动会受到制约，从而引致社区组织行为的无效率。第二个原因是内部结构或外部环境的变化。一旦社区内部结构发生变化，原来由信任形成的平衡就会被打破，这一社区机制得以运转的基础的重新构建需要时间和空间，往往会导致社区功能难以发挥，外部环境的变化会引发内部结构的调整。如同市场的自我修正一样，社区会通过拓展的方式纠正其原有的规则和组织形式，从而达到新的平衡。

农村社区最常见的纠正方式是建立各种专业合作组织。合作组织是使用者和服务导向的，所有者是合作组织所提供服务的使用者，它是一种具有一定社会功能的组织形式，强调以人为本和人的联合，倡导公平和社会公正，目的是帮助成员满足其经济、社会、文化的需求。[①] 在我国农村合作组织的原始形态就是基于农村社区的综合性的自治组织，伴随家庭联产承包责任制的产生而产生。随着社会主义市场经济体制的逐步建立和不断完善，农村实行的双层经营体制也发生了变化：一是农户的构成发生了变化，大量的小规模兼业农户与少数专业农户并存，这些专业农户从事完全以市场需求为导向的专业化生产；二是在农产品生产向市场化、全球化发展以及农村劳动力自由流动的今天，除了要求原有的具备一定实力的社区集体经济组织继续承担生产服务、资产积累、管理协调、资源开发等功能外，还需要高新技术的支撑、完整高效的市场信息和营销渠道等。[②] 原有的以村社为基础的单一的社区组织无法适应这种内部结构和外部环境的双重变革，加上社区一直以来未能解决的"角色混淆"问题，农村社区的能力被削弱了，并面临资金危机和信任危机，其重要性越来越小。

在这种需求不断扩张和服务能力减弱的双重压力下，新的农村合作组

①　张晓山：《发展农民专业合作组织的几个问题》，《浙江经济》2004 年第 12 期。

②　张晓山：《建设社会主义新农村之二：浅析农民专业合作组织的发展与农业基本经营制度的创新》，《中国党政干部论坛》2006 年第 6 期。

织应运而生，以几何速度发展，而且呈多样化的发展趋势。据统计，截至2007年底全国约有15万个各种类型的农村合作组织，共有超过3000万名成员。合作社的类型多样，有包括农业生产经营各个阶段的专业经济合作社，例如生产要素方面的合作社（用水者协会）①、农产品合作社（柑橘、西瓜、竹子等专业合作社）、产品销售方面的合作社（经纪人合作社、运输合作社等）等；还有以农村生活互助为主题的合作社，例如老人协会、妇女协会、留守儿童互助合作社等；还有以丰富农村文化生活为主题的合作组织，如腰鼓队、读书社等。这些合作组织依托于专门的服务项目和对象，其中一部分是超越了社区界限形成的跨区域的农民利益联合体。

从本质上说，这种基于专业的合作组织具有显著的社区性质，部分或全部地执行着组织内部的管理、监督以及协调功能，这种封闭社区的合作关系，意味着社区有能力对外来者实施机会主义，同时由于形成了一定的垄断，因此能够成功地减少交易费用。在合作组织的发展壮大过程中，地区一级的合作组织以及全国性的组织体系形成一种规模后，农民在地区或全国有代言人，与政府在生产、社会发展等方面能够协商对话，政府也找到了进行宏观调控、优化资源配置的"抓手"，最终建立政府、企业和农民之间协商对话的平等伙伴关系。② 例如日本的农业协同组合（简称农协）是日本主要的农业合作组织，从萌芽发展至今已经历了100多年历史，由市町村、都道府县及都道府县联合协会三级构成，有综合农协与专门农协之分，经营与其成员生产生活有关的一切事务，包括销售、采购、信贷、互助等。为了改善农协成员的生活，农协还专门设立了指导事业部门，指导内容包括营农指导、生活指导和管理指导三种，其活动渗透到农民生活的方方面面，具有浓重的社会组织色彩。100多年来，日本农协已经成长为一个将全国农民组织在一起的具有强大实力的组织，在日本国内的农业政策制定及国内政治中都发挥了重要作用，农民通过农协得到了很好的组织，并很好地维护了自身的利益。

①　世界银行东亚与太平洋地区编著《改善农村公共服务》，中信出版社，2008。

②　张晓山：《促进以农产品生产专业户为主体的合作社的发展——从浙江农民专业合作社的兴起再看中国农业经营方式的走向》，《农村经营管理》2005年第4期。

四 集体主动参与机制的实现路径

（一）赋权于社区

无论从技术的角度还是规模的角度出发，我国农村公共产品体系都是无效率或者低效率的，这一判断在前文已经通过统计分析和参与式农村评估的方法得到验证。无效率的根源在于社区的无效率，导致农村公共产品需求表达不畅、管理和监督成本高，进而使得公共产品存在结构性失衡、供需脱节、供给缺位等一系列问题。而参与式社区发展理念能够修正社区的无效率行为，其关键在于"赋权"。

赋权的核心是为农村社区成员提供最基本的参与和决策权力，特别是提高农民对建设的规划、实施、管理等全过程的自主参与度。从根本上看，农民是农村的利益主体，是社区资源的拥有者、管理者、投入者和受益者，他们参与决策过程的程度越高，对决策实施效果的不满意见就越少，愿意承担的义务和愿意做出的贡献也会越多。[①] 参与式发展理念的核心正是这种赋权，强调受益主体在规划、实施、管理、监督和检查等过程中充分参与，最大限度地动员和组织受益群体参与活动的全程。这实质上是一种民主意识的体现。

（二）提高资源利用效率

农村公共产品的效率实质上包含两层含义：供给效率和利用效率。供给效率的影响因素在于交易成本，利用效率则受供需关系的影响。在我国现有的农村公共产品体系中，由于政府和农民之间的关系具有间接性，政府只对农村社会发展起调控和指导作用，基层农村公共管理和各种社会性事务的行为主体和实施主体主要还是基层民众及农村自治组织，[②] 二者之

---

① 郭晓鸣：《农村社区发展的理念》，《中国乡村发现》2007 年第 4 期。
② 于水：《乡村治理与乡村公共产品供给：以江苏为例》，社会科学文献出版社，2008，第 144 页。

间缺乏足够的联系体，因此供需关系被认为是公共产品供给无效的主要原因。在现有"畸形的"供需关系基础上，供给者的角色是错误的，使得由政府供给公共产品的实施成本相当高，而由社区组织实施的公共产品项目也因为机制的无效率而产生较高的谈判成本。

如前文所述，参与式理念寻求的是一种民主供给的途径，它一方面利用政府、企业或其他供给主体的丰富的社会资源（如资金、人才、信息等）为公共产品提供可靠的技术支持，另一方面最大限度地促进对社区资源状况的了解以及农户的主动参与，以获取需求和适用性方面的信息。通过参与式的公共产品供给方式，使产品和服务更加符合社区实际情况，更好地满足农户的需求。自上而下和自下而上的公共产品供给模式充分结合，能够解决由于供需脱节所引发的利用效率损失，而且因为在"熟人社会"拥有充分的信任资本，能够大大降低决策成本、监督成本和管理成本，提高资源的使用效率。

（三）强调社会公平

在现有的农村公共资源配置领域里普遍存在"马太效应"，一部分弱势群体不同程度地被边缘化，被排除在公共资源的受益范围之外，没有平等的发展机会，实质上是一种社会不公平。而且如前文所述，那种被排斥在外的"精英团体"在某种情况下也会感觉到不公平。在现实中，村社内关系趋于冷漠，矛盾和纠纷渐频，很多时候都是由于成员感觉不公平引起的。这种不和谐的社区关系往往会引发公共资源的浪费和无效率，甚至会成为社区冲突的导火索。

可以说提高社会公平性就能提高项目的效益和可持续性。参与式公共产品供给模式为农户和社区提供了公平的表达意愿的机会、公平的参与管理和监督检查的机会以及公平的利益分配机制。参与式模式为参与者提供了公平的参与机会，对于那些有争议的问题也同样可以通过参与的方式来解决。值得注意的是，所谓的公平不是指绝对平等地分配资源，而是指公平的机会。例如在资金不足的情况下，为边远的社区修一条公路或搭建输电线路确实是低效率的和浪费的，但要给予这些社区一个公平的参与机会，拒绝社会排斥，和他们一起想办法，通过替代方案单独解决这部分人参与公共资源分配的机会，比如修建小型水电站或利用太阳能，如果这些方案也不能实施，那就要给予这些人合适的补偿，如修沼气池或者开发小型生计项目等。[①] 是否公平决定一个公共产品项目的成败，更加重要的是，这种公平能够建立长期的合作机制，实现公共产品的可持续性。

---

① 韩伟编著《农村社区发展项目管理》，四川大学出版社，2006，第 84 页。

第九章　主动参与模式的实践——基于成都市的实证研究

第一节　宏观背景：城乡关系的重大变化

在我国城乡关系发生历史性巨变、农村利益关系深刻调整的背景下，农村社会结构和生产生活方式发生了相应的变革，农民对农村公共产品的需求由单一需求向多元化需求转变，由生存性需求向发展性需求转变。同时，社会流动机制、阶层关系和组织结构的变化，也影响了农村公共产品供给的利益格局，对农村公共产品供给机制和组织方式产生了深远影响。

城乡关系从分割到一体的过程实质上是一个利益格局在矛盾和冲突中寻求新的平衡的过程。在长期以来的二元结构下形成了具有显著倾向性的城乡利益格局，这种以牺牲农村建设换取城市快速发展的不合理的经济体制，导致过去农村公共产品供给的严重短缺和结构性失衡。调整城乡关系，使两者从对立和单向流动向互惠互利方向发展是实现我国经济社会进步的长期举措。城乡一体化战略将城乡关系推向新的历史阶段，在与过去任何一个阶段都截然不同的经济社会发展中，解决实践中存在的农村公共产品供给低效化问题，避免公共资源分配的非公平化风险，建立适应新的城乡发展需要的农村公共产品供给机制具有重要的理论和现实意义。

城乡一体化的实施路径有多条，无论从哪个层面、哪个领域考察，目前城乡之间资源要素交流的规模和水平都达到了新中国成立以来的最高峰。

一是劳动力要素的流动使农村呈现异质化特征。特别是精英劳动力要素加速向城市流动，农村中绝大多数的"80后"都进入城市务工，成为广受关注的"新生代农民工"，农村"空心化"和"老龄化"已经成为现实，且日益严峻。与此同时，受农业优惠政策、城乡居住环境差异等方面的影响，一些城市居民选择到农村创业或居住。城乡之间居民交叉流动态势使农村居民呈现典型的异质化特征，这是农村公共产品需求发生深刻变化的直接原因。

二是土地要素的流动改变了农村生产生活的空间结构。近年来强势推动的新农村建设，特别是以土地综合整治项目为主要载体的对农村田、水、路、林、村、居的整理和改造，一方面加速了土地的规模经营，另一方面大规模的"拆旧建新"也催生了大量的集中居住区。以成都为例，自2009年启动土地综合整治工程以来，到2011年4月，新建中心村和聚居点共有1143个，供55万名农民集中居住。这不仅改变了传统的小规模精细耕种的农业生产方式，也使农民的生活居住方式发生了根本性变化，农民对农村公共产品的需求不仅停留在硬件建设上，对农村的社会管理也提出了新的要求。

三是资金要素加速向农村流动，对农投资大幅增加，对农村配套建设提出了新的要求。一方面，在城乡一体化的宏观背景下，"在稳定现有各项农业投入的基础上，新增财政支出和固定资产投资要切实向农业、农村、农民倾斜，逐步建立稳定的农业投入增长机制"①，财政对"三农"的支持力度持续加大。以成都为例，"十一五"期间，成都财政对"三农"投入累计达284.5亿元，仅2008年市本级安排落实"三农"投入就达到58.7亿元，带动全市投入147.7万元，比上年增加30.5亿元。另一方面，随着产业结构调整力度加大，在国家惠农、支农政策的激励下，农业和农村吸引社会资本的能力有所提高。统计显示，近十年来，农村固定资产投资始终保持两位数的高速增长，2010年达到3.7万亿元②。与此同时，现

---

① 《中共中央国务院关于进一步加强农村工作提高农业综合生产能力若干政策的意见》（中发〔2005〕1号）。

② 《中国统计年鉴》（2011年）。

代农业建设以及农村金融状况的改善也使农业投资持续增长。"三农"投入的持续增长必然要求包括基础设施在内的农村公共产品大幅增加。

四是信息、技术等加速流动，使农村愈加开放、动态，应该说城乡一体化带来了农村社会结构和经济发展格局的一系列变化，使农村居民对公共产品提出新的要求，不仅对供给规模提出了要求，对服务和管理的结构、质量也提出了新的要求。

经过多年发展，我国的经济基础不断夯实，公民的社会能力持续提升，农村公共产品供给的相关政策措施连续出台且得以修正完善，各地也在实践中积极探索并积累了一定的经验，为在城乡一体化过程中创新农村公共产品供给机制奠定了良好的基础。同时，也面临诸多严峻挑战。供给增长长期滞后于需求增长使政府面临巨大压力，税费改革后乡镇政府职能错位，农村集体组织面临发展困境，社会资源进入公共产品供给领域缺乏有效激励。

适应新变化，破解农村公共产品供给中的诸多难题已成为决策共识和关注焦点，成都实践正是在此背景下应运而生。

第二节　农村公共产品有效供给的成都实践

一　调查概述

与我国其他地区一样，城乡关系之于成都同样是复杂和微妙的。从2004 年提出"六个一体化"①，到 2007 年获准设立"全国统筹城乡综合配套改革试验区"，再到 2009 年提出"世界现代田园城市"概念，成都市始终致力于探索和实践适合地区发展的城乡关系，并将此作为一系列

---

① "六个一体化"指：城乡规划一体化、城乡产业布局一体化、城乡就业和社会保障制度一体化、城乡基础设施建设一体化、城乡社会事业发展一体化、城乡政策措施一体化。资料来源：《中共成都市委成都市人民政府关于推进统筹城乡经济社会发展推进城乡一体化的意见》（成委发〔2004〕7 号），2004 年 2 月。

改革的前提和基础。成都市农村公共产品供给机制改革正是在新型城乡关系建设中展开的，以政府的有限投入为支点，以投入方式和投入方向的变革为手段，以创新农村社会管理为杠杆，撬动了农村社会的公共产品供给能力，在农村公共产品供给问题中最困难、最重要的领域里实现了重大突破。

　　对成都农村公共产品有效供给的调查主要采取两种方法。一是部门访谈。我们走访了成都市统筹委，小城镇投资有限公司，典型县（市、区）的统筹、财政、劳动保障、卫生、社保等多个相关部门，对关键信息人进行了深入访谈，收集并整理了大量一手资料。二是参与式访谈和农户问卷访谈相结合。2010 年在成都市选取 5 个典型县（市）10 个村（社区）开展农村公共产品相关问题的调查，共获得有效农户问卷 217 份，为课题的实证研究提供了基础支撑。此外，课题组还在成都市温江区、郫县、彭州市、都江堰市、锦江区等县（市、区）开展典型案例调查，这是课题得以最终完成的重要条件。相关调查概况如表 9 - 1 和表 9 - 2 所示。

表 9 - 1　选点概况（2010 年）

调查地点	村民小组（个）	辖区面积（平方公里）	耕地面积/林地面积（亩）	总户数（户）/总人口（人）	人均纯收入（元）	农户问卷数量（份）
崇州市大划镇白果村	16	3	3000/1999	750/2430	5000	19
崇州市大划镇石桥村	19	4.5	3197/4800	1021/3680	6800	24
大邑县出江镇华山村	6	6	500/—	200/670	7000	27
大邑县出江镇马桥村	14	7.51	910.46/—	300/1369	3750	24
金堂县赵家镇翻山堰村	17	6.8	3222/2200	1393/4258	7465	21
金堂县赵家镇平水桥村	17	5	5000/0	1400/4500	5000	26
蒲江县复兴乡姜冲村	13	4.85	2325/2100	499/1638	6100	17
蒲江县复兴乡彭河社区	15	5.8	2400/4000	720/2432	6800	25
青白江区弥牟镇白马村	10	2.8	2000/-	1210/3008	8665	17
青白江区人和乡平桥村	16	4.67	2500/1400	503/1427	6900	17

表 9 - 2　农户问卷访谈获取情况

		频　数	百分比（%）
性别	男	129	59.4
	女	88	40.6
受教育程度	小学及以下	78	35.9
	初中	102	47.0
	高中及中专	36	16.6
	大专及以上	1	0.5
年龄	16～29 岁	6	2.8
	30～44 岁	78	35.9
	45～59 岁	86	39.6
	60 岁及以上	47	21.7
家庭生活水平	高水平	21	9.7
	中等水平	163	75.1
	低水平	33	15.2
是否集中居住	是	41	18.9
	否	176	81.1

二　成都实践的现实基础：经济社会发展 + 城乡关系改变 + 农村基层治理变革

几千年的沉淀与积累，几十年的发展与建设，使成都市发展成西部重镇，综合实力、发展潜力、社会建设等具备一定基础，国家统筹城乡综合配套改革试验区的获批，更给成都带来前所未有的发展机遇，为农村公共产品供给机制改革创造了良好条件。但是受各种因素的影响，成都市农村公共产品供给也存在一些经济的、社会的障碍，在越加开放、动态的城乡关系中面临诸多不确定因素。

（一）成都市社会经济概况

成都位于四川省中部，是四川省省会，中国副省级城市之一，是国务院确定的中国西南地区的科技中心、商贸中心、金融中心和交通、通信枢纽，是四川省政治、经济、文教中心，也是国家经济与社会发展计划单列市和国家历史文化名城。成都古为蜀国地，秦并巴、蜀为蜀郡并建城，汉因织锦业发达专设锦官管理，故有"锦官城"之称。2007 年，成都市全国统筹城乡综合配套改革试验区已获国务院正式批准，成为继上海浦东新区和天津滨海新区之后又一个国家综合配套改革试验区。

近年来，成都经济发展迅速。2010 年成都市实现国内生产总值 5551.3亿元，比上年增长 15%，人均生产总值达到 4.8 万元。其中第一、第二和第三产业增加值分别为 285.1 亿元、2480.9 亿元和 2785.3 亿元，三次产业比重为 0.05∶0.45∶0.50。地方财政收入为 158.1 亿元，人均财政收入为 17672 元。

统筹城乡战略实施以来，成都市取得了较大成就。以推进城乡一体化为核心、以规范化服务型政府建设和基层民主政治建设为保障的城乡统筹发展战略深入推进。"三个集中"① 进展顺利，"六个一体化"的科学体制初步构建，农村工作"四大基础工程"② 建设取得初步成效。

城乡居民收入大幅提升，2010 年城镇居民人均可支配收入达 20835元，比 2005 年增长 83.4%，年均增长 12.9%；农村居民人均纯收入达8205 元，比 2005 年增长 82.9%，年均增长 12.8%。城乡就业体系进一步完善，社会保障水平显著提高，教育事业发展更加均衡，医疗卫生保障能力稳步提高，人口计生服务管理体系进一步完善，文化事业和文化产业快速发展，民主法治建设加快，精神文明建设成效显著。

成都社会经济发展呈现典型的"大城市带大农村"格局，区域发展不平衡特征显著。从地理条件看，成都总面积为 1.21 万平方公里，平原面积占40.1%，丘陵面积占 27.6%，山区面积占 32.3%，城区基本分布在平原地区。从行政区划看，辖 9 区 4 市 6 县，城区仅有 5 个区。从人口状况看，总人口为 1149.07 万，其中非农人口为 650.91 万，城市化率约为 56.6%。从人

---

① "三个集中"指工业向集中发展区集中、农民向城镇和新型社区集中、土地向适度规模经营集中。
② 农村工作"四大基础工程"指农村产权制度改革、农村新型基层治理机制、村级公共服务和社会管理改革、土地综合整治。

民生活水平看，城市人均可支配收入为 20835 元，农村人均纯收入为 8205 元。从空间布局看，成都"三个圈层"（见图 9 – 1）的各区县存在显著差异，区位、经济、社会、文化、主体功能、生态建设等具有显著的多元化特质（见表 9 – 3）。

图 9 – 1　成都市"三个圈层"示意图

表 9 – 3　成都市综合及各县（市区）主要指标（2010 年）

	所属圈层	人口（万人）	人口机械变动增长率（‰）	地区生产总值（万元）	地方财政一般预算收入（万元）	农民人均纯收入（元）
成 都 市	—	11490662	8.41	55513336	5269408	8205
锦 江 区		423389	22.41	4313879	285219	—
青 羊 区		567889	30.87	4902714	300243	—
金 牛 区	一圈层	717769	12.21	5024990	269530	—
武 侯 区		943551	69.21	4713141	312724	—
成 华 区		643257	16.90	3900121	300258	—

续表

	所属圈层	人口（万人）	人口机械变动增长率（‰）	地区生产总值（万元）	地方财政一般预算收入（万元）	农民人均纯收入（元）
龙泉驿区	二圈层	592335	4.02	3708206	210812	9248
青白江区		410559	4.82	1996575	105069	7871
新 都 区		682860	6.44	3213431	201242	8985
温 江 区		369934	13.58	2162673	182592	10007
双 流 县		919999	−52.67	4711247	335098	9030
郫 县		508633	6.55	2303404	148981	9271
大 邑 县	三圈层	517992	2.75	927392	55594	7544
蒲 江 县		263032	2.90	569630	24289	7330
新 津 县		307757	2.91	1191684	79102	8020
都江堰市		609566	−0.19	1435446	129579	7086
彭 州 市		800261	1.97	1492148	72214	6672
邛 崃 市		658221	1.10	1047389	51897	7071
崇 州 市		669150	1.75	1124613	97474	7464
金 堂 县		884508	2.14	1309944	60175	6699

资料来源：《成都市统计年鉴》（2010年）。

（二）成都市村级公共产品供给机制改革的基础

2003年成都市做出"统筹城乡经济社会发展、推进城乡一体化"的战略部署，提出城乡规划、城乡产业布局、城乡就业和社会保障制度、城乡基础设施、城乡社会事业发展以及城乡政策措施"六个一体化"的发展思路，这是打破城乡二元结构、推动城乡资源要素优化组合的开端，拉开了成都统筹城乡发展、推进城乡一体化的序幕。

1. 城乡基本公共产品供给差距显著缩小

2004年2月，成都市出台《关于统筹城乡经济社会发展推进城乡一体化的意见》，随后陆续发布50多个配套文件，涉及城乡规划、户籍制度、乡镇机构改革、产业布局、公共财政、就业社保、教育培训、医疗救助等方面。2004年4月，成都市正式启动建立征地农转非人员社会保险制度。

同时，通过市县两级的财政投入，在全国率先实施农村新型合作医疗。6月，制定《成都市农村中小学标准化建设标准（试行）》和《成都市农村中小学标准化建设项目设计标准（试行）》，开展成都市农村中小学标准化建设工程，对全市410所农村中小学进行标准化建设，覆盖214个乡镇、农村处于义务教育阶段的学生共计60万人，整体提高了农村学校的校舍标准，改变了农村学校的办学条件，优化了教育资源配置，缩小了城乡教育差距。2007年，出台《成都市人民政府关于乡镇公立卫生院规范化建设的实施意见》，对全市238所公立乡镇卫生院和2396所村卫生站进行了标准化、规范化和信息化建设，深化乡镇公立卫生院体制机制改革，优化乡镇公立卫生院资源配置，强化乡镇公立卫生院公共卫生和基本医疗服务功能，增强乡镇公立卫生院的服务能力。同年，启动城乡基层公共文化设施达标全覆盖工程，截至2009年底，全市城乡3341个村（社区）的综合文化活动室全面达标开放，基本建成了城乡一体的"15分钟公共文化服务圈"。2007年6月，成都成为全国统筹城乡综合配套改革试验区，可以在重点领域和关键环节先行先试，为解决中国城乡二元结构这个制度性难题探路。2008年，建立了"耕保基金"，为承担耕地保护责任的农户提供养老保险补贴。

至此，经过多年的探索和实践，成都市农村公共产品供给规模显著扩大，城乡医疗、教育、养老、就业、文化、社会救助等方面的差距明显缩小，农民基本实现了学有所教、劳有所得、病有所医、老有所养、住有所居。然而，值得重视的是，村级公共产品供给并未随之显著改善。随着城乡一体化进程的提速，农村资源要素有加速向城市流出和与城市融合的态势，特别是农村居民的生产生活方式、土地空间及用途等关键领域发生深刻变革，农村居民获得基本公共服务的能力加强，而村级公共服务和社会管理萎缩的现实状况并未得到改善，成为农村资源要素加速流出的原因，势必成为城乡一体化建设的阻碍。因此，采取措施加大村级公共产品的供给力度、提高供给水平已经成为城乡一体化进程中公共产品供给的当务之急。

2. 农村新型基层治理机制的萌芽和发展①

2003 年 12 月，成都市新都区在木兰镇率先试行"公推直选"乡镇党委书记的基层民主改革。2004 年春，新都区在 299 个行政村进行了全面的村支书公开推荐、差额直选，成为成都市新型基层治理机制改革的起点。2004 年以后，在"依靠群众管干部"的现实考虑下，在全市普遍推开"公推直选"乡镇、村党组织书记，解决了多个层面的政治经济问题，特别是为城乡一体化建设战略的有力和优化推进提供了基层领导的组织保障和干部条件，从群众中产生的干部能够得到更多的信任和拥护，从而能够大大降低各项制度和政策措施推行中的交易费用。

与此同时，村级基层治理机制也出现萌芽。作为试验区统筹城乡改革的突破口，农村产权制度改革在试验区建立之初就被作为基础性工程。2008 年 1 月 1 日，成都市出台《关于加强耕地保护进一步改革完善农村土地和房屋产权制度的意见（试行）》（成委发〔2008〕1 号），通过对农村集体经济组织和农民个人现实耕种的土地和居住的房屋及土地颁发房屋和土地权证并允许其流转，逐步实现城乡土地"同地同权"，加强耕地保护，改革农村土地和房屋产权制度。农村产权制度改革直指农村利益关系中最复杂、矛盾冲突最显著的土地问题，历史遗留问题与现实矛盾交织，以行政推动为主的传统手段不仅难以贯彻落实产改方案，反而会因打破旧有平衡而激化矛盾。在这种情况下，部分农村产权制度改革试点村挖掘传统资源，成立了专门服务于确权工作的议事决策机构，都江堰市鹤鸣村成立了"土地调解委员会"和"土地调解小组"，邛崃市的马岩村成立了"新村发展议事会"，高效顺利地完成了土地确权工作。两者的共同之处是在内生性需求的基础上充分运用群众资源，动员群众的主观能动性，把"人民内部矛盾交给人民解决"，这一理念和做法成为农村新型村级治理机制的萌芽。"5·12"地震后，成都市多个地区的农村遭到毁灭性打击，面临农村生活重建和生产重建的双重任务，特别是在住房重建和土地调整上，既涉及千家万户的个体利益，也是社会资源再分配的过程，矛盾极其尖锐。

① 《成都市新型基层治理机制研究报告》，陈红太主持，中国社会科学院政治学研究所，2011 年 8 月。

在这一过程中，"议事会""调解委员会"等以农民为主体的利益协商机制和矛盾调解机制在一些地区产生并发挥了巨大作用，成为始于当年 9 月开展的灾后重建特别是农房重建的基础。

应该说，到 2008 年 9 月，在成都市多个村（社区）产生的以农村社区为基础的乡村治理实践，在理顺利益关系、调整利益结构方面已经显示出巨大威力，这一新气象和新经验也被广泛传播，并进入顶层设计视野。乡村治理不仅是农村公共产品的重要内容，更是农村公共产品供给实现高效、公平的保障。

三　成都实践的核心做法：一般性转移支付 + 规范性民主决策程序

在统筹城乡的探索和实践中，成都市在公共资源向农村倾斜、使农民享受普惠式的公共产品上开展了大量的工作，并取得显著成效。然而，2008 年村级公共产品供给机制改革之前，成都市依然采取传统的筹资机制和自上而下的决策机制，在城乡一体化发展过程中面临诸多问题，其中最显著的问题是筹资困难和农民不参与。如前文所述，税费改革以后农村公共产品筹资面临极大困难，非农就业和外出务工等多种选择使越来越多的农民离开农村，留在农村的"38、61、99 部队"（留守妇女、留守儿童、留守老人）不愿意为公共产品出资，因而表现出不关心的样子，此时的农村连召集一次像样的村民代表大会都十分困难，更别提筹资修建了。在这种情况下，农村生活环境和农业生产条件得不到改善，继而加剧了农村"空心化"和农民兼业化现象，存在恶性循环的风险。鉴于此，成都市将筹资和决策两大机制建设作为村级公共产品供给机制改革的重点，形成了以财政一般性转移支付为主、提供融资服务的筹资机制，以及自下而上的"农民本位"的决策机制。

（一）主要过程

2008 年 11 月 25 日，成都市出台了两份文件，分别是《关于进一步加强农村基层基础工作意见》和《关于深化城乡统筹进一步提高村级公共服务和社会管理水平的意见（试行）》，就成都市村级公共产品的供给机制做出了明确规定。2009 年上半年，全市 19 个区（市）县 132 个村（社区）开展了村级公共服务和社会管理改革试点工作。2009 年 8 月，村级公共服务和社会管理改革在全市全面推开。根据《成都市公共服务和公共管理村级专项资金管理暂行办法》规定，市、县两级财政共预算村级专项资金7.1 亿元/年，平均每个村（涉农社区）的预算经费为 25.4 万元/年，最低为 20 万元/年。同时，为加快公共服务和公共管理村级项目的建设实施，提高村级公共服务和公共管理水平，与成都市小城镇投资有限公司共同颁布《成都市公共服务和公共管理村级融资建设项目管理办法》，规定村级自治组织可以一次性以不超过资金 7 倍的额度，向成都市小城镇投资有限公司融资，用于民主决策议定的交通、水利、公共服务用房等群众急需的公共服务设施建设。2009 年 11 月，为更好地调动积极因素，加快推进统筹城乡公共服务和社会管理改革，根据《关于村级公共服务和社会管理改革有关问题的通知》，成都市委组织部、统筹委共同出台《关于组建村级公共服务和社会管理改革基层工作队的通知》，以区（市）县为单位成立工作队，负责城乡统筹政策、法规及各种实施意见的宣传，积极开展调查研究，收集整理、协调解决所驻乡镇（街道）及村组工作推进过程中的具体困难和问题，指导村民议事会、监事会等发挥职能作用。2009 年 12 月，《关于做好村级公共服务和社会管理改革中项目建设有关工作的通知》提出，为进一步管理好、实施好村级公共服务和公共管理项目，要加强宣传发动工作、明确专项资金投放范围、严格项目管理民主程序、建立项目管理责任制度等。2011 年 5 月，《关于下达 2011 年村级公共服务和公共管理的转移支付补助的通知》提出调增村级公共服务和社会管理经费，调增之后，成都市县两级财政将安排资金 8.5 亿多元，保证每个村（含涉农社区）至少 25 万元的专项资金，2012 年又调增为每村至少 30 万元的专项资金。

（二）筹资机制：一般性转移支付＋融资服务

成都市村级公共产品供给的资金主要来源于财政一般性转移支付，从

2009 年开始，每个村每年能够获得不少于 20 万元的专项资金，除生产经营活动、还债和分发以外，只要是村民同意的村内公共服务和社会管理项目均可以此开支，余额可结余到下一年。成都市 2000 余个村（含涉农社区）每年用专项资金供给的公共产品涉及基础设施、公共服务、社会管理等几十个类别，支出项目多达上千种，2009 年共开展 13586 个项目。调查显示，每个村以其所拥有或者能被利用的资源为参照系，拥有不同基础和资源禀赋的村社公共产品供给具有显著差异性。如大邑县华山村 2010 年共支出专项资金 28.18 万元，分别用于 2 条组道建设、治保员代办员工资、环境整治、订阅报纸杂志、购买复印机和 5 项饮水工程建设。崇州市石桥村支出 38 万元全部用于整治 3600 米的河渠。双流县羊坪村的专项资金主要用于公共环境卫生、绿化、沟渠管护、路灯维护等公共服务项目，畜牧防疫和植物保护等农技服务项目，警务室和计生卫生服务站改造维修的基础设施建设项目，劳动保障协管员、治安联防队员等人员工资。

每村每年所获得的一般性转移支付资金从 20 万元到 60 万元不等，能够解决一些村级公共服务和社会管理的供给问题，但对于资金需求规模较大的基础设施建设项目则显然不够。因此，成都市制定了《成都市公共服务和公共管理村级融资建设项目管理办法》，由村（涉农社区）通过向成都市小城镇投资有限公司（以下简称市小城投公司）融资的方式，根据每村的专项资金标准，最多放大 7 倍融资。以后每年用村级专项资金偿还，村社按年利率 2% 承担资金利息，其余利息由市、县两级财政补贴。融资可用于交通、水利等村民所需的基础设施和公共服务设施建设。为保证村社内正常的社会管理资金需要，融资建设项目资金的偿还采取"七借八还"的方式，即融来的资金可以用最长 8 年的时间偿还，这样即便是 7 倍融资的村社，每年也能有约 30% 的资金用于当年村社的公共产品供给。如蒲江县姜冲村的专项资金为 30 万元，融资 164.8 万元加上年结余用于 6.7 公里组道建设和 3700 米 U 形槽建设，每年还款 20 多万元；金堂县翻山堰村的专项资金为 30 万元，融资 170 万元修建了 24 个垃圾站、3 个提灌站、1 个变压器以及 3.3 公里组道。

（三）决策机制：农民本位的决策程序

农民自我管理、自我组织、自我服务机制是成都市村级公共产品供给的最主要做法，也是专项资金公平、透明、科学、高效使用的基础和保障。为避免专项资金成为个人谋利的工具，以及最大限度地避免"走形式"，成都市采取了强制性的民主决策程序，即以文件形式明确规定专项资金使用的决策程序。特别是针对资金规模大、涉及范围广的融资建设项目的决策流程做出了详细规定。

专栏1　成都市公共服务和公共管理村级融资建设项目中关于民主决策的规定

项目实施原则：

1. 项目申报按照村（居）民意愿进行民主决策。

2. 项目实施接受村（居）民监督进行民主管理。

3. 项目效果接受村（居）民评价进行民主测评。

申报条件阶段：

项目经村（居）民会议表决同意。召开村（居）民会议，应当有本村（社区）十八周岁以上村民的过半数参加，或者有本村（社区）三分之二以上的户代表参加，所做决定应当经到会人员的过半数通过。

申报步骤：

1. 宣传发动。广泛宣传项目的目的、意义、资金使用及实施方式，做到家喻户晓，调动村民参与村级公共服务和公共管理工作的积极性。

2. 调查摸底。组织开展摸底调查，按"一户一表"的方式发放调查问卷，了解群众需求，收集村（居）民对项目建设内容的意见和建议。

3. 项目梳理。村（居）民委员会将调查摸底情况分类汇总，并结合村级基础设施现状和规划，综合梳理出拟实施项目的内容建议，提交村（居）民议事会审议同意后，决定项目实施内容及投资额度，编制项目申报文件，包括项目名称、建设规模、资金预算、融资金额及资金偿还方案、建设周期等。乡镇政府要为村（居）民委员会提供项目有关规划、资金预算等综合评估及咨询服务。

4. 大会决议。村（居）民议事会将项目申报文件提交村（居）民会议进行表决。召开村（居）民会议，应当有本村（社区）十八周岁以上村（居）民的过半数参加，或者有本村（社区）三分之二以上的户代表参加，所做决议应当经到会人员的过半数通过。

5. 决议公示。对拟实施项目决议进行 7 天公示，并公布项目监督小组成员以及监督举报电话。

项目实施：

第十二条 村（居）民议事会是项目建设的监督主体，可成立由具有一定施工或管理经验的村（居）民组成的项目监督小组对项目进度、质量和资金使用情况进行监督检查。

第十四条 项目发包方式，村（居）民自治组织按相关法律法规规定，可选择招标、公开比选、竞价谈判、直接委托及投工投劳等方式。由村（居）民委员会提出初步方案，提交村（居）民议事会审议确定，对直接委托的项目须经村（居）民（代表）大会表决确定。

项目验收和决算：

第十六条 村（居）民委员会在区（市）县相关职能部门的指导下组织项目竣工验收，经村（居）民议事会通过后为验收合格。竣工验收备案及监督管理按《成都市房屋建筑和市政基础设施工程竣工验收备案管理规定》执行。

第十七条 项目验收合格后，村（居）民委员会在区（市）县相关职能部门的指导下组织竣工决算，竣工决算报告经村（居）民议事会审议后向村民公示 7 天，无异议后出具正式决算报告，并作为工程尾款的支付依据。

资金管理：

第十九条 每笔支付由承建方提出申请，经村（居）民议事会审议同意后，村（居）民委员会方可支付。

第二十条 公共设施项目最低保修年限满后，村（居）民委员会提请村（居）民议事会对项目质量进行测评，同意后方可支付施工单位的项目质保金。

第二十一条　村（居）民委员会须定期向村民公示项目进度和资金使用情况，接受村（居）民监督。

农民在村级公共产品供给中的自主性主要通过农户直接投票和代议组织（村议事会和组议事会①）实现。一是直接投票。主要是按照规定程序直接投票选出所在小组的议事会成员②，在涉及村内重大事项时也须农户直接投票。二是通过议事会间接投票。作为村民民主选举产生的村组议事会成员，往往是村里的"精英能人""德高望重者""认真负责者"，基本能够代表村民行使决策权。

通过这两种方式，村民对村级公共产品供给的决策、执行、监督、验收四个关键环节发挥作用。一是村民对村级公共产品供给具有决策权，包括项目内容、实施时间、地点、方法等。二是村民是村级公共产品供给的实际执行人，能够最大限度地在施工过程中投工投劳，一方面，"做自己的事都更上心"，工程质量高；另一方面，也能获得一定的务工报酬。三是每个村民都有工程施工的监督权，能够通过多种渠道投诉和提建议。四是村民是项目的关键验收人，工程质量好不好、是否能够满足需要，都是村民说了算。

专栏 2　宝林镇的"三步量分法"和"四人监督章"

"三步量分法"：第一步是"一户一表"，即向每个农户家庭发放"村公共服务和社会管理实施项目入户征求意见表"，每户农户按照需求的紧迫程度填写表格；第二步是"议事会票决"，即由组议事会收集整

---

① 村民议事会是指受村民会议委托，在其授权范围内行使村级自治事务决策权、监督权、议事权，讨论决定村级日常事务、监督村民委员会工作的常设议事决策机构。《成都市村民议事会组织规则（试行）》成组通〔2010〕18 号。

② 根据《成都市村民议事会组织规则（试行）》（成组通〔2010〕18 号），"每个村的村民议事会成员不少于 21 人，其中村组干部不超过 50%。每个村民小组应有两个以上村民议事会成员名额。村民小组议事会成员不少于 5 人。规模较小的，村民小组议事会成员不少于 3 人。"

理项目需求，交到村议事会，议事会整理后进行初步投资概算，票决选出可实施项目；第三步是"一户一票量分"，即对于确定的可实施项目，由农户按照需求对项目排序，按照排序打分，以分数高低决定项目实施的先后顺序。

"四人监督章"：为确保资金能够安全透明使用，宝林镇在每个村由议事会民主选举村级公共服务和社会管理项目监管员和资金监管员，凡公共服务和管理经费的使用，必须通过"四人监督章"严格审核把关，每张发票必须盖上完整的民主理财监督章后方可入账报销，报账情况由4人小组向村民议事会公布，并在村务公开栏公开。要求项目监管员在项目实施过程中全程跟进，一旦发现问题就要及时上报村两委和镇政府，并做监管情况记录，将记录情况公示，确保资金能够安全使用。

1. 项目决策

首先，在"一户一表"推荐项目阶段，向每个农户家庭发放意愿调查表，让农户推荐项目，收集大量各种类型的农户需求，如蒲江县姜冲村梳理出60余条建议，金堂县望江村则收集到高达500多条的建议。其次，在村组议事会讨论和公示阶段，对收集上来的村民建议，先由所在小组进行初步整理，剔除不符合要求的意见，如修建家门口院坝等，再一并提交到村议事会经公开投票后公示。如果公示后村民有异议，须再次讨论并再次公示。调查显示，这一阶段因涉及的利益主体多、事项复杂，往往需要经过多轮讨论和公示才能最后决定。青白江区的平桥村2010年经过7次村议事会讨论才决定了专项资金的投入方向；而因涉及融资建设项目的大额投入，姜冲村历经9个月经过十几次会议才最终敲定了融资建设项目的内容。再次，对将要实施的项目出现分歧和资金不足等问题，通过议事会和村民大会讨论等形式解决。大邑县马桥村因难以平衡各组修路和沟渠的先后次序和资金分配问题，经讨论后决定，用专项资金购买水泥，各组根据需要由农民投入劳动力、工具、沙子等辅材，最终达到了大多数人受益、大多数人满意的结果。最后，将议事会决定交村两委，由村委会执行。

2. 项目执行

村民全程参与项目的执行。不仅自愿投工投劳，还参与其他关键环节。如在招投标过程中，投标公司须向由村干部、议事会、村民代表和监事会组成的联合会议做陈述，在专家的指导下，由联合会议决定中标公司。

3. 项目监督

村民是项目监督的主体，一般的做法是由村民选出信任的、具有一定专业知识的人成立无偿或低偿的质量监督小组。大邑县马桥村在融资建设项目投标之前就自行到市场上调查水泥等材料的行情，做出初步预算，在招投标时确定竞标公司，通过比选、向村民代表解释等阶段确定中标公司；推选出 2 个村民成立质量监督小组，每天都在施工现场对水泥沙石的质量、搅拌比例以及搅拌时间等进行严格监督，并做了详细记录。同时，每个村民都对自己所关心的项目施工情况进行直接监督，发现问题可以通过多种渠道沟通并解决。

4. 项目验收

项目完成后要组织受益农户投票，确定优、良、待整改等几个级别，包括保洁员等都需经过农户评议这一程序。待整改项目在限期整改后须再次投票验收。

值得特别提出的是，充分的知情权是农户在农村公共产品供给决策、执行、监督、验收四个关键环节发挥主体作用的前提和基础。调查显示，92.2% 的受访者知道本村专项资金的金额；77.5% 的受访者认为专项资金是属于村集体和百姓自己的；91.2% 的受访者了解只要是"大家同意且在规定范围内的事情"都可以用专项资金来做；85.7% 的受访者表明专项资金的具体使用情况完全对村民公布，如有需要可以随时了解；87.6% 的受访者对专项资金的管理"十分放心"。在融资建设项目开展仅一年多时间的情况下，71.9% 的受访者表示知道融资建设项目，其中不少农户能够说清楚融资建设项目的贷款金额、使用方向等关键信息。

四　主要成效：多元化的即期产出＋长期收益

经过多年的实践，特别是 2008 年正式开展以来，在"增量配置"和

"存量调整"并举的方式下，成都市村级公共服务和社会管理体制改革在多个层面取得了显著成效。

第一，供给总量大幅增加。公共财政使用方式和管理效率是城乡公共服务与社会管理水平和质量的重要影响因素。统筹城乡战略任务实施以来，成都市科学构建公共财政支持机制，权衡发展投入与公共服务投入，创新公共财政投入保障机制，不断扩大公共财政城乡覆盖的领域和范围，加大用于改善民生的资金投入，为促进社会事业和公共服务的城乡均衡配置、全力推进试验区建设提供了有力的资金保障。成都各级公共财政支出的保障机制显现出公共财政的支出比例与财政增长同步和支出向农村倾斜的两大特点。2008～2012年，成都财政对"三农"投入累计达284.5亿元，投入力度之大、覆盖范围之广、受益群众之多，前所未有。2008～2012年，全市财政用于社会保障和医疗卫生等方面的支出累计达190亿元，用于教育、科技、文化等方面的支出累计达213亿元。2008年，市本级安排落实支持教育投入30.89亿元，文化事业6.34亿元，医疗卫生13.19亿元，城乡公共基础设施建设62.07亿元。① 据《成都市义务教育校际均衡监测报告（2009年）》，农村在追赶城市教育方面取得显著成效，生均教育经费、生均占地面积、生师比、平均班额数等指标，农村小学平均值显著优于城区小学平均值，小学骨干教师比例分布城乡均衡，农村初中较城区初中也具有一定优势。

第二，供需结合度较高。村社在选择项目时，均以农户需求紧迫度为第一标准，以受益面最大以及受益程度最深为原则，尽可能地满足大部分农户的公共需求。例如青白江区平桥村用专项资金融资修了8.22公里碎石路，用水泥镶边，不仅降低了建设成本，还能够起到防水冲的作用，而且相对于水泥路，碎石路的后期维护成本较低。又如蒲江县彭河社区有20多户农户的住房因地势问题容易发生洪涝灾害，存在安全隐患，因此经村民讨论，从专项资金中拿出几万元修了330米的排水沟以保障住户安全。值得特别一提的是，由全体农户参与的供给

① 陈伯君：《"体制机制主导型"：城乡公共服务均衡发展的成都方式》，《学习时报》2009年8月17日。

过程，避免了因性别、受教育程度、贫富状况等因素引起的供给结构不合理现象。

第三，成本相对较低。一方面，农户将专项资金看作"自己的钱"，相对于政府这类"外来者"提供的公共产品，他们更加关心"自己的钱"是不是花到刀刃上了，因此在反映真实需求意愿方面大大降低了交易成本；另一方面，村社在供给公共产品过程中，管理和监督成本大大降低，而且所提出的公共产品建设方案都是建立在对本村资源的充分认识基础上的，项目建设过程中以及投入使用后都能使资源利用效益最大化。大邑县马桥村修了3.8公里4米宽的村道，只用了145万元，比县交通局帮助做的预算少了100万元，原因是节约了管理费、运输费、监管费等。调查村社在实施道路桥梁项目时均没有聘请专业监理，通过组织有一定工程经验的农户成立质量监督小组监督工程质量，监督小组成员的工资为40～50元/人天，大大低于专业监理费用。金堂县平水桥村在修路、修沟时占用了部分农户的承包地，农户认为"这是自己的事儿"，连青苗补偿费都没有要。

第四，农户参与公共事务的意愿显著增强。一方面是因为政策规定，专项资金的使用必须经过民主程序，对农民负责，农民是强制性地参与公共事务；另一方面，专项资金制度使农村公共事务有了资金来源，农户不必为积极表达公共产品的真实需求而"埋单"，而且每个农户的受益机会均等，积极参与议事表达真实意愿的农户有更多的机会获得公共资源。

第五，农民自我管理、自我服务的能力明显提高。一是农户代议组织在村级公共产品供给过程中得以规范化，制度建设更加规范，代议能力增强。调查显示，84.8%的受访者（非议事会成员）表示他所选出的议事会成员在大多数时间都能够如实反映个人的需求和意愿；98.4%的受访议事会成员表示自己能够反映大多数人的利益和需求。二是因项目是村民自己选择、自己执行、自己监督、自己验收的，大部分村民愿意主动参与工程建设，例如蒲江县彭河社区在道路施工过程中，全村有2/3的小组每天有2～3人自愿无偿监督工程实施，大邑县马桥村村民则主动降低劳务费，为项目建设务工。

第六，有利于农村社会发展。相对于税费改革前的"三提五统"和之后的"一事一议"，新的村级公共服务和社会管理机制充分尊重农民的主体性，以农民的需求为指向，能够得到绝大多数农户的支持。而且透明化操作、"村财乡管"等一系列措施使村社干部回归其服务职能，紧密了干群关系。其中融资建设项目等相关政策的出台，能进一步解决城乡一体化过程中农村不同利益群体的多元化需求问题，如"大小村"之间、集中居住区和分散居住区之间、不同区位农户之间因需求不同而产生的矛盾，有利于农村发展和长治久安。

第三节　成都实践的基本特征

在城乡一体化过程中，成都市通过调整公共产品中公共财政的供给结构和完善以社区为主体的供给机制，推动了农村公共产品公平、高效地供给，在农村公共产品供给问题中最困难、最重要的领域里实现了重大突破。回顾和总结成都市村级公共产品供给的路径，可以发现其遵循了"新型农村基层治理机制→建设村级组织自我组织、自我管理→公平高效供给→提高直接受益主体的积极性→形成'政府主导、百姓主体、市场参与'的规范"的路径，具有鲜明的特征。

一　体制机制特征

成都市村级公共产品供给制度所表现出的显著的自上而下的强制性制度变迁特征，是建立在利益主体的"行为经济"的基础上的。

（一）自上而下的强制性制度变迁

回顾成都市城乡一体化战略实施以来，农村公共产品供给制度发生了两大重要的变化。一是城乡公共产品供给的筹资制度建设。一方面，按照

"因地制宜、分类指导"原则完善县乡财政管理体制，成都对经济相对发达、财政收入规模较大、财政收入增长较快的乡（镇），实行分税制财政体制，进一步完善和健全乡（镇）财政管理制度；对经济欠发达、财政收入规模小的乡（镇），实行"乡财县管"的试点；根据各区（市）县的经济发展水平和财力状况，按照综合预算和基本支出优先保障的原则，将乡（镇）公用经费定额分为 A、B、C 三类，制定统一的最低保障标准。另一方面，完善财政转移支付制度，通过优化转移支付结构，逐步弥补困难区（市）县的财力缺口，缩小地区间的财力差距，促进区（市）间财政保障公共服务能力的均等化，切实增强了区（市）县推进城乡统筹发展的财政保障能力。成都逐年加大对区（市）县尤其是困难地区的转移支付规模。市对区（市）县的转移支付额从 2003 年的 36.9 亿元上升到 2007 年的 99.6 亿元，年均增幅为 28.2%；2008 年落实对区（市）县各项财政转移支付资金 193.7 亿元，比上年增加 94.1 亿元。二是村级公共服务和社会管理的相关制度安排。以制度形式保障财政对农村公共服务与社会管理水平的支持力度，要求各级政府将村级基本公共服务和社会管理经费纳入本级财政预算，根据经济社会发展水平制定对村级公共服务和社会管理投入的最低经费标准；对村级公共服务和社会管理投入的增长幅度要高于同期财政经常性收入增长幅度；以 2008 年为基数，各级政府每年新增的公共事业和公共设施建设政府性投资主要用于农村公共事业和公共设施建设，直至城乡公共服务基本达到均等化。①

（二）农村公共产品供给的强制性制度变迁依赖于利益主体的"行为经济"

虽然"理性人"假设是经济研究领域的基本假设，但在现实生活中，"经济理性"取决于个人的资源禀赋，个人资源越多（例如受教育程度较高、生活在竞争激烈的地方、得到更加接近于真相的信息等），在经济社

---

①　《中共成都市委成都市人民政府关于深化城乡统筹进一步提高村级公共服务和社会管理水平的意见》。

会中越接近理性，但没有人能占有全部资源，因此人具有的只是"有限理性"①。人们根据自己有限的认知和思维能力，得出对自己最有利或者能够使自己达到效用最大的判断。这是公共产品供给中利益主体行为的判断基础，成都市农村公共产品供给过程同样遵循了这一规律。

第一，城乡一体化过程中政府的"行为经济"。农村居住分散、农业回报周期较长、农民供给意愿不足及供给能力偏低等因素使政府成为农村公共产品供给的天然主导者，然而政府在农村公共产品供给领域中的"失灵"和"X效率"现象的存在是毋庸置疑的，主要的理由有：首先，作为利益主体，政府也有追求利益最大化的动机，而农村公共产品供给的回报不显著而且回报期较长；其次，政府在掌握农户真实需求时交易成本过高；再次，上下级政府之间以及不同职能部门之间存在竞争和博弈；最后，政府目标与需求者目标不一致性等。深入分析，无论是哪种理由，"政府失灵"的根源都在于公共产品需求者在谈判中的弱势地位。在城乡一体化战略实施之前，成都市也同样存在这一问题，政府将大量公共资源投向城市和工业，城乡差距不断扩大，农村公共建设几乎处于停滞状态。在统筹城乡发展过程中，农村"空心化"、农村劳动力素质与市场需求的结构性矛盾、农业加剧萎缩、城乡社会冲突不断等问题越发显性化，农民"用脚投票"的方式实质上是一种无声的"讨价还价"。在这种背景下，成都市提出"三个集中"和"六个一体化"的统筹城乡方案，加大对"三农"的投入，这是对需求者"讨价还价"的直接回应，也是化解社会矛盾、促进社会发展和长治久安的"经济选择"。此后，随着城乡关系的深刻变化，以及城乡要素交流和竞争的加剧，政府投入的规模报酬因需求的多元化而呈现递减趋势，仅靠政府一元化的供给出现了前述的高交易成本和供需错位问题。在完善基层治理机制等一系列配套改革的基础上，成都市创新性地提出了村级公共产品供给制度，这是政府又一次的"理性"

---

① Herbert A. Simon, "Theories of Decision – Making in Economics and Behavioral Science," *The American Economic Review*, Vol. 49, No. 3, Jun. 1959, pp. 253 – 283; Herbert A. Simon, "Economic Analysis and Public Policy," *Models of Bounded Rationality*, Vol. 1, May 1982, p. 392.

选择。

第二，农民和集体的"行为经济"。作为由个体农民组成的社会组织系统，农村社区的功能是"诸多功能交互汇集的总体反映"[①]：地缘和血缘关系使其更加了解自身需求、"熟人社会"使其拥有更加顺畅的沟通渠道、农业生产和农民生活与生态系统的密切相关使其天然地拥有调节和改善农村系统结构的动机。因此，从经济理性考察，农民和农村集体具有自我供给公共产品的意愿和能力。事实上，在封建社会和农村税费改革前，农民也的确是农村公共产品供给的主体。深入分析表明，这种供给动机实质上是在一个封闭性社会中的被动选择——农民唯有自我供给才能改变现状。然而，随着城乡一体化的深入，农村愈加开放、动态，农民可以通过"用脚投票"的方式"搭城市的便车"，这使公共产品内部筹资以实现自我供给的方式难以为继，"一事一议"制度实施效果不理想[②]的原因正在于此。因此，在成都市实施以农村社区为主体的公共产品供给制度后，农民（议事会等代议组织）及集体（村两委）在强制性规定（专项资金的使用必须走民主程序）和诱导性制度（财政提供包干制的专项资金）面前，表现出了令人惊讶的组织和管理能力，取得了良好的效果。

二　政策特征

成都市农村公共产品供给政策呈现典型的价值选择性和配套性特征，基本价值取向是"城乡平权"，采取组团式政策实施方式。

（一）以"城乡平权"为基本价值取向

成都市农村公共产品供给机制改革的动因在于，原本模糊的城乡权利界限在城市化快速发展时期成为城市对农村权益侵犯的捷径，城乡关系表

---

①　刘敏主编《中国不发达地区农村的社会发展》，中国经济出版社，1990，第104页。

②　李琴、熊启泉、孙良媛：《利益主体博弈与农村公共品供给的困境》，《农业经济问题》2005年第4期；林万龙等：《农村公共物品的私人供给：影响因素及政策选择》，中国发展出版社，2007。

面上建立在要素平等交流的基础上，实质上因为城市和工业的收益率较高，它们获得了更多的权利和公共资源，直接的后果是农村精英资源加速向城市流动，二元结构及其引发的各种社会经济矛盾愈加尖锐。因此，成都市在进行农村公共产品供给机制改革之初，就认识到改变二元结构、推动城乡一体化建设不可能靠单一要素改善来实现，并不是简单地加大农村的公共财政投入规模就可以解决问题的，而应以填平城乡权利沟壑为基本价值取向。一是"让落后者先起跑"。农村、农业和农民是弱势的，靠对公共资源的"自由竞争"是无法赶上城市发展的，因此必须使获取资源的强势主体让渡部分利益给农村。在这一理念指导下，成都市出台了村级公共服务和社会管理改革政策，每个村每年都能获得不少于20万元的专项资金，"让落后者先起跑"。二是"把起跑线再提前"。农村的确获得了更多的公共资源，但如何利用且用好这些资源是摆在综合素质偏低的农村面前的重大问题。为此，成都市不仅"放权"让农民自己管理自己的公共资源，而且"赋权"，"把起跑线再提前"。如在融资建设项目中，免费为农民提供《成都市村级公共服务和公共管理设施参考图集》，与设计单位一起针对不同类型的建设项目制作大量效果图及文字说明，对于村社提交的方案，还会提供优化和改进的意见，务求使每一个方案都技术可行、经济合理。

（二）以全局发展为出发点实施"组合拳"政策

虽然农村公共产品中的每一个项目都具有独立的性质，然而公共产品的"公共性"决定了它不单纯是扩大投入规模或改变管理方式就能达到公平和效率的目标的，公共产品供给是公共资源再分配的过程，也是社会福利改进的过程，更是公共选择的过程。因此，对于这样一个集合经济、社会、文化等多元要素的复杂问题，单纯改善某一方面对于实现社会福利整体增进的目标效果有限。成都市采取组团式政策，以村级公共服务和社会管理水平提高为核心，先后出台了与农村新型治理机制建设、基层服务队伍建设、重点村镇标准化建设、村级公共服务和公共管理融资建设项目、专项资金管理等相关的多项政策，形成政策集合，将其统一于农村公共产品供给机制建设的整体之中，围绕公平和效率两大目标，共同发挥各自功能，实现了政策的规模效应。

三　组织特征

（一）组织主体的专职性和公益性

按照《村委会组织法》的相关规定，村民委员会要承担宣传政策法规、服务和协调村内生产、管理集体财产、保护生态环境、做好计划生育工作，以及协助政府机关等相关工作，这使村委会处理村内公共事务和公益事业的精力受到限制，特别是在城乡一体化过程中，农村居民对公共产品的需求在规模、范围等各方面都呈现显著的扩大态势，村委会在发挥"纠正和补充市场和政府失灵"的作用时面临更多挑战。因此，服务性、公益性、互助性社会组织在农村公共产品供给中就成为重要选择。在成都市村级公共产品供给中，村级议事会是"中国农村现代化进程中，尤其是成都统筹城乡经济社会发展一体化建设中产生的、由村民会议授权履行村自治日常议事、决策和监督职能的、具有公益性的村级和城市化社区的新型自治类社会组织"①。值得重视的是，议事会不是简单地重复村委会职能，而是成为处理村内公共事务和公益事业的专职组织。一方面，专职性能够有效避免因承担过多行政事务而分散精力，且议事能力也会随着处理事项的经验积累而显著提高。另一方面，议事会是建立在高度的公共责任心之上、对公共资源没有控制权的公益性组织，这决定了议事会在主观意愿上能够表达所代表农户的真实意愿和需求偏好，在客观上则有能力避免各种寻租行为。

（二）组织过程的公开性和公正性

公共产品供给的过程公开是受益主体拥有公平表达机会的必要条件。

①　这一定义来自中国社会科学院政治学研究所于 2011 年完成的《成都市新型基层治理机制研究报告》（课题主持人为陈红太）。报告还指出，村级议事会的组织特征有 6 点：可操作的代表性、准入上的包容性、有保障的精英性、职责上的公益性、功能上的开放性、与领导权对接的融合性。笔者认为这些归纳是对村级议事会的真实客观反映。

成都市将新型基层治理机制建设与村级公共产品供给同步实施，要求在实施过程中建立民主管理制度，在融资建设项目中，更是对项目申报、实施、验收等关键环节中农民参与的权利和义务做了详细规定。这在实质上保障了公共产品供给过程的公开透明。同时，通过政府以及其他社会组织的协助和监督，成都市农村公共产品供给的组织过程充分体现了公正性，每个村民都有相同的权利和机会表达需求意愿，也必须承担相应的义务，在享受成果时也需要承担风险。

四　管理特征

"成都实践"是将最终受益人（也就是当地人）广泛地、真正地参与作为管理的前提和基础，是主动参与管理模式的有效实现形式，在管理上具有如下基本特征：一是通过强制性规定和诱致性资源供给，促进受益群体的主动参与，赋予其更多的知情权和表达权，采取完全的自下而上的决策方式；二是无论是顶层设计还是实际操作，都强调过程的公正和结果的公平；三是重视议事会等新型组织的综合素质的提高，在理顺村内组织机构关系的基础上，推动村内公共产品供给的自我组织和自主管理；四是尊重农村的资源禀赋、传统文化、乡土知识，注重发挥村社的能动性，外部主体仅提供必要的支持和帮助而非控制；五是重视方法和工具，针对不同的情况以及目标，制定一系列标准和实施方案。

第四节　成都实践的经验总结

"成都实践"从根本上改变了传统的农村公共产品供给的筹资机制和决策机制，是一项适应新型城乡关系的有益探索。调查表明，"成都实践"之所以能在全域范围内顺利推进，纵然与成都市较好的经济基础有关，更为重要和直接的原因是完善的顶层设计和政策落实中的配套建设。

一　基本前提

从理论上说，村级公共产品类似于"俱乐部产品"，受益人是村社集体成员，因此无论是在历史上还是当前的实践中，除了少部分以项目形式下达的基础设施建设，绝大多数村级公共产品的供给主体都是农民自己。如前文所述，税费改革后所实施的"一事一议"在城市化进程的冲击下遭遇"寒冬"，美好的设想难以转化为现实。其根源在于村级公共产品供给是一项系统工程，其内容与形式、程序和结果之间有着严密的逻辑关系，必须建立在科学的发展理念和价值观上，从全局视角出发，对制度设计的各个层次和要素进行统筹考虑。成都市在提出村级公共服务和社会管理体制改革之初，就进行了系统化的顶层设计，2008 年 11月成都市出台了两份文件，分别是《关于进一步加强农村基层基础工作意见》和《关于深化城乡统筹进一步提高村级公共服务和社会管理水平的意见（试行）》（成委发〔2008〕37 号），前者确定了村级公共服务和社会管理改革在推动城乡一体化建设、巩固农村工作上的基础性地位，后者则是第一次将村级公共产品供给的各项内容制度化和规范化，这是村级公共产品供给的"成都实践"的基础和保障。此后，又根据实际需要，陆续出台了一系列配套文件，并以制度形式规范下来（见图 9-2）。

（一）为什么？

成都市村级公共产品供给机制在设计之初就明确了改革目标：进一步缩小城乡公共产品供给差距和完善农村基层治理机制。这两大目标成为成都市村级公共产品供给机制改革的出发点和落脚点。

村级公共产品供给机制改革是对城乡关系审视和思考的结果。城乡一体化的目标是城市和农村是一家，政府作为家长，没有理由只管城市建设而不管农村发展——这一简朴的理念正是成都市村级公共产品供给机制改革的理论支撑。近年来，城市社区在政府公共财政覆盖下得到快速发展，

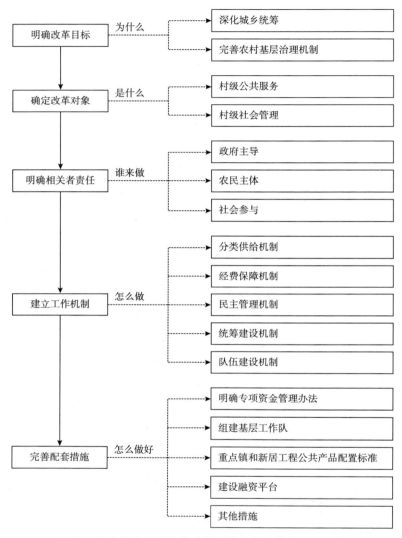

图 9-2 成都市村级公共产品供给机制改革的顶层设计

公共服务和社会管理水平显著增强，反观农村，则因难以享受公共资源以及自我发展能力严重不足而出现停滞甚至倒退。因此，"提高农村村级公共服务和社会管理水平，促进城乡基本公共服务均等化，是统筹城乡综合配套改革试验区建设的重要任务，是形成城乡经济社会发展一体化新格局的必然要求"。①

改革的另一大目标是完善农村基层治理机制。农村产权制度改革和地震灾区灾后重建的实践充分表明，在社会转型期，农村自我管理、自我服务是破解矛盾和冲突、加强农村社会建设、形成和谐有序的农村社会环境的有效手段。从理论上来说，农村社会管理是公共产品概念的重要范畴，社会管理和公共服务之间是相互依赖的对立统一关系。农村自治能力（如协调沟通、自我纠正等）是村级基础设施和公共服务供给公平性和高效率的决定因素；而村级基础设施和公共服务因其公共性以及与农户生产生活的密切性，能够成为农村自治能力提升的平台和载体。因此，改革的另一大目标是通过村级公共服务和社会管理体制平台，唤醒农民的公共意识，提高议事能力，强化自治水平。

（二）是什么

成都市村级公共产品供给机制改革的对象包括两大部分：村级公共服务和村级社会管理。

村级公共服务包括文体、教育、医疗卫生、就业和社会保障、农村基础设施和环境建设、农业生产服务等。

村级社会管理包括纠纷调解、农村警务、农村治保、法律咨询、法律援助、代办村民事务、政策宣传、农村食品安全防控、农村土地和规划管理、农村建筑物建设管理、农村安全生产监督管理、环境卫生管理等。

（三）谁来做

成都市村级公共服务和社会管理体制改革确定了政府、农民和社会三大供给主体，三者的责任义务明确。

政府是村级公共产品供给的主导，重点负责四个方面的工作。第一，制度设计者和推广者。在进行制度设计和安排实际操作规程的同时，各级政府还将村级基本公共服务和社会管理经费纳入本级财政预算，由政

---

① 《关于深化城乡统筹进一步提高村级公共服务和社会管理水平的意见（试行）》（成委发〔2008〕37号）。

府为村级公共服务和社会管理提供一定的资金支持。第二，技术员。根据项目类别，为不同项目的可行性以及实施和管理过程中的备案、评审、论证、验收等手段提供必要的技术支持。第三，培训者。对村集体、农户或其他利益相关者开展相关培训。第四，协调者。根据需要化解矛盾，协调各方利益关系。

农户及集体组织是村级公共服务和社会管理的供给主体。农户的角色主要有以下四种。第一，决策者。农户是所有村级公共产品供给项目是否实施、如何实施、实施结果的最终决策者。第二，管理者、组织者和监督者。从项目选择到最后竣工验收，农户全程参与，是项目实施过程的组织者和监督者，也是后期维护和管理的主体。第三，受益者。农民能够通过项目获得显著的经济效益或社会效益。第四，规则制定者。农户直接或通过代议组织制定项目的行动规则，规范成员行为，如制定村规民约。

社会资源是村级公共服务和社会管理的重要参与人。社会资源主要包括以下三类。第一，以成都市小城镇投资有限公司为代表的国有企业或金融机构。在需要的时候，它们为村级公共产品供给提供必要的资金和技术支持。第二，以龙头企业为代表的社会资本。他们是村级公共产品的重要受益人，也是项目实施、后期管护的重要力量。第三，以各类NGO为代表的民间公益力量。虽然这部分力量还比较薄弱，但却是村级公共产品供给的重要补充。

（四）怎么做

为确保村级公共服务和社会管理机制改革顺利推进，成都市制定了5个机制，分别为分类供给机制、经费保障机制、民主管理机制、统筹建设机制、队伍建设机制，是新型村级公共产品供给机制的基础和保障。

1. 分类供给机制

从现实需求出发，以农村公共产品经济学分类为基础，按照非排他性、非竞争性以及私人供给的难易程度，将村级公共产品细化为7类59项，分别确定供给主体。基本的公益性公共服务和社会管理如义务教育、医疗卫生服务、社会保障等，其供给主体为政府；村社内部事务的协调和管理如乡村组道、微型水利设施、矛盾纠纷调解、文化队建设、绿化等，其供给主体为村社集体组织和农户；具有市场价值的公共产品如通信和互联网基础设施、农村客运、农业生产服务等，则由社会资本供给（见表9－4）。

表9－4　成都市村级公共产品供给的分类情况

	项　目	供给主体	排他性	竞争性	个体供给困难程度
村级公共服务	广播电视村村通、电影放映服务、报刊图书阅览服务；农村义务教育、农村高中阶段教育、农村职业教育、农村特殊教育；农村居民基本医疗保险、农村医疗救助、卫生防疫、农村药品配送和监督、农村妇幼保健、农村计划生育；农村社会养老保险、农村最低生活保障、农村五保供养、农村减灾救灾、农村优抚、农村社会福利、农村社会救助、农村就业援助；农村道路、水利、垃圾和污水集中处理；农业科技推广、动植物疫病防控、农业资源和生态保护、农村扶贫开发、农村防灾减灾	政府	较低：教育、卫生、社会保障、基础设施、生态建设、扶贫等；较高：电影放映、报刊阅览等	较低：广播电视、基础设施、生态建设、农技推广等；较高：教育、卫生、社会保障、防灾减灾等	困难
	文化活动、农民体育健身；村内园林绿化；	农民及村集体	较低	较低	一般
	文艺演出和展览服务；农村学前教育、农村成人教育；农村就业服务；水、电、气、通信、互联网等基础设施建设及维护、农村沼气池建设、农村客运、农村邮政；农产品流通、农用生产资料供应、农业信息化、种养业良种服务、农村金融服务	社会	较高	较高	困难
村级社会管理	农村法律援助、农村警务、农村土地和规划管理、农村建筑物建设管理、农村食品安全防控、农村安全生产监督管理、农村互联网环境监督管理	政府	低	低	困难
	纠纷调解、农村治保、代办村民事务、政策宣传、环境卫生管理	农民及村集体	较低	较低	一般
	农村法律服务	社会	高	高	困难

资料来源：根据成委发〔2008〕37号文《关于深化城乡统筹进一步提高村级公共服务和社会管理水平的意见（试行）》附件整理。

2. 经费保障机制

村级基本公共服务和社会管理经费被纳入财政预算，根据经济社会发展水平制定财政投入的最低经费标准，且增长幅度必须高于同期财政经常性收入增长幅度。值得特别说明的是，在"城乡一家"理念指导下，成都市针对应由村级自治组织提供的村级公共服务和社会管理项目，推行财政"定额补贴"制度，根据不同地区、不同类别的村（社区）公共服务和社会管理需要，由政府按年度对村级组织给予定额补贴，包干使用。"定额补贴"称为"村级公共服务和社会管理专项资金"（简称"专项资金"），按照村社所在区（县、市）的财政状况，由市县两级财政按比例分担，中心城区由区财政全额安排，近郊区（县）财政按市与区（县）5∶5的比例安排，远郊县（市）财政按市与县（市）7∶3的比例安排。从2009年开始，每个村每年能够获得不少于20万元的专项资金，2011年调增为最低25万元。2009年和2010年，市县两级财政每年安排专项资金达到7.12亿元。

3. 民主管理机制

一方面，对以政府和社会资本等"外来者"为主体供给的村级公共产品，由农民对项目内容、实施方式、质量和效果进行监督和评价，"满意不满意，群众说了算"。主要手段是每年由各县（区市）抽调专人组成"村级公共服务和社会管理改革民主机制建设达标验收考核组"，区县之间交叉检查，考核方式包括查看村（社）相关资料、走访议事会成员、走访农户和实地调查，检查审核验收表是验收的基本依据。另一方面，也是最具挑战性的是，对以农民和村集体为主体的村级公共服务和社会管理项目，其组织形式（包括机构设置、工作职责、管理制度和人员配备等）须由村委会提出建议，由村民大会或村民代表大会或村民议事会决定；在实施过程中建立民主管理制度，由农民自己决定自己的事务，自己维护自身权益，自己化解矛盾纠纷。一些村社在实践中根据实际情况产生了具体的工作方法，如"七步工作法"、"三步量分法"和"四人监督章"等，顺利推进了村级公共产品供给。

4. 统筹建设机制

分散性是农村居民空间分布的重要特征，特别是在丘陵和山区，这一特征更为显著。为每户农户提供同质同量的基础设施和公共服务既不现实也不经济；而且在城乡一体化发展背景下，农村居民逐步减少，农民居住方式由分散向集中的转变已经成为发展趋势。因此，在权衡资源利用和公平覆盖的基础上，成都市整合村级公共产品供给的场所、设施等资源，优化功能，集中投入，提出统筹建设方案。如综合考量空间布局和新型社区规划，确定重点镇和新居工程，有重点、有针对性地在这些地区提供标准化的基础设施建设和公共服务。

5. 队伍建设机制

人是农村公共产品供给的关键因素，特别是专业性较强的项目，只有在专业人才的指导下才能高效完成。针对农村公共产品内容多、要求复杂以及农民受教育程度普遍偏低的现实特点，成都市提出了人才队伍建设机制。一是各区县政府组建了专门的农村公共服务和社会管理队伍，根据需要对村级公共产品供给给予支持。如青白江区成立了"青白江区公共服务和公共管理村级融资建设项目审核小组"，以区委常委、副区长为组长，区委办和统筹委领导为副组长，成员则涵盖区纪委、发改局、国土资源局、建设局、城乡规划局、交通局、农发局、文体广新局、税务局、财政局、民政局、审计局等职能部门的领导或专业人员，为村级公共服务和公共管理融资建设项目提供技术支持。二是村社根据当地经济发展水平和设计的工作量统筹配备和组织管理工作人员。如有的村社成立了专门的资金监管小组，有的村社根据项目情况聘请了工程质量监理等。三是向社会公开招聘工作人员。如在成都223个乡镇中（除纳入各级城市规划区的27个乡镇以外），近90%的乡镇都配备了乡村规划师，采取向全社会公开招聘、征选机构志愿者和个人志愿者、选调任职、选派挂职等方式配备，就乡镇发展规划提出意见和建议，参与规划建设和事务决策，提出规划编制要求，负责代表乡镇对投资性项目进行规划把关，代表乡镇对项目实施情况提出意见和建议等。

（五）怎么做好

五大工作机制为成都市村级公共服务和社会管理制度创新提供了依据

和保障，在此基础上，成都市出台了一系列配套措施，进一步细化了工作机制，重点是以下四项。

第一，在资金管理上，明确专项资金管理办法。农民和村集体有义务负担部分村级公共产品供给，成都市以财政"定额补贴"制度，为每个村社提供每年不少于 20 万元（2011 年不少于 25 万元、2012 年不少于 30 万元）的专项经费，为确保专项资金规范、高效利用，成都市就此出台了《成都市公共服务和公共管理村级专项资金管理暂行办法》（成统筹〔2009〕59 号），规定"村级专项资金是市、县两级政府在本级财政年初预算中安排给村级组织，用于村级公共服务和公共管理的专项资金。村级专项资金的具体使用由村（居）民（代表）会议决策决定"，并在资金的具体安排、资金管理、部门职责等方面做了详细规定。一是在资金安排上，按照村社区位、户籍人口、辖区面积、地貌条件、村组数量等因素确定资金的安排标准；二是在资金管理上，专项资金直接拨付到村，采取"村财乡管"办法，由乡镇的村组代理会计核算中心为村社在当地农村信用社开设"公共服务和公共管理村级专项资金"专用账户，并负责村级专项资金的统一核算；三是明确了项目实施过程中涉及的政府部门职责，对资金效益管理、监督、审计等工作做了明确规定。

专栏 3　成都市村级公共服务和公共管理的专项资金安排标准[①]

第五条　市财政对远郊县（市）村级专项资金安排标准为 14 万元/村（社区），并按以下各项因素调整：

村（社区）户籍人口 2000 ~ 3000 人的，标准增加 0.7 万元；3000 ~ 4000 人的，标准增加 1.4 万元；4000 人以上的，标准增加 2.1 万元。

村（社区）辖区面积 3 ~ 4 平方公里的，标准增加 0.7 万元；4 ~ 5 平方公里的，标准增加 1.4 万元；5 平方公里以上的，标准增加 2.1 万元。

村（社区）位于丘区和山区的，标准增加 3.5 万元。

村（社区）下辖小组数量超过 12 个的，每多 1 个小组标准增加 0.7

---

① 成都市统筹城乡工作委员会成都市财政局关于印发《成都市公共服务和公共管理村级专项资金管理暂行办法》的通知，成统筹〔2009〕59 号。

万元。

以上各项可累计，但市财政对每个村（社区）的村级专项资金安排每年最高为 21 万元。

第六条　市财政对近郊区（县）村级专项资金安排标准为 10 万元/村（社区），并按以下各项因素调整：

村（社区）户籍人口 2000～3000 人的，标准增加 0.5 万元；3000～4000 人的，标准增加 1 万元；4000 人以上的，标准增加 1.5 万元。

村（社区）辖区面积 3～4 平方公里的，标准增加 0.5 万元；4～5 平方公里的，标准增加 1 万元；5 平方公里以上的，标准增加 1.5 万元。

村（社区）下辖小组数量超过 12 个的，每多 1 个小组标准增加 0.5 万元。

以上各项可累计，但市财政对每个村（社区）的村级专项资金安排每年最高为 15 万元。

村（社区）位于丘区和山区的，标准增加参照远郊县（市），资金由区（县）自行安排。

第二，在人才队伍建设上，组建基层工作队。从 2009 年底开始，根据成统筹〔2009〕91 号文件①，成都市各县（市、区）成立了村级公共服务和社会管理工作队，由县级统筹部门主要负责人担任工作队队长，县（市、区）委组织部确定一人担任工作队副队长；乡镇（街道）成立工作组，在县（市、区）机关抽调副局级以上干部担任工作组组长，选择 4 名"一村一大"作为工作组成员，其他成员由县委组织部确定。工作队成员为专职，主要负责城乡统筹政策、法规及实施意见的宣传，开展调查研究，收集整理、协调解决所驻乡镇及村组工作推进过程中的具体困难和问题，指导村民议事会、监事会等发挥职能。

第三，在统筹建设上，细化重点镇和新居工程公共产品配置标准。对于重点镇和新居建设区的农村公共产品供给标准，成都市出台了两个文

---

① 《中共成都市委组织部中共成都市委统筹城乡工作委员会关于组建村级公共服务和社会管理改革基层工作队的通知》（成统筹〔2009〕91 号），2009 年 11 月 26 日。

件，确定了重点镇"1＋17"（即1个重点镇需配套完善17项公共配套建设）和新居建设"1＋13"［即1个村（社区）配置13项公共服务设施］的建设标准，并将标准细化。

专栏4　成都市对于村（社区）公共服务和社会管理配置标准的"1＋13"规定[①]

（一）硬件配置

村（社区）按"1＋13"标准进行配置，即1个村（社区）配置13项公共服务设施。同时根据各自特色配套2项公共服务设施。配置的13项公共服务设施具体为：

1. 设有劳动保障站，建筑面积不小于50平方米。

2. 设有卫生服务站，建筑面积不小于80平方米。

3. 设有人口计生服务室，建筑面积不小于20平方米。

4. 设有社区综合文化活动室，建筑面积不小于100平方米。

5. 按照公安部《派出所正规化建设规范》《公安派出所建设标准》及省、市委有关要求设置警务室，办公用房面积不得小于20平方米。

6. 设有全民健身设施（场地），结合小广场、集中绿地设置，用地面积不小于200平方米。

7. 城镇社区设有农贸市场，镇区按照500米左右服务半径设置，建筑面积不小于400平方米；农村社区结合实际情况设置，建筑面积为50～200平方米。

8. 设有日用品放心店，建筑面积不小于20平方米。

9. 设有农资放心店，建筑面积不小于50平方米。

10. 设有垃圾转运站，建筑面积不小于30平方米。

11. 设有公厕，建筑面积不小于20平方米。

12. 因地制宜地设置集中或分散的污水处理设施，并完善污水收集系统。

---

① 成都市统筹城乡工作委员会关于印发《关于村（社区）及新居工程公共服务和社会管理配置标准的指导意见（试行）》的通知，成统筹〔2008〕124号。

13. 根据聚居人口设置相应的教育设施。社区安置人口 100 人以上的原则上配置幼儿园 1 处，生均占地面积 10 平方米左右。

2 项可配套的公共服务设施具体为：

1. 有条件的村（社区）可设公交招呼站。

2. 有条件的村（社区）可设集中停车场，按照每户配置 0.3～0.5 个标准车位的标准进行修建。

（二）软件配置

1. 村庄规划。

2. 村规民约：村（居）民自治章程、计划生育自治章程等。

3. 安全文明公约。

4. 社会治安管理办法。

5. 村（社区）设立团支部（团小组）、妇联、社会工作委员会等组织机构，有条件的可建立工会组织，成立物业管理协会、老年协会等群众组织。

6. 村委会（社区管委会）有健全的内部管理制度，包括工作人员岗位责任制、财务（政务）公开制度等。

第四，在破解资金难题上，建设融资平台。部分村社由于历史欠账或其他原因，基础设施严重不足，要解决这一难题需要一次性投入大量资金。在筹资困难的情况下，仅靠财政提供的专项资金难以解决问题。为破解这一难题，成都市统筹委与成都市小城镇投资有限公司于 2009 年 7 月出台了《成都市公共服务和公共管理村级融资建设项目管理办法》（成统筹〔2009〕60 号），在其成立的融资平台上为成都市二、三圈层（即近郊和远郊县市）的 2604 个村（含涉农社区）提供不超过专项资金 7 倍的融资额度，市县财政按比例补贴融资利息。

此外，成都市还在村级公共产品供给制度改革的政策宣传、民主制度建设、规划编制、监督考核等方面做了细化规定。

二 稳定支撑

顶层设计是否具有整体的明确性和具体的可操作性需要在实践中检验。按照成都市村级公共产品供给的顶层设计，在实践中需要农民、村自治组织（村两委）、各级政府以及社会相关者等诸多利益主体共同参与。如图9-3所示，在实施操作中，农民及其代议组织、村集体是主体，政府在关键环节上给予支持，社会相关者协同。

（一）农民主体

在"成都实践"中，通过培养主体意识、优化组织架构、规范程序设计以及建设公共资源增长的平台，农民在公共产品供给过程中，不仅是支付者、使用者、管理者和受益者，同时还是决策者、监督者、项目实施过程中的管理者以及内部矛盾和冲突的协调者。农民在公共产品供给中的主体性体现在以下四个层面。

一是通过农民受益范围和水平的显性化和可预期化提升农民在公共产品供给中的主体意识。在成都的农村公共产品供给中，工程质量和资金管理水平得到了绝大多数农户的认可，项目建立于农户的真实需求基础上，能够使绝大多数的村民直接受益，在建设方式和内容上避免了"一刀切"，满足了不同经济基础地区农户的不同需求，实现了供需结合，同时通过村民的自我组织、自我管理，必要时由村民投工投劳，降低了工程施工成本，显著提高了资金的使用效率。更为重要的是，由于项目建设是基于大多数受益农户的真实需求，部分建设项目对村社乃至更大区域范围内的农业产业发展都有显著的正面效应。农户是理性的，他们更加关心与自身生产和发展密切相关的事务，始终追求自身利益最大化。而"成都实践"正是通过供给那些农户收益显性化和可预期化的公共产品，使农户参与公共事务从被动到主动、从盲从到自觉，提升了农民在公共事务中的本位意识和归属感，有效减少了公共产品供给中的"搭便车"行为。

二是通过调整农村治理结构提升农民在公共产品供给中的议事能力。

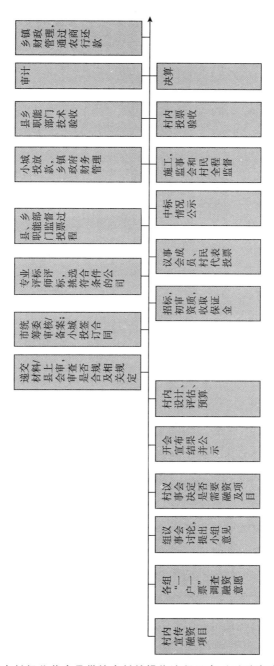

图 9 - 3 成都市村级公共产品供给中村社操作流程示意（以融资建设项目为例）

在农村公共产品供给体制改革过程中，成都市形成了以议事会（监事会）为主体的农民代议组织，议事会在整个项目决策过程中起到了不可替代的作用。数据表明，由村民投票选举产生的议事会成员基本能够代表村民意愿。可以说，议事会这种组织形式调整了农村治理结构，使政府、集体和农户在公共产品供给中的利益得到平衡，显著地提高了农村公共产品的供给效率。不可否认，以议事会为主的代议制民主在一定程度上存在"代民做主"的风险，但是在当前农村经济社会格局发生重大变化的今天，特别是在城乡一体化发展中矛盾和问题尖锐化的背景下，议事会作为农村社会资本——"熟人"的产物，在保证公共产品问计于民、问需于民方面发挥了降低交易费用、提高供给效率的重要作用。

三是通过程序公正降低效率导向下的公平损失风险。节约资源、提高效率意味着存在公平损失的风险，比如在投票制度下少数人需求被过滤、追求时效和成效过程中的信息不对称、在代议制度下农户个体意愿表达能力减弱等。"成都实践"中也不可避免地存在上述公平损失风险，在可以接受的范围内控制风险的办法就是程序公正。依据成都市出台的相关规定，村公项目必须按照一定程序组织实施，特别是投资额较大的村级公共服务和公共管理融资建设项目，从申报、审核、融资到建设、指导和监督，对每个关键环节均做了详细规定，并严格监管。项目申报由村级自治组织实施，通过议事会收集、筛选农户需求（"一户一表"），在充分尊重农民意愿的基础上进行，取得了绝大多数村民的认同，收集意见、投票、决议、监督等相关制度健全；在项目审核过程中，政府职能部门对项目所在村社的基层自治组织及相关制度、基础设施现状及规划情况、申报项目相关内容进行审核，并对评审意见的真实性负责；在项目实施过程中，根据实际情况，由村内具有一定工程经验的村民组成质量监督小组对项目施工质量进行全程监督，竣工后由议事会和村民代表对项目实施验收；在项目从申报到决算的整个过程中，各级政府和相关部门均加以指导和监督；设立专职机构负责提供指导和监督；通过村财乡管、外部评估、招标发包等一系列制度设计，降低执行主体的寻租空间，对基层政府的公信力建设、农村干群关系建设均产生积极影响。

四是通过给予公共资源创造农民主动参与公共产品供给的平台。人民公社时期超过90%的财产属于集体所有，政社合一的组织制度加上按工分分配的分配体制，意味着农民必须参与"公共资源"管理，这是一种被动但高效的公共产品供给组织化形式。实行家庭联产承包责任制以后，75%的财产归农户家庭支配，农村公共资源大幅减少，农户在公共事务中的组织约束大为减弱。特别是在农村税费改革之后，村提留和"两工"的取消进一步削弱了农民在公共产品供给上的组织化程度，政府自上而下的公共产品供给模式降低了农民的谈判地位，"一事一议"的自愿筹资制度难以实现农民需求的真实表达从而在实践中困难重重，甚至失败。[1]农村公共产品供给制度的变迁及影响表明，公共资源是农民表达真实意愿的基础，有利于推动农民在公共事务上的组织化建设。"成都实践"正是通过给予村社公共资源来提高农民自我管理、自我发展的主动性和积极性。村公资金无差别地覆盖全部农户，建立了农民实现自身权益、满足多元需求的可能平台，由此激励农民产生组织起来整合乡村社会资源和人力资源的自觉性。

（二）政府服务

成都市以提高行政效能、转变政府职能为目标，致力于建立规范型、服务型政府，力争解决政府管理缺位、越位和不到位的问题，在村级公共产品供给中发挥了主导作用。主要体现在以下五个关键环节。

一是为村级公共产品供给提供必要的资金支持，从2009年开始为每个村社提供至少20万元的专项资金，破解村级公共产品供给的资金来源问题。二是提供技术支持，包括评审村内较大项目的科学性和合理性、评估预算的可行性、提供整改建议、为关键人物（如村干部、质量监督小组成员）提供相关培训等。三是监督和管理服务，包括实行报账制代管专项资金、监督民主程序的实施情况、建立公共信息平台以供农民查询专项资金使用情况，以及建立投诉和建议平台等。四是直接提供公共产品，如村社

---

[1]　林万龙、刘仙娟：《税费改革后农村公共产品供给和机制创新：基于交易成本角度的探讨》，《农业经济问题》2006年第4期。

警务室等。五是应村社要求，协调各种事务，如协调村社之间的矛盾与纠纷、联系企业提供通信、邮政等基础设施和公共服务、为融资建设项目提供背书备案等。

（三）社会协同

在整个村级公共产品供给中，社会力量在资金、人才、技术信息等方面发挥了重要作用。当前最突出的是以下两类主体。

一是成都市小城镇投资有限公司，在村级公共服务和社会管理融资建设项目中，为申请融资建设项目的村社提供最高 7 倍于专项资金额度的资金，帮助村社解决公共产品供给难题。

二是非政府组织，在政府、农民供给公共产品的薄弱环节中，起到了一定的填补空白、示范带动的作用。

第十章 主动参与模式的基本判断

第一节 主动参与模式的框架设计

当前的农村公共产品供给存在的诸多问题，一方面是既有矛盾的累积，另一方面是城乡一体化过程中农村经济基础和社会结构深刻变化、各利益主体关系平衡与再造的结果。因此，进一步解决制约农村公共产品供给的深层次矛盾，破解城乡发展中的结构性矛盾，给农村发展、农业建设和农民能力提升注入新的活力，应从权责明晰、支付科学、程序规范、产品标准四个方面构建城乡公共产品供给的基本框架。

一 权责明晰：政府主导＋农民主体＋市场参与

公共产品非排他和非竞争的特性使其难以避免"搭便车"现象，表达真实意愿会面临付出更多成本的风险，因此使用者（主要是农民和社区）是最容易掌握自身需求的主体。而且随着城乡一体化过程中要素交换的快速化和规模扩大化，农村呈现愈来愈动态、开放的发展态势，外来者（如政府、社会资源）在面对"类俱乐部产品"的公共需求时往往难以快速有效应对。然而值得注意的是，如果直接由需求者供给公共产品会面临诸多现实障碍，最难以解决的也是最为重要的是筹资问题，另外还包括信息、技术、人才等问题。因此，要建立适应城乡一体化新格局的农村公共产品供给机制，需要在市场框架下明晰主体权责，形成"政府主导、农民主体、市场参与"的共建共赢局面。

为农村提供均等化的基本公共产品是政府的基本职责，应强化政府职责，使政府在三个层面成为主导。一是在规则设计上，政府应当用"看得见的手"制定完善的农村公共产品供给政策，设计供给主体的权责规定、筹资方式、实施流程、监督评价机制等一整套规章制度。二是在物质层面，作为公共资源的最大掌握者，政府应当为农村公共产品提供力所能及的资金、物质支持，将公共资源更加合理有效地配置，实现社区和农户长期受益。应按照城乡公共产品供给均等化的要求，将公共财政向农村倾斜，通过转移支付和项目奖补等方式，确定政府在科学分配公共资源以支持农村公共产品供给方面的主导责任。三是在能力建设上，政府应在项目规划、实施以及管理的整个过程中提供可靠的信息和先进的技术，确定以效率为出发点和落脚点的管理方式，为缺乏知识和技能的公共产品供给相关者如农户、企业或者其他组织提供必要的培训。此外作为协调人，当利益相关者之间出现矛盾和冲突时政府应帮助协调各方面的关系，通过协调和服务，建立与社区农户平等合作的伙伴关系，最终使社区在自主管理方面自信、自立、自主和自强，成为可持续发展机制的主体。①

农民（及自治组织）是农村公共产品的需求者和直接受益者，农民应当在农村公共产品供给中享受主体权利、承担主体义务，体现在三个方面。第一，决策主体。农民应当有表达真实需求的权利，并就公共产品的选择、公共资源的配置、项目的实施方案设计、工程的后期维护方式及原则等享有最终的决策权。第二，实施主体。农民应当在项目施工之初就全程参与其中，直到项目竣工。他们有权决定项目实施采取何种方式，有优先在项目中投工投劳、领取报酬的权利，也有遵循自治组织的决定的义务（如义务投工投劳等）。第三，监管主体。作为受益者，农民应当是各种公共产品的最终评价人，农民对项目实施程序、实施结果的满意度应当成为项目验收和审计的关键指标；作为使用者，农民应当承担公共产品的后期

---

① 政府在协助建立完善的公共产品体系时，需要注意工作方法的改变，例如由关心少数拥有较多话语权的农户（例如富人和精英）转变为更加关心农村中的弱势群体（例如妇女和穷人）的需求。而且要强化制度的规范化监督，使群体行为正规化。

维护义务。

市场无疑是资源配置最有效的手段，市场参与农村公共产品供给的渠道主要有两条：一是在需要一次性建设较大规模的基础设施（如村内道路、沟渠等）时，以政府担保或集体资产抵押等融资方式为其提供资金支持；二是对于"准私人产品"的公共产品，如通信、邮政、电力等基础设施建设，应完全交由市场完成。

二 支付科学：一般性转移支付 + 专项转移支付

转移支付作为政府的调控手段，是平衡地区财力、提供均等化公共产品的重要选择。然而，城乡要素加速流动使农村异质化成为发展趋势，在我国区域发展极不平衡的现实状况下，以专项转移支付为主的农村公共产品财政支付方式是导致资金使用效率偏低、公共产品供需脱节、供给结构失衡以及供给对象瞄准困难等问题的重要原因。应建立适应城乡一体化发展的公共产品供给财政支付制度，针对不同领域和不同特征的农村公共产品，逐步减少专项转移支付额度，实施"以一般性转移支付为主、以专项转移支付为辅"的财政支付方式，以此撬动更多资金投入。

第一，建立一般性转移支付制度，并随着村社议事能力的提高逐步加大比重，使每个村都有稳定的、用于"类俱乐部产品"供给的公共资源。一是形成制度化的支付标准和支付方式。我国目前共有行政村约 6 万个，如果按照平均每村每年 20 万元的公共产品一般性转移支付为标准，各级财政每年约需支出 120 亿元，仅为我国财政收入的 1%。在操作上，应根据各地财政收入及经济发展状况，中央与地方按照一定比例承担相应的一般性转移额度。二是建立稳定的一般性转移支付增长机制。应综合考虑GDP、CPI、一般财政预算收入以及城乡居民收入水平等指标，建立稳定的投入增长机制，使每年用于村社公共产品供给的资金规模能够满足基本的实际需求。

第二，完善专项转移支付制度，为农村提供城乡均衡的公共产品。一是缩减专项转移支付的范围，专项转移支付应用于供给义务教育、公共卫生、社会保障、农村就业、信息建设、生态保护等具有基本公共服务性质的项目，使每个农民都能拥有平等享受公共服务的机会，而小微型水利建设、农村公路、农家书屋等受益对象明确的公共产品则应剔除出专项转移支付项目。二是规范专项转移支付项目的实施操作，重点是建立"问政、问需、问计于民"的项目形成机制，充分考虑农民的心理承受能力，通过信息化、实地调研等多种手段发动农民参与项目方案设计、决策、管理、监督、评价等全过程。

三 程序规范：程序强制+组织完善

公平的农村公共产品供给离不开透明的工作流程，程序正义是结果公平的有力保障。在城乡一体化过程中，愈加开放的城乡关系、更加公民化的农村社会、越来越复杂的利益格局对公共产品供给的程序正义提出更高的要求。

第一，以制度或法律形式规定农村公共产品的供给程序，强制在各村社实施。关键环节在于：①需求表达阶段，通过"一户一票"形式使符合条件的农户都有平等的机会表达真实意愿；②决策阶段，通过村民代表会议（或村民会议）投票，对公共产品供给的相关重要事项（如实施次序、实施方式、后续管护等）进行表决；③项目实施阶段，完善管理监督组织和程序，采取以监督小组为主、以全民监督为辅的方式，对项目实施过程进行管理监督；④项目竣工阶段，采取"受益农户满意度+第三方（政府或独立机构）评估"的方式对项目进行评估；⑤后续管护阶段，以受益农户为主体进行管护。

第二，完善代议式的民主议事组织。针对城乡一体化过程中农村社会成员快速变动、社会结构迅速变化的现实情况，应进一步完善代议式的民主议事组织。一是采取定向代表的村民代表会议制度，村民代表对固定村民负责，每位村民都能找到表达真实需求的对象；二是以集体经济组织（即小组）为单位确定村民代表的数量，而非以人数为单位确定，避免"大小村"问题，以确保弱势群体参与公共资源分配的谈判能力。

第三，整合政府职能部门的资源。针对城市化进程提速、农村经济社会发展迅速、农民素质偏低等现实情况，政府应加强农村公共产品供给的调控管理并提供技术支持。一是对农民讨论所形成的公共产品供给方案进行指导，对于方案是否符合整体规划和区域发展方向提供意见；二是通过多种途径，整合农业、水利、交通等相关职能部门的技术力量，提供人才、政策、技术等支持。

四　产品标准：标准化设施＋标准化队伍

对于开放和动态变化的农村来说，基本公共产品标准化供给对于降低交易成本、提高产出和配置效率、改进产品和服务的适用性、减少重复建设或供需脱节的风险具有重要意义。应根据国家和地区中长期发展规划，制定全局性和区域性的标准化公共产品供给方案。

第一，基本公共设施供给标准化。一是根据国家和区域规划和需要，以受益面广、基本性为原则，确定国家和地区两级基本公共设施供给内容，重点在于基础规划体系、基本便民服务、公益性农技服务、基础教育、基本公共卫生、基本文化设施、基础信息化设施、污染管理等方面。二是以低成本、多功能为原则，提供多套适合区域农户需求的标准化基础设施建设图集。

第二，公共服务队伍建设标准化。一是职业化队伍建设，整合并优化专业技术和专职工作人员资源，重点是调整基层政府职能部门工作人员和农村专职干部的工作内容，提供必要的工作设施和条件，提供均等化培训机会，"软""硬"兼施提升服务能力。二是社会化队伍建设，应进一步完善机制、加强平台建设，形成经营性和志愿性相结合的、多层次的、社会化的公共服务队伍。

第二节 主动参与模式的制度保障

一 建立现代农村产权制度

家庭联产承包责任制的确立是我国农村产权制度的重要变革，在很长一段时期内使农业生产效能得到充分释放，其根本原因在于包产到户制度给予了农民一份可以自己支配的财产，农民可以自由支配包括自己的劳动力在内的生产资料，使生产主体能够变被动参与为主动投入，盘活了除土地在外的各种生产资料，从而极大激发和调动了农民的生产积极性和创造性。无论从历史的角度还是从当前科学发展的视角来看，家庭联产承包责任制这一立足微观主体的改革，都体现了经济发展与个人权利平等的内在逻辑关系，历史的发展充分证明，人的主观能动性越多地嵌入经济社会中，资源就越能高效配置。作为有中国特色的社会主义经济组织形式，家庭联产承包责任制在过去30多年里发挥了重大作用。作为一种不同于过去任何形式的制度安排，家庭联产承包责任制满足了农民群众对政治权利和物质利益的要求，形成了激励机制与约束机制并避免了外部性损失，堪称实现农业经营最大制度绩效的好形式。只有实行家庭联产承包责任制，才有可能把农户塑造成为市场主体，实现权、责、利的高度统一，农民长期被压抑的积极性才会最大限度地释放出来，农产品的生产和交换才会迅速扩大；只有实行家庭联产承包责任制，农民有了独立支配个人劳动的权利，才有条件利用生产时间和劳动时间的差别，发展家庭副业和多种经营，就地或进城务工经商办企业，被邓小平称为"异军突起"的乡镇企业才有可能得到蓬勃发展，农村工业化、城市化进程才能加快；只有实行家庭联产承包责任制，农民才有机会积累属于自己所有的经营性资产，发展自营经济，以及开展各种形式的合作与联合，多种所有制共同发展的局面才会形成，市场经济才能迅速发展。

值得注意的是，这项伟大的变革赋予了农民极大的生产自主权，放大了农民主动参与的效用，但未触动农业生产的基本要素——土地产权制度。通过考察1978年后的土地产权制度效率能够得出结论，我国的国家强度存在下调空间，土地产权制度变革能够进一步解放生产力。[①] 换句话说，这个曾经在1978～1984年使农业生产效率和农村发展水平大幅提高的制度变革，在后来的几十年里所显现的效用越来越薄弱，在当前农业生产进入第三阶段、国家经济社会处于转型期的背景下，这种国家强力制约下的集体产权制度已经出现了不适应，其模糊的产权界限在一定程度上阻碍了土地资源的流动性和转变成土地资本的可能性。在这种情况下，农业经营面临更多的不确定风险，在更多的可供选择的发展机会面前，农业的比较效益更显低下，制约了主体的积极性，农村基础设施建设和公共服务供给缺乏动力，传统农业向现代农业转变的进程不得不因此迟滞。因此在强调农民自主权利的科学发展观指导下，深化农村改革，推动现代产权制度建设成为当前农村经济、社会事业及党的建设持续发展的必然选择，是激励利益主体发挥主动参与性、推进农村经济社会发展的基础工作、增进农村公共产品供给效率的根本途径。

二　引导乡镇产业科学发展

改革开放之初，我国确立了"小城镇发展战略"，"控制大城市规模，合理发展中等城市，积极发展小城市"[②] 成为这一阶段的城市发展总方针，直到20世纪末，控制大城市和积极发展小城镇一直是我国坚持的城市化发展战略。在这一战略的指导下，新建大中型工业项目一般不放在大城市，而尽量放到中小城市或郊区，加上20世纪90年代乡镇企业蓬勃兴起，乡镇的地位凸显。1998年10月十五届三中全会通过的《中共中央关于农业和农村工作若干重大问题的决定》中指出，"发展小城镇，是带动农村经

---

① 赵德起：《中国农村土地产权制度效率分析——国家视角》，《农业技术经济》2007年第6期。国家强度指的是国家第三方实施权力的使用程度，国家能够通过其强大的第三方实施权力来对产权制度做出安排。

② 国务院批转《全国城市规划工作会议纪要》，1980年12月。

济和社会发展的一个大战略"，2000 年 7 月国务院颁布的《中共中央关于促进小城镇健康发展的意见》中指出，"加快城镇化进程的时机和条件已经成熟，抓住机遇，适时引导小城镇健康发展，应当成为当前和今后较长时期农村改革与发展的一项重要任务"，小城镇战略成为带动农村经济和社会发展的重要途径。然而，这种以阻止人口向大城市转移以减轻城市负担的城镇化发展战略的结果并不如人意，产生了一系列不良后果：城市规模净收益流失；城市建设外部成本增加；乡镇企业分散；污染严重而无力治理；低水平的重复建设，产业结构趋同；第三产业发展滞后，小城镇兼业化、自我服务替代第三产业，降低了就业水平；耕地锐减，城市地租收益损失，房地产业停滞不前；小城镇建设遍地开花，依靠行政力量推进，加重农民负担，农村剩余劳动力转移受阻，农村人口迁移成本增加；先富裕的农民难以在大城市投资，城市难以启动民间资本的聚集作用，城市化进程受阻，国内扩大内需缓慢；农村、农业、农民问题难以从根本上突破，农村改革与发展的问题积重难返。① 2000 年以后，我国逐步调整了城市化战略，开始凸显大城市的作用并积极倡导城市群的建设，特大型和大型城市遇到了前所未有的发展机遇，迎来了发展的高潮。特别是进入"十一五"时期后，城乡统筹发展成为新时期各项工作的基本出发点和落脚点，作为城乡之间的重要衔接点，乡镇的地位和价值被重新评估，除了原有的带动农村经济发展的职能外，也被赋予了推动城市化和工业化、实现城乡公共服务均等化等责任，因此乡镇未来发展方向和路径被重新思考，要求"把城市群作为推进城镇化的主体形态，逐步形成高效协调可持续的城镇化空间格局"。②

乡镇产业的形成是一批企业以乡镇为单位构成空间分布，依托乡村自然和社会资源系统组织生产。与传统意义上的概念不同，当前的乡镇产业出现了一些新的特征。一是产业集聚特点突出，包括地域上的邻接性、内容上的相似性以及生产的链接性；二是乡镇产业在政府主导和企业自主选择的共同作用下形成，政府不直接参与项目建设和管理，而是

---

① 高云虹：《中国改革以来的城市化战略演变及相关思考》，《当代财经》2009 年第 3 期。
② 《中华人民共和国国民经济和社会发展第十一个五年规划纲要》，2006 年 3 月。

更多地倾向于基础设施和配套服务建设，为企业提供良好的投资环境和产业氛围。当前全国上下全面推进社会主义新农村建设，加速传统农业向现代农业升级，在科学发展观的指导下加强城乡统筹，乡镇产业必然会有一个较快的发展阶段。在目前调整、转型和提升的新形势下，发展乡镇产业意义重大。第一，乡镇是指以镇为点、以乡为面的一定区域里面紧密联系的经济综合体，是特定地域范围内的经济、社会、文化中心，是城市与农村的过渡区。乡镇对其直接面向的农村地区具有强大的吸引力，有效促进农村劳动力转化为城市产业工人，是城市化的关键环节。第二，乡镇产业是现代农业建设的有力推手。发展乡镇产业能够加速城乡生产要素的市场化进程，尤其是资金和土地要素的市场化，有助于改变目前农村资金外流和农村信用社的垄断局面，建立多元的竞争性的农村金融市场，从而为建设现代农业提供资金支持；而土地要素市场化有助于保障农民的土地权益，在农村劳动力大量转移的同时，促进土地的合理流动和适度的规模经营，提高农业的劳动生产率。同时乡镇产业使政府管理体制由压力型体制转变为服务型体制，尊重农民的自主选择，减少对农村经济活动的干预，扩大农村公共产品的供给和对农民的服务。第三，在当前城市土地资源匮乏、中心城市承载力不足的现实情况下，乡镇具有人力、土地等资源，能够成为产业转移有力的承载者，进而推动工业化进程。第四，背靠农村这个庞大的消费群体，乡镇产业的发展能够通过解决农村劳动就业问题有效增加农民收入，通过改变农民的生产生活方式，潜移默化地改变农村消费观念，为启动农村市场、拉动内需做出重要贡献。

从这个角度出发，科学的乡镇产业规划建设能够通过发展特色农业、创新资源要素配置方式、推动农村现代产权制度建设等，提高农民参与发展的能力，提升资源利用效率，加强农村基础设施建设和完善农村公共服务体系，在实现充分就业、促进农民增收等方面做出重要贡献。[①]

[①]　《城乡统筹乡镇产业发展是关键——以成都市郫县安德镇为例》，"中国特色城镇化的战略与政策研究"课题组，国务院发展研究中心调查研究报告第110号，2009年8月20日。

三 鼓励多元化的农村合作组织发展方向

无论从何种角度评论，发展农村专业合作经济组织都是我国社会主义建设中具有里程碑意义的伟大工程。20 世纪 50 年代初期土地改革后获得了土地的农民，为了克服农忙时节个体劳动势单力薄、生产资料不足等困难，分别先后组织了互助组、初级农业合作社、高级农业合作社，推动了农业生产的发展，农业合作化出现高潮。然而人民公社化运动把土地和生产资料强行公有化，剥夺了农民的所有权和经营权，使农民变成了一无所有的劳动者，仅凭出工劳动而获得微薄的"工分"报酬，使合作生产失去了自愿、互助的基础，农民积极性被严重挫伤，合作农业名存实亡。直到家庭联产承包责任制开始实施，基于农民互助性质的合作组织再次发挥了生机和活力，在生产组织、资源配置、信息沟通、技术培训等方面贡献巨大。特别值得注意的是，正如前文所述，合作组织在实现农村社区公共产品供给方面具有天然的组织和管理优势，并且已经在部分领域发挥了这一作用。

经过 20 多年的发展，目前各类农民专业合作经济组织已发展到 15 万个左右，吸收农户 3000 多万户。然而我国是一个拥有 13 多亿人口（约 7 亿为农民）的农业大国，仅有不到全国农户总数 15% 的农户参与合作经济组织，还很难适应农业市场化与国际化的要求。而且由于当前农村集体经济的弱化和职能缺失，理论上的双层经营体制往往表现为实际上的"有分无统"。据统计，全国约有 60% 的集体趋于空壳，农村集体经济在农业服务中的功能日渐弱化，农村集体经济经济既没有成为引导农民进入市场的服务主体，也没有成为连接农民与市场的纽带。因此，发展农村专业合作经济组织备受关注。早在 20 世纪 90 年代前后，各地政府就积极支持并投身于地方农村专业合作经济组织的建设。面对激烈的国际市场竞争和新阶段农民收入滞增的现实，党的十六大提出"提高农民进入市场组织化程度"，十六届三中全会提出"支持农民按照自愿、民主的原则，发展多种形式的农村专业合作组织"，同年《中共中央国务院关于促进农民增加收入若干政策的意见》又具体提出"鼓励发展各类农产品专业合作组织、购销大户和农民经纪人，积极推进有关农民专业合作组织"，发展农村专业合作经济组织更加受到各级党组织和政府部门的高度关注。当今，面对建设新农村和实行新兴工业化道路的新背景，发展农村专业合作经济组织又迎来了发展的战略机遇期。加快发展农民专业合作经济组织，从而进一步提高农民的组织化程度已是时不可待。

我国现有的合作社具有多样性和异质性，具体来说可以概括为区域差异、类型差异、产品差异三个方面。区域差异指我国合作社在省、市等区域层次上表现的专业合作社的数量、规模方面的不同。类型差异表现在三个方面：从组织主体来看有农民主导型、政府主导型、企业主导型；从组织形式来看有以提供技术、信息、销售服务为主的专业协会，有直接与社员签订购销合同，实行统一提供生产资料、统一技术服务、统一收购产品、统一结算的专业合作社，也有股份合作社等具有经济实体的合作经济组织；从合作领域来看，合作社的业务范围扩展到生产、加工、储藏、运输、开发等不同环节。产品差异指合作社经营领域的不同，比如有的经营粮食、棉花、油料等大宗农产品，有的经营蔬菜、水果等产品。需要指出的是，以上三种差异通常是交织在一起而非绝对孤立的，即不同产品其适合的类型可能不同，不同区域其适合的产品也会不同，等等。[1] 现实表明，大多数农村合作组织不管是谁发起、由谁主管的，其性质都是从事同类农产品生产经营的农民自愿加入、民主管理、自我受益的互助合作组织。它根据农民的需要，在产前、前中、产后提供服务，以提高劳动生产率、单位产出率和经济效益为目标，保障农民增加收入，先脱贫致富，进而不断富裕。[2]

除经济合作社以外，近年来我国广大农村也出现了一些其他类型的合作组织，例如金融合作社、养老互助社、土地管理合作社、妇女联合会

---

[1]　武岩、何军：《中国农民专业合作社研究回顾与展望》，农博网，http://www.aweb.com.cn，2009年1月5日。文章是合作社专家沙龙第五次论坛的论文。

[2]　北京瑞富尔农村发展研究事务所：《中国农民专业协会（农民合作组织）综合调查报告》，2004年7月。

等，这些基于实际需求的、适宜当地发展的、由农民自我组织自我管理的合作社，在促进现代农业建设、维护农村稳定以及发挥农民民主权利等方面起着重要作用，特别是在农村基础设施建设和公共服务资源配置问题上，是集体组织的有益补充。

无论从哪个角度出发，作为社区自我纠正和调整的一种重要手段，多元化的农村合作组织必然随着经济体制和社会制度改革的深入而发挥更加重要的作用。因此在给予农民专业合作组织的合法地位后，应当更多地鼓励农民在更广泛的层面发展不同的组织形式。

第三节　主动参与模式的基本判断

一　从两大视角客观认识农村公共产品有效供给的形势变化

当前我国经济社会建设取得举世瞩目的成就，经济总量已位居世界第二位，2011 年全国财政收入突破 10 万亿元，每个人都在不同程度上享受到了经济建设的成果，人们的发展机会更多。近年来各种支农、惠农政策的集中出台，使农村社会发展进入了全面加速期，九年义务教育在全国普及，合作医疗在农村医疗卫生保障中发挥着越来越重要的积极作用，新型农村养老保险制度逐步推开，农村社会保障覆盖面持续扩大，保障程度不断加深。与之相对应的是财政转移方式也发生重要变化，强调对欠发达地区和弱势群体的倾斜性支持。应该说，我国农村经济社会正朝着加速开放及动态、全面进步的方向前进。这为农村公共产品的增量供给和存量调整奠定了物质基础，提供了能力保障。

然而，也应注意到，城乡关系在整体经济社会中的地位是不平等的，城市更容易集聚精英资源。在当前城乡资源要素加速流动的现实背景下，即便在各种支农、惠农政策框架下，农村和农业由于历史原因及其本身的弱质性，也会在"自由竞争"中处于劣势，城市侵犯农村利益的情况层出不穷。一方面，农村生产要素中的"精英"，如优质土地、青壮年劳动力、资金等加速向城市流动，农村"空心化"问题愈加凸显；另一方面，城乡不同权使城市居民在社会再分配中无论是在基础设施建设方面还是在社会保障方面，都比农民享受到更多公共资源。应该说，城市的巨大发展是建立在农村持续贡献的"土地红利"和"人口红利"的基础上的，是建立在"牺牲"农村发展的基础上的。但是，这种"牺牲式发展"在愈加开放、动态、信息化的社会转型期已经暴露出诸多弊端：城乡之间的差距持续扩大，农村公共产品投入不足和供给过剩并存，城市和工业增长趋缓，社会矛盾和冲突加剧，农村和农业日益萎缩。如何在确保城市经济社会持续发展的前提下，通过调整结构推动农村发展是城乡一体化过程中农村公共产品供给亟待解决的重要问题。

一方面，经济基础不断夯实，社会建设日趋完善，改变农村旧有公共产品供给的利益格局存在现实可能性；另一方面，农村公共资源极度稀缺，农村物质文化需求加速增长和多元化与供给规模严重不足、供给结构不合理的矛盾十分尖锐，新形势下农村公共产品供给机制创新是必然选择。这是当前农村公共产品供给所面临的基本形势。

二　农村公共产品有效供给不仅是经济问题，也是社会问题

毋庸置疑，农村公共产品首先是一个经济概念，与私人产品不同的是，公共产品生产者"交换"的目的有时候是经济收益，有时候是社会福利的增进，甚至有时候是来自精神层面的信任或支持，从属性上来说它都是生产出来用于交换的产品，具有典型的经济性。从目标来说，农村公共产品的供给是要实现社会福利的整体增进或局部改进；从对象来说，特定范围人群对产品的使用拥有均等化的机会；从生产过程看，公共资源的稀缺性决定了农村公共产品供给要实现效率；从效果看，农村公共产品的供给特别是与农业生产经营有关的基础设施建设往往能够带来直接的经济效益。归根结底，农村公共产品供给问题是公共资源在不同利益相关者之间的分配问题。在城乡关系发生历史性巨变的过程中，旧有体制所形成的利益格局被打破，新的利益平衡尚未形成，农村公共产品供给面临诸多挑

战，因此建立适应新形势的农村公共产品供给机制的根本措施在于经济利益关系的调整。

　　然而，值得注意的是，农村公共产品有效供给问题不仅是经济问题，也是社会问题。近年来，我国加大了"三农"投入力度，从立法保护农民合法权益到取消农业税减轻农民不合理负担，从义务教育到对贫困地区农村孩子的营养补贴，再到建立并逐步完善的农村社会保障框架，这些都是城乡一体化过程中促进社会公平的重要举措，是公共资源在城乡之间、区域之间、不同群体之间合理分配的关键环节。但是，城乡关系的巨变以及旧有的支撑农村公共产品供给的经济基础和社会结构的变化，使农村公共产品供给缺乏可靠的制度保障，特别是受财税、金融、治理结构等因素的制约，大部分农村地区缺乏供给的基本条件。农村公共产品供需错位与脱节并存、供给过剩与不足并存，农民的合理需求难以得到满足。其根源在于农民合理的、真实的需求缺乏畅通的反映渠道，或者需求表达所需支付的成本超出了农民的承受能力，造成农民"被需求"，在某些情况下，农民占有、分配、使用公共资源的各项权益甚至"被剥夺"。这也是近年来屡见不鲜的农村群体事件爆发的重要原因。因此，当前的农村公共产品供给机制不适应发展的社会需要，农民真实需求难以表达，同时对公共资源的合法权益得不到应有保障，已经成为影响农村乃至城市社会稳定和健康有序发展的重要因素。

三　应当构建"政府主导、农民主体、社会参与"的农村公共产品供给机制

　　在城乡之间既竞争又互促的背景下，农村公共产品供给越来越容易受到经济、社会、政治、人文等多重因素的叠加影响，所产生的贡献或所引发的问题也会在影响面和影响层级上呈现几何级数的放大。因此，单一要素的改革或完善所发挥的作用越来越有限，必须从改革的顶层设计着手，构建科学的、制度化的农村公共产品供给机制。这必然涉及从经济领域到社会政治领域的全面改革，首先需要破解的问题是理顺复杂的利益关系，

化解既得利益主体的阻力，保障弱势群体的权益，挖掘积极主体的潜力。

当前我国农村公共产品供给的财政支持主要通过专项资金的形式实施，专项投入在保障农村公共产品供给中发挥了巨大作用，在某些领域产生了无法替代的积极影响。然而值得重视的是，财政专项转移支付制度在实施中也产生了诸多负面影响：财政资金多头管理，整合困难，难以发挥财政资金的规模效应；多部门管理资金是"跑部钱进"现象的直接原因，不仅加大了行政成本，而且容易造成资源分配在部门和地区之间的"马太效应"，使矛盾在部门和区域间有尖锐化的风险。

另外，当前农村公共产品主要采取自上而下的供给模式，在现有制度设计框架中，供给者（政府）管得太多，导致"市场的需求、计划的供给"，其理由往往是需求者（农民）的能力不足。然而，"成都试验"表明，农民不仅能够表达真实需求，而且其所具有的公共产品管理能力足以满足村社公共产品供给的基本要求，在"类俱乐部产品"的供给上，其效率远高于政府，公共资金的使用效率也显著提高。更多的研究也表明，没有理由否认农村社区有可能形成妥善经营公共财产资源的能力①，以农民为主体的农村社区天然地具有对公共资源进行管理的功能。

因此，农村公共产品供给机制改革，应当从投入制度和社会治理两个层面同时进行，构建适应城乡动态变化的农村公共产品供给机制，政府应突破既得利益主体的阻力，还权赋能于农民和社会，由农民行使农村公共产品供给的权利并主动承担供给义务，社会资源予以必要的支撑和辅助。

---

① 〔日〕速水佑次郎著《发展经济学——从贫困到富裕》，李周译，社会科学文献出版社，2003，第297页。

结　语

在 21 世纪的今天，城市化进程不断加速，以新型工业化为特征的经济社会正逐步取代小农社会，中国正处在前所未有的经济转型期。中国农村覆盖了大部分的国土面积，承载了超过半数的人口，是改革的基础和关键所在。然而，作为发展现代农业和建设社会主义新农村的切入点的农村公共产品，无论是农业保障和关乎生计的基础建设还是关乎人力资本质量的基础教育和公共卫生，十多年来的投入都是低效率的。这种低效率表现在农村公共产品的规模较小、结构不合理以及资源浪费，其根源在于长期的不合理制度所滋生的复杂的利益博弈关系，利益主体之间的错位、利益主体的缺位甚至主体不明晰使农村公共产品的供需之间缺乏有效的沟通和谈判，二者之间缺乏科学的利益联结机制。要从根源上解决农村公共产品供给效率低下的问题，须完善农村公共产品供给制度，明晰利益相关者的角色地位，建立主动参与模式。其中的关键在于调整并强化农村集体的组织和建设能力，将其作为主动参与模式的有效载体。事实上，社区作为天然的效率集体，其制度在适应经济需求变化方面是足够灵活的，能够成为现代经济发展的制度基础。[①] 在实践中不断涌现出能够代表这种利益联结机制的组织——代表弱势群体的农民组织正在快速发展壮大。但是不容忽视的是，社区组织作为一种新兴组织，其功能受到各种因素的干扰而难以发挥。解决这一问题的途径是在更广的范围内强调主动参与和公平参与，使社区能够真正代表广大农民，实现与政府、企业等外来者的有效对接。唯有如此，农村公共产品才能在复杂的利益相关者的不断博弈中实现效率提升。

----

① 〔日〕速水佑次郎著《发展经济学——从贫困到富裕》，李周译，社会科学文献出版社，2003，第 316 页。

主要参考文献

[1] 北京大学经济系编《〈政治经济学批判〉序言、导言》，人民出版社，1974。

[2] 曹锦清：《黄河边的中国——一个学者对乡村社会的观察与思考》，上海文艺出版社，2000。

[3] 陈东：《我国农村公共品供给效率研究——基于制度比较和行为分析的视角》，经济科学出版社，2008。

[4] 陈锡文主编《中国农村公共财政制度：理论·政策·实证研究》，中国发展出版社，2005。

[5] 董志勇编著《行为经济学》，北京大学出版社，2008。

[6] 樊宝洪：《乡镇财政与农村公共产品供给研究》，中国农业出版社，2007。

[7] 樊胜根、张林秀、张晓波：《经济增长、地区差距与贫困——中国农村公共投资研究》，中国农业出版社，2002。

[8] 范如国、韩民春编著《博弈论》，武汉大学出版社，2006。

[9] 费孝通：《江村经济——中国农民的生活》，商务印书馆，2001。

[10] 辜胜阻：《新型城镇化与经济转型》，科学出版社，2013。

[11] 国家发展计划委员会政策法规司编《西部大开发战略研究》，中国物价出版社，2002。

[12] 韩俊等：《中国农村金融调查》，上海远东出版社，2007。

[13] 韩伟编著《农村社区发展项目管理》，四川大学出版社，2006。

[14] 侯定丕：《博弈论导论》，中国科学技术出版社，2004。

［15］胡志平等：《非均衡走向均衡：农村公共服务供给的政治经济学》，法律出版社，2012。

［16］孔祥智、方松海、李圣军、涂圣伟等：《集体林权制度改革与农村公共产品供给——福建省的经验和意义》，中国人民大学出版社，2008。

［17］李秉龙、张立承、乔娟、曹洪民等：《中国农村贫困、公共财政与公共物品》，中国农业出版社，2004。

［18］李军：《中国公共经济初论》，陕西人民出版社，1993。

［19］李小红：《中国农村治理方式的演变与创新》，中央编译出版社，2012。

［20］李燕凌：《农村公共产品供给效率论》，中国社会科学出版社，2007。

［21］厉以宁、吴易风、李懿：《西方福利经济学述评》，商务印书馆，1984。

［22］林万龙等：《农村公共物品的私人供给：影响因素及政策选择》，中国发展出版社，2007。

［23］林万龙：《中国农村社区公共产品供给制度变迁研究》，中国财政经济出版社，2003。

［24］林毅夫：《制度、技术与中国农业发展》，上海三联书店，1992。

［25］刘敏主编《中国不发达地区农村的社会发展》，中国经济出版社，1990。

［26］陆学艺：《"三农"绪论——当代中国农业、农村、农民问题研究》，重庆出版社，2013。

［27］罗云峰、肖人彬：《社会选择的理论与进展》，科学出版社，2003。

［28］闵琪：《从公共品需求到公共品供需均衡：理论与现实》，经济科学出版社，2011。

［29］世界银行东亚与太平洋地区编著《改善农村公共服务》，中信出版社，2008。

［30］陶勇：《农村公共产品供给与农民负担》，上海财经大学出版社，2005。

[31] 王稳：《经济效率因素分析》，经济科学出版社，2002。

[32] 魏权龄：《数据包络分析》，科学出版社，2004。

[33] 吴伟：《公共物品有效提供的经济学分析》，经济科学出版社，2008。

[34] 《马克思政治经济学批判》，徐坚译，人民出版社，1955。

[35] 徐勇：《田野与政治——徐勇学术杂论集》，中国社会科学出版社，2009。

[36] 徐勇：《中国农村村民自治》，华中师范大学出版社，1997。

[37] 徐勇：《乡村治理与中国政治》，中国社会科学出版社，2004。

[38] 杨志勇、张馨编著《公共经济学》，清华大学出版社，2005。

[39] 姚国庆编著《博弈论》，南开大学出版社，2003。

[40] 于水：《乡村治理与农村公共产品供给》，社会科学文献出版社，2008。

[41] 张静：《社会冲突的结构性来源》，社会科学文献出版社，2012。

[42] 张俊：《中国农村公共品供给经济思想研究》，经济科学出版社，2014。

[43] 张维迎：《产权、政府与信誉》，生活·读书·新知三联书店，2001。

[44] 张五常：《经济解释——张五常经济论文选》，商务印书馆，2000。

[45] 张晓山主编《全球化与中国农村发展》，经济管理出版社，2011。

[46] 张英洪：《给农民以宪法关怀》，中央编译出版社，2010。

[47] 赵冈：《农业经济史论集——产权、人口与农业生产》，中国农业出版社，2001。

[48] 赵靖：《中国古代经济管理思想概论》，广西人民出版社，1986。

[49] 赵立波：《事业单位改革——公共事业发展新机制探析》，山东人民出版社，2003。

[50] 周大鸣等：《参与式社会评估：在倾听中求得决策》，中山大学出版社，2005。

[51] 周红云：《社会资本与中国农村治理改革》，中央编译出版社，2007。

[52] 周连第、陈俊红、毛世平、吴敬学：《农村公共产品政府投资优化配置》，中国经济出版社，2007。

［53］周其仁：《城乡中国》，中信出版社，2013。

［54］朱国云：《多中心治理与多元供给——对新农村建设中公共物品供给的思考》，中国劳动社会保障出版社，2007。

［55］〔美〕埃莉诺．奥斯特罗著《公共事物的治理之道》，余逊达译，生活·读书·新知三联书店，2000。

［56］〔美〕埃米·R．波蒂特、马可·A．詹森、埃莉诺·奥斯特罗姆著《共同合作——集体行为、公共资源与实践中的多元方法》，路蒙侍译，中国人民大学出版社，2013。

［57］〔美〕保罗·萨缪尔森、威廉·诺德豪斯著《经济学》（第16版），萧琛等译，华夏出版社，1999。

［58］〔美〕丹尼斯·穆勒著《公共选择》，张军译，上海三联书店，1993。

［59］〔美〕弗尔德瓦里著《公共物品与私人社区》，郑秉文译，经济管理出版社，2011。

［60］〔美〕哈罗德·W.库恩编著《博弈论经典》，韩松、刘世军、张倩伟、宋宏业等译，中国人民大学出版社，2004。

［61］〔美〕霍尔库姆著《公共经济学：政府在国家经济中的作用》，顾建光译，中国人民大学出版社，2012。

［62］〔美〕肯尼斯·阿罗著《组织的极限》，陈小白译，华夏出版社，2014。

［63］〔美〕李侃如著《治理中国——从革命到改革》，胡国成、赵梅译，中国社会科学出版社，2010。

［64］〔美〕罗伯特·J．希勒：《非理性繁荣》（第2版），李心丹、陈莹、夏东译，中国人民大学出版社，2014。

［65］〔美〕罗纳德·哈里·科斯、王宁著《变革中国——市场经济的中国之路》，徐尧、李哲民译，中信出版社，2013。

［66］〔美〕米勒等著《公共问题经济学》（第17版），冯文成等译，中国人民大学出版社，2014。

［67］〔美〕舒尔茨著《改造传统农业》，梁小民译，商务印书馆，1987。

[68] 〔美〕斯蒂格利茨著《公共部门经济学》（第 3 版），郭庆旺等译，中国人民大学出版社，2005。

[69] 〔美〕斯科特著《农民的道义经济学：东南亚的反叛与生存》，程立显等译，译林出版社，2001。

[70] 〔美〕塔洛克著《公共选择——戈登·塔洛克论文集》，柏克、郑景胜译，商务印书馆，2011。

[71] 〔美〕詹姆斯·C. 斯科特著《国家的视角——哪些试图改善人类状况的项目是如何失败的》（修订版），王晓毅译，社会科学文献出版社，2012。

[72] 〔日〕速水佑次郎著《发展经济学——从贫困到富裕》，李周译，社会科学文献出版社，2003。

[73] 〔日〕速水佑次郎、〔美〕弗农·拉坦著《农业发展的国际分析》，郭熙保、张进铭等译，中国社会科学出版社，2000。

[74] 〔印度〕阿马蒂亚·森著《以自由看待发展》，任赜、于真译，中国人民大学出版社，2002。

[75] 〔英〕约翰·斯图亚特·穆勒著《功利主义》，刘富胜译，光明日报出版社，2007。

[76] J. 雷纳、D. 科尔曼主编《农业经济学前沿问题》，唐忠、孔祥智译，中国税务出版社，2000。

[77] 财政部科研所课题组：《政府购买公共服务的理论与边界分析》，《财政研究》2014 年第 3 期。

[78] 曾红颖：《我国基本公共服务均等化标准体系及转移支付效果评价》，《经济研究》2012 年第 6 期。

[79] 陈昌盛、蔡跃洲：《中国政府公共服务：基本价值取向与综合绩效评估》，《财政研究》2007 年第 6 期。

[80] 陈辉、朱静辉：《村庄水利合作的逻辑困境——以安徽长丰县薛村、李庄为个案》，《中国农村观察》2011 年第 5 期。

[81] 陈诗一、张军：《地方政府财政支出效率研究：1978～2005》，《中国社会科学》2008 年第 4 期。

[82] 陈锡文：《资源配置与中国农村发展》，《中国农村经济》2004 年第 1 期。

[83] 陈勋：《乡村社会力量何以可能：基于温州老人协会的研究》，《中国农村观察》2012 年第 1 期。

[84] 程令国、张晔：《"新农合"：经济绩效还是健康绩效》，《经济研究》2012 年第 1 期。

[85] 丁菊红、邓可斌：《政府偏好、公共品供给与转型中的财政分权》，《经济研究》2008 年第 7 期。

[86] 方凯、王厚俊：《基于因子分析的农村公共品农民满意度评价研究——以湖北省农户调查数据为例》，《农业技术经济》2012 年第 6 期。

[87] 高彦彦、周勤、郑江淮：《为什么中国农村公共品供给不足？》，《中国农村观察》2011 年第 6 期。

[88] 郭晓鸣、曾旭晖：《农民合作组织发展与地方政府的角色》，《中国农村经济》2005 年第 6 期。

[89] 郭晓鸣：《中国农村土地制度改革：需求、困境与发展态势》，《中国农村经济》2011 年第 4 期。

[90] 韩鹏云：《农村公共品供给的变迁轨迹与路径指向——基于村庄治理的视角》，《长白学刊》2013 年第 4 期。

[91] 何继新：《农村公共产品供给的价值失配及其协同策略分析》，《中州学刊》2013 年第 8 期。

[92] 贺东航、孔繁斌：《公共政策执行的中国经验》，《中国社会科学》2011 年第 5 期。

[93] 贾康、孙洁：《公私伙伴关系（PPP）的概念、起源、特征与功能》，《财政研究》2009 年第 10 期。

[94] 贾康、徐林、李万寿、姚余栋、黄剑辉、刘培林、李宏瑾：《中国需要构建和发展以改革为核心的新供给经济学》，《财政研究》2013 年第 2 期。

[95] 贾康、阎坤、鄢晓发：《农村公共产品供给机制创新研究——对江苏省农村低保、医疗卫生和教育情况的调研》，《财政研究》2007 年第

5 期。

[96] 蒋永穆、纪志耿：《村庄治理中农户"消极参与"现象的经济学分析》，《农村经济》2007 年第 1 期。

[97] 蒋永穆、刘承礼：《公平与效率组合模式的选择问题研究》，《当代经济研究》2006 年第 1 期。

[98] 李华、俞卫：《政府卫生支出对中国农村居民健康的影响》，《中国社会科学》2013 年第 10 期。

[99] 李琴、熊启泉、孙良媛：《利益主体博弈与农村公共品供给的困境》，《农业经济问题》2005 年第 4 期。

[100] 廖清成：《扩大内需：基于农村公共品供给制度的思考》，《求实》2004 年第 1 期。

[101] 刘辉、陈思羽：《农户参与小型农田水利建设影响因素的实证分析》，《中国农村观察》2011 年第 2 期。

[102] 刘剑文、王华宇：《公共财产权的概念及其法制逻辑》，《中国社会科学》2014 年第 8 期。

[103] 罗家德、孙瑜、谢朝霞、和珊珊：《自组织运作过程中的能人现象》，《中国社会科学》2013 年第 10 期。

[104] 骆永民：《中国城乡基础设施差距的经济效应分析——基于空间面板计量模型》，《中国农村经济》2010 年第 3 期。

[105] 吕炜、王伟同：《我国基本公共服务提供均等化问题研究——基于公共需求与政府能力视角的分析》，《财政研究》2009 年第 10 期。

[106] 马良灿：《农村社区内生性组织及其"内卷化"问题探究》，《中国农村观察》2011 年第 6 期。

[107] 渠敬东：《项目制：一种新的国家治理体制》，《中国社会科学》2012 年第 5 期。

[108] 曲延春：《农村公共产品供给中的政府责任担当：基于扩大内需视角》，《农业经济问题》2012 年第 3 期。

[109] 阮荣平、郑风田、刘力：《中国当前农村公共文化设施供给：问题识别及原因分析——基于河南嵩县的实证调查》，《当代经济科学》

2011 年第 1 期。

[110] 尚长风：《农村公共品缺位研究》，《经济学家》2004 年第 6 期。

[111] 沈承诚：《从政府垄断到多元互动——农村公共产品民营化进程中的多重博弈关系解读》，《求实》2006 年第 3 期。

[112] 史耀波：《农户受益、福利水平与农村公共产品供给的关联度》，《改革》2012 年第 3 期。

[113] 宋丽颖、刘源：《制度性公共品概念、特征及其政策含义——基于理论与实践的双重思考》，《财政研究》2014 年第 3 期。

[114] 苏明、贾西津、孙洁、韩俊魁：《中国政府购买公共服务研究》，《财政研究》2010 年第 1 期。

[115] 孙秀林、周飞舟：《土地财政与分税制：一个实证解释》，《中国社会科学》2013 年第 4 期。

[116] 谭明智：《严控与激励并存：土地增减挂钩的政策脉络及地方实施》，《中国社会科学》2014 年第 7 期。

[117] 汪锦军：《农村公共服务提供：超越"碎片化"的协同供给之道——成都市公共服务的统筹改革及对农村公共服务供给模式的启示》，《经济体制改革》2011 年第 3 期。

[118] 王国华、李克强：《农村公共产品供给与农民收入问题研究》，《财政研究》2003 年第 1 期。

[119] 王海员、陈东平：《村庄民主化治理与农村公共品供给》，《中国农村经济》2012 年第 6 期。

[120] 王京跃：《论马克思主义效率价值观与和谐社会》，《马克思主义研究》2006 年第 6 期。

[121] 王军：《中国农村社会保障制度建设：成就与展望》，《财政研究》2010 年第 8 期。

[122] 王霄、吴伟炯：《情绪机制与公共物品供给决策——一项基于社会资本的实验研究》，《经济研究》2012 年第 11 期。

[123] 卫龙宝、凌玲、阮建青：《村庄特征对农民参与农村公共产品供给的影响研究——基于集体行动理论》，《农业经济问题》2011 年第

5 期。

[124] 温铁军：《重新解读中国农村的制度变迁》，《理论视野》2004 年第 1 期。

[125] 肖卫、朱有志：《合约基础上的农村公共物品供给博弈分析：以湖南山区农村为例》，《中国农村经济》2010 年第 12 期。

[126] 徐双敏：《提高农村公共品供给效率研究——以湖北咸安乡镇站所改革为例》，《财政研究》2006 年第 5 期。

[127] 叶兴庆：《论农村公共产品供给体制的改革》，《经济研究》1997 年第 6 期。

[128] 尹恒、杨见龙：《地方财政对本地居民偏好的回应性研究》，《中国社会科学》2014 年第 5 期。

[129] 于长永：《农民对新型农村合作医疗的福利认同及其影响因素》，《中国农村经济》2012 年第 4 期。

[130] 余谦、高萍：《中国农村社会福利指数的构造及实测分析》，《中国农村经济》2011 年第 7 期。

[131] 岳书铭、纂好东、杨学成：《基于农户意愿的农村公共品融资问题分析》，《中国农村经济》2005 年第 11 期。

[132] 翟军亮、吴春梅、高韧：《村民参与公共服务供给中的民主激励与效率激励分析——基于对河南省南坪村和陕西省钟家村的调查》，《中国农村观察》2011 年第 3 期。

[133] 张军、何寒熙：《中国农村的公共产品供给：改革后的变迁》，《改革》1996 年第 5 期。

[134] 张晓山：《促进以农产品生产专业户为主体的合作社的发展——以浙江省农民专业合作社的发展为例》，《中国农村经济》2004 年第 11 期。

[135] 张晓山：《简析中国乡村治理结构的改革》，《管理世界》2005 年第 5 期。

[136] 张秀生、胡吉嵘：《农村公共品供给：现状与制度创新》，《调研世界》2007 年第 3 期。

[137] 章元、许庆、邬璟璟:《一个农业人口大国的工业化之路:中国降低农村贫困的经验》,《经济研究》2012 年第 11 期。

[138] 赵宇、姜海臣:《基于农民视角的主要农村公共品供给情况——以山东省 11 个县(市)的 32 个行政村为例》,《中国农村经济》2007年第 5 期。

[139] 折晓叶、陈婴婴:《项目制的分级运作机制和治理逻辑——对"项目进村"案例的社会学分析》,《中国社会科学》2011 年第 4 期。

[140] 周飞舟、赵阳:《剖析农村公共财政:乡镇财政的困境和成因——对中西部地区乡镇财政的案例研究》,《中国农村观察》1999 年第 4 期。

[141] 周生春、汪杰贵:《乡村社会资本与农村公共服务农民自主供给效率——基于集体行动视角的研究》,《浙江大学学报》(人文社会科学版)2012 年第 3 期。

[142] 周秀平、刘林、孙庆忠:《精英"化缘型"供给——村级公共产品与公共服务的典型案例分析》,《调研世界》2006 年第 5 期。

[143] 周业安、宋紫峰:《公共品的自愿供给机制:一项实验研究》,《经济研究》2008 年第 7 期。

[144] 朱玲:《政府与农村基本医疗保健制度选择》,《中国社会科学》2000 年第 4 期。

[145] 朱玉春、乔文、王芳:《农民对农村公共品供给满意度实证分析——基于陕西省 32 个乡镇的调查数据》,《农业经济问题》2010 年第 1 期。

[146] Atkinson, B. Anthony and Joseph E. Stiglitz, *Lecture on Public Economics*, New York: McGraw - Hill, 1980.

[147] J. M. Buchanan, *The Demand and Supply of Public Goods*, Chicago: Rand McNally, 1968.

[148] A. V. Chayanov, *The Theory of Peasant Economy*, Madison: University of Wisconsin Press, 1986.

[149] P. Duara, *Culture, Power, and the State Rural North China, 1900 –*

1942, Stanford University Press, 1988.

[150] Ellickson, Bryan, "A Generalization of the Pure Theory of Public Goods," Discussion Paper, Number 14, Revised January, 1972.

[151] Fan Shenggen and Philip G. Pardey, "Research, Productivity, and Output Growth in Chinese Agriculture," *Journal of Development Economics*, Vol. 53, 1997.

[152] James M. Buchanan & Gordon Tullock, *The Calculus of Consent: Logical Foundations of Constitutional Democracy*, University of Michigan Press, 1962.

[153] D. Kahneman, A. Tversky (eds.), *Choices, Values and Frames*, New York: Cambridge University Press and the Russell Sage Foundation, 1979.

[154] R. A. Musgrave, *The Theory of Public Finance*, New York: McGraw - Hill, 1959.

[155] R. A. Musgrave, *Provision for Social Goods*, in: J. Margolis H. Guitton (eds.), *Public Economics*, London: McMillan, 1969.

[156] R. H. Myers, *The Chinese Peasant Economy: Agricultural Development in Hopei and Shantung, 1890 - 1949*, Massachusetts: Harvard University Press, 1970.

[157] E. Ostrom, *Governing the Commons: The Evolution of Institutions for Collective Action*, New York: Combridge University Press, 1990.

[158] S. Popkin, *The Rational Peasant: The Political Economy of Rural Society in Vietnam*, Berkeley: University of California Press, 1979.

[159] Paul A. Samuelson, "The Pure Theory of Public Expenditure," *The Review of Economics and Statistics*, Vol. 36, Issue 4, Nov. 1954.

致　谢

　　如果说哲学是经济学的起源地，那么农业问题就是经济学的水源，经济学的经典理论几乎都源于对农业的观察。很幸运地，我进入了农业经济研究的专业领域，使我能够与经济学之源零距离接触，成为我研究工作不断深入和拓展的基础。直到这本书完成之际我都没有丝毫轻松感，反而觉得我的研究才刚刚开始。正如古希腊哲学家芝诺所言，人的知识好比一个圆圈，内部是已知的领域，外部是未知世界。当我在为自己拓宽领域而兴奋鼓舞的同时，也越来越多地发现自己的无知，这种感受时时刻刻萦绕着我，激励自己不断迈步前行。

　　感谢我的博士生导师蒋永穆教授，在他悉心指导下，我思考和分析问题的能力不断增强，逻辑辨析能力和语言表达水平也有了大幅提升。能够在这样一位学识渊博且充满活力的老师指导下开展博士研究，的确是我的荣幸。特别要感激的是，蒋老师对我的研究给予了高度的信任，支持我选择自己感兴趣的课题，通过多种形式不断地为我提供新的思路。毕业以后蒋老师依然支持和帮助我，两次获批国家哲学社会科学基金项目都离不开他的宝贵意见。导师组的李天德教授、朱方明教授、张衔教授、邓翔教授等各位老师具有严谨的逻辑思路和治学态度，感谢他们给予的大量有益的指导。

　　为我打开农业经济研究领域大门的是郭晓鸣研究员，时至今日我仍在他的指导下工作、学习。是郭老师把当年懵懂无知的小姑娘带进了经济研究世界，他为我提供了大量的研究机会，身体力行地带着我们走村串户进行实地调研，悉心指导我撰写研究报告和学术论文，他严谨的治学态度和在每一个细节上所给予的无私指导使我受益终身。尤为感激的是，郭老师总是在我最困难、最沮丧、压力最大以及最快乐的时候不断地鼓励我、支持我，使我在面临新的挑战时总能够卸下包袱轻装上阵，以此逐渐形成的积极的人生观在任何时候都是我前行的基础。

感谢甘庭宇研究员对我的关心和帮助，她独特的视角极大地拓宽了我的研究视野，同时甘老师为我提供了参与中欧天然林项目的调研机会，相关内容成为本书的重要组成部分。感谢杜受祜研究员、张克俊研究员、戴旭宏副研究员给予我大量的研究机会；感谢张志英副研究员给予我非常有益的意见；感谢徐薇研究员对本书细节所提出的修改建议。我要感谢四川省社会科学院所有的同事和朋友，没有他们的帮助我不可能取得今天的成绩。

在我攻读博士学位的过程中，与同学们的学术交流让我受益颇深。特别要感谢安雅娜和刘晓英两位师姐，她们帮助我收集整理了大量难得的二手资料，此外她们在生活上给予我的无私帮助令我无比感动，在此一并致谢。可以说在四川大学学习的四年多时间里，我收获的不仅是学术上的进步，同时还收获了一大批良师益友，他们科学的价值观和人生观将使我受益终身。感谢中欧天然林项目官员邓维杰、WWF的项目协调员徐强，他们是本书实地调查和实验的重要支撑。成都市统筹委刘礼处长、小城镇投资有限公司王龙主任、调查县区及镇街领导，以及数不清的村社干部和农户，在我的调查中给予了大力的、无私的帮助，提供了宝贵的一手资料。感谢中国人民大学张宇教授、武汉大学曾国安教授、云南大学徐光远教授、吉林大学纪玉山教授、福建师范大学郭铁民教授对本书提出的翔实意见，感谢国家社会科学基金结项报告的匿名评审专家的宝贵建议，他们严谨独到的评价使我受益匪浅。

特别感谢我的博士后合作导师、中国社会科学院学部委员张晓山老师，他深刻严谨又极为朴实沉稳的学术风格，积极智慧又满载童趣的人生态度，无论是在我的国家社会科学基金结项报告的撰写和相关研究工作上，还是在生活信念的塑造上，都有着无法替代的作用。感谢朱钢研究员对我研究工作上画龙点睛的指点，感谢朱钢研究员崔红志副研究员、刘长全副研究员、李越博士等诸多老师和同学的支持和关心。

　　对父亲母亲的感激是无法用言语表达的，他们总是默默地站在我身后，尽最大努力关心和帮助我的生活，理解并无私地支持我的学习和工作，为我一点点的成绩感到骄傲，也为我任何的烦躁而牵挂不安，作为对他们最好的回报，我将一如既往地好好生活、认真工作。最后我要向我的先生耿维致谢，在他的包容和呵护下，我能够始终对生活和工作充满热情，这成为我完成学业的重要保障。我的女儿瞳瞳今年7岁，我要十分郑重地感谢她带给我的无数乐趣和责任感，这是我工作和学习的动力之源。

后　记

　　2001 年 4 月底的一个雨后清晨，在四川省社会科学院研究生部的一间教室里，郭晓鸣研究员对前来参加研究生复试的我提了一个问题："你对中国农民有什么认识？"我的脑海里迅速浮现出电视剧里的若干场面，于是十分笃定地说："中国农民生活在水深火热之中！"客观地说，我对"三农"问题方方面面的好奇，进而对研究工作的热情来源于当年的一无所知，这种无知同时是我后来从事农业、农村、农民问题研究时始终心存怯意的根本原因。十多年来，在我因取得一点点成绩而沾沾自喜的时候，在我有了些认识而想急于下判断的时候，在我得到老师和同事的鼓励而得意忘形的时候，这一把"无知者无畏"体现得淋漓尽致的场面就会像幽灵一样从心里的某个地方跳出来，把我从自我肯定、沾沾自喜、自娱自乐、得意忘形等各种边缘拉回来，重新开始小心翼翼地做研究，如此循环往复。

　　现在我几乎回忆不起来是哪个偶然让我在博士论文选题中定了农村公共产品这个题目，但可以肯定的是，论文从开题到终稿同样经历了一个从无所知到大胆论述再到志得意满之后又心存怯意的过程。2009 年 12 月在通过博士学位论文答辩的同时，我对论文中最重要的假设——主动参与对农村公共产品供给效率的提升有重要意义——在实践中难以得到验证而心虚。非常幸运的是，正在这一年，作为全国统筹城乡试验区的成都市开始了村级公共服务和社会管理体制改革，财政转移支付给每个村不低于 20 万元的公共资金，通过改革村级治理机制以达到村级公共产品有效供给的目标。以此为契机，借助于次年获批立项的国家社会科学基金青年项目"城乡一体化过程中农村公共产品供给机制与政策研究——基于成都实践区的实证分析"，我得以在近两年的时间里通过田野调查和文献查阅，对之前提出的主动参与模式进行反思和修正，并部分地体现在课题的结项报告中。

然而，在这本我人生中第一部学术专著中，我并未对之前的博士论文进行大幅修改和完善，主要基于如下两点考虑：第一，论文中的假设都经过了较为严密的推理与演绎，论据都来自实地调查和正式出版的文献资料，尽管从我现在所掌握的信息和知识来看，有诸多不完善之处，但总体上我认为做到了客观描述自己的真实观点；第二，也是更为现实的考虑，中国农村变化的速度和程度有目共睹，正如书中表述的那样，我始终认为公共产品不是一成不变的，而是伴随着经济社会的变化而变化，企图用一部著作、一次研究去解决公共产品所有的效率问题几乎是不可能的任务，能够尽可能全面地、深入地反映一个时期的变化并不是一件不好交代的事情。今后，我还将致力于公共产品理论及相关领域的研究，2013年我再度获批立项国家社会科学基金青年项目"新时期农民集中居住区公共产品有效供给理论和政策研究"，另一个相关的课题也获得了中国博士后科学基金的特别资助。新环境下的新问题，让我始终充满好奇，始终有着从事科学研究的无穷动力。

2014年初，我的工作和研究方向发生了一些变化，从以农村为研究重点转向了城镇化相关领域的研究。应该说，在我国推进城镇化的特殊背景下，城镇化实质上是农村问题的另一个方面，在"三农"研究领域中形成的一些认识可能会有助于理解并阐释城镇化相关问题。但对于刚刚摸着点农村门道的我来说无疑是重大转型，因此我希望对之前的研究工作有个交代，所以尽管仍然万般忐忑，还是形成了现在这本书。

从2004年6月我留在四川省社会科学院农村发展研究所正式从事科研工作算起，至今已经十余年。在这十余年中，我带着各种科研课题几乎跑遍了各种类型的农村，既有在酷暑骄阳下连续多日进行农户问卷的经历，也曾经在冰天雪地的4000米高山上带着严重的高原反应做调查，更多的是与各种各样的普通农民交流以及从不同角度进行观察和思考。时至今日，如果再度问我："你对中国农民有什么认识？"我的脑海里依然会闪过无数画面，但是再也不能十分笃定地给出一个自以为是的答案，我想这是我继续前行的动力所在吧。

张鸣鸣

2015 年 3 月于成都

图书在版编目（CIP）数据

农村公共产品效率的检验与实践／张鸣鸣著．—北京：
社会科学文献出版社，2015.5
ISBN 978 - 7 - 5097 - 7265 - 2

Ⅰ.①农…　Ⅱ.①张…　Ⅲ.①农村 - 公共物品 -
研究 - 中国　Ⅳ.①F299.241

中国版本图书馆 CIP 数据核字（2015）第 052977 号

农村公共产品效率的检验与实践

著　　者／张鸣鸣

出 版 人／谢寿光
项目统筹／恽　薇
责任编辑／颜林柯

出　　版／社会科学文献出版社·经济与管理出版分社 （010）59367226
　　　　　　地址：北京市北三环中路甲 29 号院华龙大厦　邮编：100029
　　　　　　网址：www.ssap.com.cn
发　　行／市场营销中心（010）59367081　59367090
　　　　　　读者服务中心（010）59367028
印　　装／三河市尚艺印装有限公司

规　　格／开　本：787mm × 1092mm　1/16
　　　　　　印　张：18　字　数：275 千字
版　　次／2015 年 5 月第 1 版　2015 年 5 月第 1 次印刷
书　　号／ISBN 978 - 7 - 5097 - 7265 - 2
定　　价／69.00 元